Das Erwachen Ariadnes

SIGNE SCHAEFER / BETTY STALEY
MARGLI MATTHEWS

Das Erwachen Ariadnes

Frauen antworten auf die Herausforderung des Bewußtseins

Mit einem Vorwort
von Susanne Kerkovius

VERLAG FREIES GEISTESLEBEN

Aus dem Englischen von Katja Lentz.
Die Originalausgabe erschien unter dem Titel
«Ariadne's Awakening.
Taking up the threads of consciousness»
bei Hawthorn Press, The Mount, Whiteshill, Stroud,
Gloucesterhire, England.

CIP-Kurztitelaufnahme der Deutschen Bibliothek

Schaefer, Signe:
Das Erwachen Ariadnes: Frauen antworten
auf d. Herausforderung d. Bewußtseins /
Signe Schaefer; Betty Staley; Margli Matthews.
Mit e. Vorw. von Susanne Kerkovius.
[Aus d. Engl. von Katja Lentz]. –
Stuttgart: Verl. Freies Geistesleben, 1987.
Einheitssacht.: Ariadne's awakening ⟨dt.⟩

ISBN 3-7725-0910-X

NE: Staley, Betty; Matthews, Margli:

Einband von Gerlinde Wendland (Bild)
und Walter Krafft (Typographie)

Deutsche Ausgabe:

Gesamtherstellung: Clausen & Bosse, Leck

Inhalt

Für Ariadne,
die uns half,
den Faden des Bewußtseins
aufzunehmen

Vorwort zur deutschen Ausgabe

Die Geschichte der anthroposophischen Bewegung ist verbunden mit den Namen zahlreicher bekannter und unbekannter Frauen, die in ihr ihre geistige Heimat finden konnten und für die sie ihre Kräfte einsetzten. In einer Zeit, in der materialistisches Denken alle menschlichen Bereiche durchdrungen hatte, waren es gerade die Frauen, die für einen geistigen Impuls wie den Rudolf Steiners offen waren. Frauen wie Marie Steiner, Ita Wegmann, Margarita Woloschin, Caroline von Heydebrand, um nur wenige bekanntere zu nennen, sind aus der anthroposophischen Bewegung nicht wegzudenken und haben ihr spezifisch weibliches Element – mehr oder weniger bewußt, aber selten ausgesprochenermaßen – in diese hineingetragen. Andere Frauen haben als Mutter, Lehrerin, Ärztin, Künstlerin oder Kindergärtnerin durch die Anthroposophie und die Waldorfpädagogik unzählige Impulse für ein menschengemäßes Umgehen mit Kindern, Seelenpflegebedürftigen und Kranken gewonnen. Frauen, denen es um die Erkenntnis der besonderen Qualität der Existenz als Frau geht, finden durch den Reinkarnationsgedanken und das anthroposophische Menschenbild zahlreiche Anstöße. Die *Philosophie der Freiheit* Rudolf Steiners stellt den Menschen – ganz gleich, ob als Mann oder Frau inkarniert – in den Mittelpunkt des Weltgeschehens. Er ist Meister seines eigenen Geschicks. Rudolf Steiner selbst, ein Mensch, der in hohem Maße über männliche und weibliche Seelenfähigkeiten verfügte, sprach von der besonderen Mission der Frau im Zeitalter der erwachenden Spiritualität. So scheint die Anthroposophie und das kulturelle Gefüge, das sie geschaffen hat, von Anfang an eine Art

Oase der Gleichberechtigung, der gegenseitigen Toleranz der Geschlechter gewesen zu sein und es scheint hier eine «Frauenfrage» niemals entstanden zu sein. Es gibt jedenfalls keine entsprechenden Klagen von Frauen, doch wie die Lage wirklich ist, läßt sich nicht so leicht feststellen.

Viele junge Menschen, die heute zur Anthroposophie kommen und unbefangen die Atmosphäre einer Waldorfschule, eines Krankenhauses oder heilpädagogischen Heimes wahrnehmen, haben den Eindruck, daß die Geschlechter sich oft noch in veralteten Formen bewegen und jene Offenheit und Flexibilität fehlt, die für sie zu einer zukunftsgerichteten Bewegung dazugehört. Sind es nicht hauptsächlich Männer, die das Wort führen in Konferenzen und Gremien, sind nicht die Frauen als tragendes, erhaltendes, aber vorwiegend stummes Element vertreten? Eine spirituelle Bewegung schätzt auch und gerade das Tragende und Erhaltende; aber fordert nicht unsere Zeit, daß es sich auch ausspricht und zu erkennen gibt, weil es sonst übergangen wird?

Frauen der jüngeren Generation haben zunehmend das Bedürfnis, ihre Existenz als Frau nicht mehr stumm zu gestalten, sie wollen sie ganz bewußt als eigenes Element in soziale Zusammenhänge einbringen, um diese damit zu bereichern. Das bedeutet, daß die besondere Qualität ihrer Existenz empfunden und bewußtseinsmäßig durchdrungen wird. Diese Bemühung stand – auf eine etwas andere Weise und in einer ganz anderen geschichtlichen und sozialen Konstellation – auch zu Beginn dieses Jahrhunderts in der Frauenbewegung schon einmal im Mittelpunkt des Interesses.

In ihrem 1904 erschienenen Buch *Die Kritik der Weiblichkeit* – einer Sammlung von Essays zur Frauenfrage – verbindet Rosa Mayreder ihre Gedanken über das Weibliche und Männliche mit einer umfassenden Kulturkritik ihrer Zeit. Die Autorin, Wienerin, Freundin und sehr geschätzte Gesprächspartnerin Rudolf Steiners in seinen Wiener Jahren, entsprach selbst ganz der von ihr aufgestellten Forderung, daß Frauen ihre weiblichen Fähigkeiten ganz bewußt in alle sozialen und kulturellen Bereiche hineintragen sollten. Kraft ihrer Intelligenz, ihrer Vitalität und Originalität konnte sie den Kampf aufnehmen gegen die von ihr in Essays, Novellen und Romanen geschilderten Hindernisse des Frauenlebens ihrer Epoche.

Die Epoche Rosa Mayreders und Rudolf Steiners war ja gekennzeichnet durch ein äußerst gespanntes Verhältnis der Geschlechter. Männer bedienten sich der Frauen, ohne in ihnen ein verwandtes, geist- und seelenbegabtes Wesen erkennen zu können, und führende Männer des Geisteslebens durften in «wissenschaftlichen» Werken ungestraft absurde und bösartige Theorien über die Frau äußern (Lombroso: «Auch das normale Weib ist ein halbkriminaloides Wesen». Weininger: «Das Weib ist seelenlos, es hat kein Ich und keine Individualität, keine Persönlichkeit und keinen Willen»).

Viele Frauen, die sich damals und in späterer Zeit der Frauenbewegung anschlossen, haben schon in der Kindheit gelitten unter dem Widerspruch, im eigenen Innern sich als unverwechselbares Ich zu wissen und in der Umwelt dies nicht zurückgespiegelt zu bekommen. Dieses Mißverständnis und das damit verbundene seelische Leid machten es notwendig, die Sache der Frauen – bei aller Einbettung in eine umfassendere Kulturkritik – als eine besondere zu behandeln. Rosa Mayreder und ihre Gefährtinnen mußten auf vielen Ebenen gleichzeitig kämpfen. Um die verletzenden und diffamierenden Theorien über die Frau entkräften zu können, bedurfte es großer intellektueller Anstrengungen: Wissensgebiete mußten durchdrungen und nutzbar gemacht werden, eigene Gedanken entwickelt und verteidigt werden, in einer Zeit, in der jeder ernstzunehmende Gedanke naturwissenschaftlich abgesichert werden mußte. Das «männliche Terrain» mußte erobert werden, auf andere Art erreichten die Frauen nicht, daß man ihnen zuhörte. Durchgreifende Änderungen im Rechts- und Staatsleben mußten vorgenommen werden. In Form von Gesetzen mußten Schutz und Freiraum für die Frau geschaffen werden. Erst nach und nach wurde dieses Ziel der Frauenbewegung in jahrzehntelanger Arbeit auch erreicht.

Offensichtlich kann eine solche Arbeit nur geleistet werden von Frauen, deren geistige und seelische Qualitäten in hohem Maße zur Entfaltung gekommen sind und die über Willenskraft, Zielstrebigkeit und die Fähigkeit zur Auseinandersetzung ebenso verfügen wie über Hingabe, Mitmenschlichkeit und Phantasie. Frauen wie Rosa Mayreder haben durch ihr Leben und Denken das zunächst im eigenen Inneren empfundene Wissen um Ich und Seele der Frau auch nach außen getragen und ihm Geltung verschafft, wie es unserer Zeit entspricht. Mit Rudolf Steiners Anthroposophie konnte sie sich nicht verbinden, bei allem Respekt vor seiner Persönlichkeit und seinem Werk. Während es ihr um die Anerkennung der Individualität ging, war für Rudolf Steiner die Erkenntnis der geistigen Kräfte, die in diese hineinwirken, das wichtigste. So führte die Begegnung zwischen der Feministin und dem Anthroposophen nicht zu einer bewußten Vereinigung der Kräfte im Sinne einer geistigen, sozialen und kulturellen Erneuerung. Die Frauenbewegung verzichtete für lange Zeit auf die Verbindung ihrer Gedanken und Forderungen mit einem spirituellen, lebendigen Denken, widmete sich ganz der wissenschaftlichen Erforschung von Frauenfragen und ordnete sich damit ein in die allgemeine Entwicklung der zunehmenden Spezialisierung bei gleichzeitigem Verlust der Fähigkeit, Zusammenhänge zu sehen.

Allein die Literatur der Frauenbewegung seit dem Beginn dieses Jahrhunderts füllt ganze Bibliotheken. Die damals angelegten Ansätze der Frauenforschung sind auf allen Gebieten weiterentwikkelt worden, bis ins Einzelne wurde beobachtet und erforscht, wie der Prozeß der Rollenidentifizierung bei kleinen Mädchen vor sich geht, wie die soziale und seelische Situation der Hausfrau sich darstellt, wie Frauen und Männer Sexualität erleben usw. Bis ins Detail wurden die Tatsachen der weiblichen Existenz dargestellt, analysiert, gewertet. Gleichzeitig konnten Bücher, die Visionen oder Zukunftsentwürfe enthielten, welche sich über die Realität des Lebens verachtungsvoll hinwegsetzen wollten, wie etwa Shulamith Firestones Buch *Frauenbefreiung und sexuelle Revolution*, eine

Sogwirkung entwickeln und Tausende von Frauen zeitweise zu der Überzeugung führen, eine Verbindung mit einem Mann sei undenkbar.

Schon in der Generation Rosa Mayreders war es jedoch der Ansatz der Frauenbewegung, die eigenen inneren Erfahrungen und Beobachtungen dem Denken als Fundament mitzugeben, sie für ebenso vertrauenswürdig zu erachten wie dasjenige, was wissenschaftlich nachweisbar ist. Dieser Ansatz ist lange Zeit vergessen worden. Das Auseinanderklaffen von Lebensrealität und feministischem Ideal zeigte sich auch darin, daß die meisten Frauen weiterhin Männer liebten, Kinder großzogen und für die Familie sorgten, während das Ideal, die unabhängige, berufstätige Frau, frei von familiären Lasten war, wie es Simone de Beauvoir oder Alice Schwarzer verkörperten. Die Vorzeigefrauen im Vordergrund, intellektuell und selbständig, die eine «neue Moral» lebten, und die Mehrheit der Frauen im Hintergrund, der Stimme des Herzens oder alten Gewohnheiten folgend, mit dem Gefühl, es nicht ganz zu schaffen – dieser Zwiespalt war typisch für die Frauenbewegung der 70er Jahre, die dem eigenen seelischen Erleben nicht mehr Vertrauen schenken wollte, da es doch nur die alten, zu überwindenden Verhaltensmuster lieferte, vor denen der klare Verstand schützen müsse.

Kaum merklich vollzog sich in den letzten Jahren ein innerer Wandel in vielen – unbekannten – Frauen. Als hätte sich der Kampf gegen männliches Denken und die Verarbeitung erlittener Verletzungen nun allmählich erledigt, war plötzlich Raum da für neues Fragen und Suchen, und ganz neu wurde nach dem Sein der Frau gefragt – eine Frage, die lange Zeit nicht mehr gestellt werden konnte, weil sie als Angriff auf den Individualismus betrachtet worden wäre. In Gruppen begegneten sich Frauen und begaben sich nun gemeinsam nach innen, auf dem Weg der Selbstbeobachtung und der Beobachtung anderer. In der Mythologie, in der Psychologie Jungs, in den östlichen Lehren wurde nach lebensvollen Bildern gesucht, nach Bildern, die das eigene Innere anregen konnten, Antworten zu finden. Nicht mehr die Brillianz und der Höhenflug eines Gedankens wurden gesucht, sondern Bilder, die die Seele als Realität anerkennen konnte.

Auf diesem Wege gelangten viele Frauen auch zur Anthroposophie, denn die Frage war: Wie kann der quälende Zwiespalt zwischen den Realitäten des Lebens und dem vorausgreifenden, Ideale hinstellenden Denken überwunden werden? Die theoretische Lösung dieser Frage ist einfach: Das Leben muß idealer, das Ideal muß lebensvoller werden. Erfahrbar werden kann dies mehr und mehr in einer Harmonisierung des Seelenlebens und der Umwelt, in einer Veränderung des Verhältnisses zu Ehemann und Kindern, in einem zaghaften Aufeinanderzugehen der Geschlechter. Balance wird zum Schlüsselwort, das Ertragen von Spannungen und der schöpferische Umgang mit ihnen wird zur Lebenskunst. Diese Entwicklung hat gerade erst begonnen, und es scheint nicht bedeutungslos zu sein, daß nun Mütter und Ehefrauen sich ihr anschließen können, deren Leben durch die Verbindung mit dem Schicksal eines werdenden Menschen eine über das Individuelle hinausgehende Dimension hat.

Die Ariadne-Bewegung, in den 70er Jahren in England entstanden und heute bereits 14 Jahre alt, widmet sich der Erkenntnis und Pflege des männlichen und weiblichen Pols in der Seele eines jeden Menschen. Das anthroposophische Menschenbild und die eigene Erfahrung als Grundlage werden verbunden mit der Sozialform der Gruppe, in der in gemeinsamer Arbeit Erkenntnisse gewonnen werden. Mütter und Nicht-Mütter, Verheiratete und Unverheiratete, Berufstätige und Nicht-Berufstätige suchen gemeinsam nach der Bedeutung des Frauseins heute, jenseits aller Ideologien. Sie wollen die Tatsachen des Lebens akzeptieren, erkennen und in freier Weise in ihr Handeln einbeziehen.

Der Name Ariadne verweist auf den griechischen Mythos, in dem der Heros und spätere König von Athen, Theseus, mit Hilfe der kretischen Königstochter Ariadne den unheilbringenden Minotaurus, halb Mensch, halb Stier, in seinem Labyrinth besiegt. Dieser Mythos enthält tiefe Geheimnisse der Menschlichkeitsentwicklung. Er kann uns ein Gefühl für die Bedeutung der geistigen

Kräfte vermitteln, die den beiden Geschlechtern zugrundeliegen. Das Kernstück, die Vernichtung des Ungeheuers durch Theseus' Tat und Ariadnes weisheitsvolles Vordenken, bleibt ein großartiges Sinnbild menschlichen Handelns für alle Zeiten. Kurz leuchtet es auf, um dann wieder zurückzutreten: Theseus und Ariadne können nicht vereint bleiben. Auf der Rückfahrt nach Athen läßt der Heros seine Gefährtin schlafend auf Naxos zurück, und der Gott Dionysos holt sie später als Braut in sein Reich.

Aber bleibt Ariadne, die Reine und Weitsichtige, dem Erdenmenschen Theseus, mit alledem, was sie für ihn bedeuten konnte, für alle Zeiten verloren? Mußte sie einschlafen und verlassen werden?

Wenn Ariadne wieder für den Menschen erwachen soll, so wird sie heute nicht im Himmel, nicht auf der Erde gesucht werden können – sie schläft im Inneren eines jeden Menschen und muß dort erweckt werden.

Johanni 1987 *Susanne Kerkovius*

Einleitung

Im Juni 1977 traf sich eine Gruppe von Frauen in Sacramento, Kalifornien, zu einer Tagung zum Thema «Frauen und die Herausforderung des Bewußtseins». Für die Veranstalter war es ein mutiger Schritt, denn dies war unser erster Versuch, öffentlich Fragen anzusprechen, die uns sehr am Herzen lagen. Die Tagung war viel spannender, als wir erwartet hatten. Sie erwies sich als Beginn einer fortschreitenden, sich ständig erweiternden Arbeit.

Schon seit drei Jahren trafen wir uns in verschiedenen Gruppen, zunächst in der kleinen Stadt Forest Row, England, und später trafen sich einige in Kalifornien. Der Wunsch, besser zu verstehen, was es in unserer Zeit heißt, eine Frau zu sein, führte die erste Gruppe im Herbst 1974 zusammen. Wir alle interessierten uns für die Auffassung der menschlichen Entwicklung, die Rudolf Steiner, der österreichische Philosoph, Naturwissenschaftler und Gründer der Anthroposophie und Waldorfpädagogik, vertrat. Wir wollten eine Verbindung herstellen zwischen Steiners Ideen und den Fragen, die uns als Frauen bewegten.

An der Frauenbewegung Ende der sechziger und Anfang der siebziger Jahre waren einige von uns aktiv beteiligt; andere hatten beobachtet, gelesen und nachgedacht. Eine Dimension blieb in der allgemeinen Diskussion unberücksichtigt, darin waren wir uns einig. Natürlich erkannten wir die Notwendigkeit für politische und wirtschaftliche Veränderungen; trotzdem gab es für uns noch grundsätzlichere Dinge zu erringen. Was bedeutet es wirklich, in einem weiblichen oder in einem männlichen Körper zu leben? Darüber wollten wir mehr wissen. Und was ist das, was in unserem Körper lebt? Wir empfanden deutlich, daß unser «Ich» an sich nicht männlich oder weiblich ist, und doch hat es eine große Bedeutung für unsere Lebensentwicklung, ob dieses «Ich» ein Leben als Frau oder als Mann erfährt. Diese Fragen waren einerseits sehr persönlich, andererseits sehr allgemein – wir wußten, daß sie über unsere privaten Beziehungen hinaus in die gesamte heutige Gesellschaft reichen.

In Steiners Schriften, besonders in seinen Gedanken über die wiederholten Erdenleben des Menschen und seiner erweiterten Auffassung von der Entwicklung des Bewußtseins, konnten wir wichtige Hinweise für unsere Arbeit finden. Einige seiner Ideen versuchten wir nun gemeinsam zu ergründen. Ebenso stark war der Vorsatz, auf der Grundlage eigener Erfahrungen unsere Entdeckungsreise aufzunehmen. So gestalteten wir die wöchentlichen Treffen aus gemeinsamen persönlichen Fragen heraus, Fragen über uns als Individuen, Ehefrauen, Töchter, Mütter, Geliebte, Freundinnen oder Mitarbeiterinnen. Wir teilten den Wunsch vieler Frauen nach Bewußtseinsentwicklung: Bewußtsein der spirituellen Dimension erstrebten wir im selben Maße, wie Bewußtsein von unserer realen Verantwortung als Frauen. Für uns beinhaltete der Impuls der Frauenbewegung mehr als nur bessere Jobs, höhere Bezahlung und freiere Sexualität.

Die verschiedenen Gruppen folgten ihren vielfältigen, manchmal verschlungenen Wegen. Man sprach miteinander, hörte einander zu, tauschte Erfahrungen und Einsichten. Manchmal diente ein Buch als Quelle unserer Arbeit (z. B. *The Way of All Women* von M. Esther Harding). Schließlich entschlossen sich einige von uns, die Tagung in Kalifornien zu planen. Zu diesem Zeitpunkt hatten wir kaum Erfahrung in der Organisation von Arbeitskreisen und dem Halten von Vorträgen. Unsere Vorbereitungen verliefen nicht ohne Zittern und Bangen. Aber die Frauen, die zu uns kamen, beruhigten uns. Auch sie fühlten die Bedeutung, ja Dringlichkeit dieser Fragen. Diese und die gemeinsamen Entdekkungen waren viel wichtiger als unsere eigene Nervosität.

Nach Beendigung der Tagung tauchte die Frage nach Druck

und Verfielfältigung der Vorträge als Studienmaterial auf. Es schien eine gute Idee zu sein, aber gute Ideen sind meist schwer zu verwirklichen. Nach zwei Jahren und vielen langen Nächten gab es zahlreiche mögliche Kapitel, aber keinen Verleger. Über viele Jahre hinweg verwoben sich unsere Gedanken und schufen den Stoff, aus dem dieses Buch besteht.

In der Zwischenzeit hatte sich einiges entwickelt. In Forest Row wurde die Arbeitsgruppe «Ariadne» gegründet. Sie bot Arbeitskreise an, bemühte sich um Schwesterunternehmen und gab einen internationalen Rundbrief (*Newsletter for Women,* später *Ariadne Newsletter*) heraus. In letzter Zeit entstanden ähnliche Arbeitsgruppen in Holland und den USA sowie Schwestergruppen auf der ganzen Welt.

Heute gibt es, im Vergleich zu den frühen siebziger Jahren, immer mehr Bücher, in denen die geistige Dimension der aus der Frauenbewegung entstandenen Fragen anerkannt wird. Auch in der Einstellung hat sich vieles geändert. Eine höhere Wertschätzung der weiblichen und männlichen Anteile in jedem einzelnen Menschen hat sich entwickelt. Zumindest im sprachlichen Umgang wird das Weibliche nicht mehr so unterschätzt, und ein Ausgleich zwischen dem Weiblichen und dem Männlichen wird angestrebt. Manchmal befürchte ich jedoch, wir stürmen zu schnell vorwärts. Wir meinen, uns geändert zu haben, nur weil unsere Worte sich ändern. Im einzelnen Menschen und in unserer Kultur braucht das weibliche Element Zeit und Raum, um zu einer wirklich ausgleichenden Kraft zu wachsen. Lippenbekenntnisse reichen nicht aus. Wenn Eltern beispielsweise sagen: «Wir sollten den Kindern mehr Zeit und Zuwendung widmen», aber weiterhin mit ganzer Kraft für ihre eigenen persönlichen Ziele leben, wird aus dieser Einsicht eine leere Hülse. Wenn mehr und mehr Frauen anfangen zu arbeiten, aber die Arbeitsbedingungen unverändert bleiben, hat keine wirkliche Verbesserung stattgefunden. Innerhalb der letzten zwanzig Jahre ist der wirtschaftliche und politische Einfluß der Frauen gewachsen. Immer mehr Frauen können in einem erweiterten Spektrum persönliche Ziele verwirklichen. Aber auch Einsamkeit, Isolation und Verwirrungen sind anzutreffen, wenn Rollen wechseln und Erwartungen der Realität begegnen. Es ist keine leichte Zeit für Frauen und für Männer, die bestrebt sind, sich ihrer selbst bewußt zu werden und ihre Aufgaben verantwortungsvoll zu übernehmen. Trotzdem ist es eine spannende und wichtige Zeit. Unsere gemeinsame Forderung nach größerer Bewußtheit und Ausgeglichenheit bewog uns, dieses Buch zu schreiben.

Wir möchten den Menschen danken, die an der Entstehung dieses Buches beteiligt waren. Alle Frauen – und auch viele Männer –, die im Laufe der Jahre an Gruppen und Arbeitskreisen teilnahmen, haben unsere Erkenntnisse und auch unser persönliches Leben bereichert. Unsere Kollegen in den verschiedenen Ariadne-Arbeitsgruppen sind ebenso ein Teil dieses Buches wie wir. Wir sind ihnen dankbar und auch weiterhin herzlich verbunden.

Judy und Martin Large, unsere englischen Verleger, sind mehr als nur von uns geschätzte Büchermacher; ihrer Ausdauer, Ermutigung und zuverlässigen Freundschaft haben wir es zu verdanken, daß dieses Buch letztendlich veröffentlicht werden konnte.

Unseren Ehemännern und unseren Kindern möchten wir besonders danken: sie halfen uns, unseren vielen Entdeckungen darüber, was es bedeutet eine Frau zu sein, immer wieder Wirklichkeit zu verleihen.

Juni 1985 *Signe Eklund Schaefer*

Signe Eklund Schaefer

Das Weibliche und das Männliche.
Über die Ausgewogenheit zur Freiheit

Das Problem

Zwischen meinem zwanzigsten und dreißigsten Lebensjahr, als Ehefrau und Mutter von zwei kleinen Kindern, rückte eine meiner wichtigsten Lebensfragen in den Mittelpunkt meiner Aufmerksamkeit. Sie begann, alle Bereiche meines täglichen Lebens zu durchdringen. Meine Frage lautete: Warum bin ich jetzt eine Frau? Bisher hatte ich in der Empfindung gelebt, ein Mensch zu sein, ohne mein Geschlecht deutlich im Bewußtsein zu haben. Aber nun bekam meine Weiblichkeit eine besondere Bedeutung. Ganz neue Ansprüche und Herausforderungen entstanden mir daraus. Meine Frage umfaßte zwei miteinander verknüpfte Bereiche: Warum erfahre ich dieses Leben als Frau? Was erlebe, lerne, gebe und entwickle ich, das mir als Mann nicht möglich wäre, und warum geschieht dies jetzt, an diesem Punkt der Geschichte, dieser entscheidenden Zeit der Frauenbewegung? Als mir die Bedeutung dieser Frage bewußt wurde, empfand ich den immer stärker werdenden Wunsch, Klarheit über mich selbst zu gewinnen und meine Gedanken nach innen zu richten. Gleichzeitig wuchs jedoch meine soziale Verantwortung.

Während meiner ersten Kontakte mit der Frauenbewegung war ich betroffen über die Selbstverständlichkeit, mit der unsere Gedanken bei der Gegensätzlichkeit zwischen Frau und Mann verweilten. Für mich war es entscheidend, hier weiter zu denken. Ich hatte eine umfassendere Vorstellung von Weiblichkeit. Sicher ist es notwendig, den Gegensatz zwischen weiblichen und männlichen Wesenszügen zu betrachten, jedoch nicht ausschließlich als Eigenschaften der Frau bzw. des Mannes, sondern als Kräfte, als urbildhafte Prinzipien, die sowohl in Frauen als auch in Männern leben.

Natürlich kommen diese Eigenschaften nicht nur beim einzelnen Menschen zum Ausdruck; ihr ständiges Zusammenspiel ist Grundlage aller zwischenmenschlichen Beziehungen. Dieses Wechselspiel der Kräfte kann unterschwellig und vielschichtig sein und ist nicht auf die Beziehung zwischen Frau und Mann beschränkt. Das Zusammenkommen von weiblichen und männlichen Wesenszügen sowie der Kampf um Ausgewogenheit durchdringt unsere gesamte Kultur und ist eine wichtige, grundlegende Strömung in unserer menschlichen und sozialen Entwicklung.

Auf allen Ebenen – der individuellen, der zwischenmenschlichen und der gesamtgesellschaftlichen – wird die Erkenntnis des Unterschiedes zwischen dem Gegensatz «Frau-Mann» einerseits und «Weiblich-Männlich» andererseits zunehmend dringlicher. Viele Frauen werfen den Männern vor, die heutigen Mißstände und sozialen Probleme verursacht zu haben. Ohne verleugnen zu wollen, daß Männer natürlich eine wichtige Rolle bei der Entstehung dieser Schwierigkeiten spielten, scheint mir eher die Übermacht des männlichen Einflusses in uns allen die Ursache zu sein. Es ist nicht nur ein Problem der Männer, sondern unserer heutigen materialistischen Art zu denken und zu leben. Die wesentlichen positiven männlichen Eigenschaften, z. B. Individualismus, analytisches Denken und Objektivität haben sich zu dekadenten Extremformen entwickelt: Egoismus, Ausbeutung und Anonymität. Arbeitgeber schätzen den energischen «Selfstarter», besonders wenn er oder sie alleinstehend und damit unabhängig ist. Leitmotive wie «ich zuerst» und «jeder für sich» umgeben uns. Wir selbst werden anonym, unpersönlich wie Nummern behandelt und verhalten uns infolgedessen ebenso gegenüber unseren Mitmenschen. Sogar unsere Körper werden zunehmend zu Maschinen mit auswechselbaren Einzelteilen. Die einzelnen Menschen fühlen sich einander immer fremder und abgetrennt von einer göttlichen Ordnung.

Mir ist es wichtig zu verstehen, wie und warum die Menschheit an diesen Punkt gekommen ist und wie es mit ihr weitergehen wird. Manchmal bemerken wir, daß bei uns selbst, in den Beziehungen zu unseren Mitmenschen oder allgemein im sozialen Leben eine Situation aus dem Gleichgewicht geraten ist. Können wir etwas tun, um es wieder herzustellen und die Beziehung zueinander harmonischer zu gestalten? Wallen diese Kräfte des Männlichen und Weiblichen bloß durch uns hindurch oder können wir lernen, diese unterschiedlichen Wesenszüge mit wachsendem Bewußtsein und Verantwortung zu gebrauchen?

Während der letzten zwanzig Jahre hat die Frauenbewegung viele notwendige Fragen angeregt und die Aufmerksamkeit auf wunde Ungerechtigkeiten gelenkt. Der Schwerpunkt lag zunächst in der Bewußtseinserweiterung, die viele Menschen zum Nachdenken über ihr Leben aufforderte. Die aus der Frauenbewegung entstandenen politischen Aktivitäten eröffneten der Frau neue Wirkensbereiche. Trotzdem erfordert es weiterhin großen Einsatz, diese Betätigungsfelder zu erweitern und starre Rollenfestlegungen zu lockern. Haben wir bemerkt, daß uns die Unausgewogenheit der männlichen und weiblichen Wesenszüge auf verschiedenen Ebenen begegnet? Eine Gefahr besteht darin, nur auf die physisch-materielle Ebene der Frauenfrage hinzublicken und nur die Männer für alle Probleme verantwortlich zu machen. Diese Ebene ist zwar wichtig, aber sie ist nicht die einzige. Auch die Seele und der Geist des Menschen streben ebenso wie der Leib nach Befreiung.

Die Problematik der Vergewaltigung ist ein drastisches und tragisches Beispiel für die Notwendigkeit, sich dieser verschiedenen Ebenen bewußt zu werden. Im Physischen sind die Verletzungen nur allzu deutlich. Aber körperliche Vergewaltigung hinterläßt auch seelische Narben bei der überfallenen Frau. Wir sprechen außerdem ganz richtig von der Vergewaltigung, vom Raub unserer Erde, unseres natürlichen Lebensraumes. Aber wie bewußt sind wir uns der weniger sichtbaren Vergewaltigungen, die jeden Tag im geistigen und seelischen Bereich der Menschen stattfinden; Vergewaltigungen durch das Übermaß an Technik, durch die Art und Weise, wie wir miteinander umgehen, durch die Anonymität und die Isolation unseres modernen Lebens? Wie können wir lernen, diese Bedrohungen zu erkennen und zu begreifen? Was können wir tun, um sie zu vermeiden und Formen der zwischenmenschlichen Beziehungen zu entwickeln, die nicht durch Gewalt, Konsumverhalten oder Anonymität geprägt sind? Die Zunahme der physischen Gewalt in unserer Zeit ist erschreckkend. Sie kann als äußerliches Symptom der inneren Zerrüttung und Verzweiflung des modernen Menschens gewertet werden. Natürlich müssen wir gangbare Wege finden, um äußeren Schwierigkeiten zu begegnen, doch gleichzeitig ist es notwendig, ihre tieferen Ursachen zu erforschen. Das führt zurück zu der Frage nach den weiblichen und männlichen Wesenszügen. Nicht nur die Frauen, sondern das Weibliche in uns allen wurde angegriffen und unterdrückt. Es ringt jetzt um einen neuen Selbstwert, erwacht zu neuer Verantwortung und versucht, die jetzt entstehenden Bedürfnisse nach Weiterentwicklung der Menschheit zu erfüllen.

Wenn ich über mein Leben als Frau nachdenke, muß ich Veränderungen durch die Zeit in meine Gedanken miteinbeziehen. Die Gegenwart ist nicht isoliert, sie entstand aus der Vergangenheit und mündet in die Zukunft. Mit ihren guten und schlechten Seiten muß sie aus der Perspektive der zeitlichen Entwicklung heraus verstanden werden. Wir sollten jedoch weder mit nostalgisch verklärtem Blick in die Vergangenheit zurückschauen noch die Gegenwart verpassen, in Erwartung dessen, was eines Tages geschehen könnte. Eine entwicklungsbezogene Sichtweise steigert die Aufmerksamkeit für die Gegenwart und weckt die Verantwortung für ihre Anforderungen. Nur so können wir vermeiden, in gegenwärtigen Problemen steckenzubleiben. Geschehen kann das jedem von uns in unterschiedlichen Bereichen: in der Enttäuschung über uns selbst, über Beziehungen zu nahestehenden Menschen und über Unzulänglichkeiten des modernen Lebens. Solange wir immer nur um den einen Punkt kreisen, fahren wir uns fest. Es entsteht keine Bewegung, keine richtige Lösung. Nur wenn wir für einen Moment Abstand nehmen, die Situation aus einer erweiterten Perspektive betrachten, können wir plötzlich wieder frei atmen und die ersten Schritte nach vorne wagen. Meine Gedanken zur Unterdrückung des Weiblichen und dessen Suche nach neuen Wegen und Werten führen mich zu weiteren Fragen: Warum fand diese Unterdrückung statt? War sie notwendig? Gab es Zeiten eines ausgewogenen Verhältnisses dieser archetypischen Kräfte oder Zeiten, in denen sie noch nicht getrennt waren? Kann es jemals eine wahrhaft dauerhafte Einheit geben? Was hat diese fundamentale Polarität in der menschlichen Erfahrung zu bedeuten?

Durch die gemeinsame Arbeit in der Gruppe mit anderen Frauen wurden diese Fragen für mich immer brennender. Wir teilten das Interesse, sie aus einer persönlichen, geschichtlichen und geistigen Perspektive zu betrachten. Diese Trennung der Perspektiven entspricht jedoch nicht ganz der Wirklichkeit, denn das Persönliche ist auch geistig, das Geistige auch geschichtlich. Die Dimensionen sind miteinander verwoben. Die Gedanken Rudolf Steiners boten uns eine Fülle von Einsichten und neuen Fragen zu unseren Bemühungen, die Ebenen des Zusammenspiels zwischen männlichen und weiblichen Kräften zu verstehen.

In diesem Kapitel möchte ich versuchen, Steiners Gedanken zur Entwicklung des Kosmos darzustellen. Sie umfassen die Entwicklung der Erde und der Menschheit sowie die besondere Stellung der Menschen im gesamten kosmischen Geschehen. Es geht hier also nicht um das Verfolgen eines einzelnen Menschen-Ichs durch die verschiedenen Zeiten, sondern um Entwicklung und Aufgabe der gesamten Menschheit. Steiner stellt im Zusammenhang mit dem Reinkarnationsgedanken dar, daß wir alle an der kosmischen Evolution mitgewirkt haben und im Laufe der Menschheitsentwicklung in zunehmendem Maße individuelle Wesenszüge herausbildeten. Mit der fortschreitenden Individualisierung und Loslösung von der geistigen Welt wächst unsere Verantwortung für die kosmische Entwicklung.

Aber, wie sollen wir diese große Verantwortung der Menschen und ihre Bedeutung für die gesamte kosmische Entwicklung verstehen? Manchmal frage ich mich, ob es überhaupt möglich ist, sich so etwas Großartiges vorzustellen. Doch wir müssen diese Aufgabe ergreifen, nicht aus Selbstüberschätzung und Vermessenheit heraus, sondern mit Bescheidenheit und Ehrfurcht vor dem gesamten Schöpfungsvorgang. Rudolf Steiner schöpfte aus seiner übersinnlichen Wahrnehmung Erkenntnisse über Zeiten, die lange vor dem für uns durch Geologie und Archäologie zugänglichen Zeitraum liegen. Ich selbst habe keine unmittelbaren Erfahrungen auf diesem Gebiet wiederzugeben, und doch empfinde ich eine tiefe Wahrheit in Steiners Beschreibungen, die mich sehr bewegt.

Ursprünge

Steiner beginnt mit der Schilderung weit zurückliegender Zeiten und beschreibt dann die zunehmende Verdichtung und Materialisierung der Erde und der Menschen bis in unsere Zeit hinein. Er blickt weit zurück in die Vergangenheit und schaut in die ferne Zukunft. Da ich mich in diesem Kapitel mit dem Wechselspiel zwischen weiblichen und männlichen Kräften im menschlichen Erleben befasse, beginne ich meine Darstellungen mit Steiners Gedanken zur Trennung der Geschlechter. Diese Trennung erstreckte sich über einen Zeitraum, der von Steiner als das lemurische Stadium der Erdentwicklung bezeichnet wird. Lemurien war ein Kontinent, der vor weit mehr als einer Million Jahren existierte. Er lag südlich vom jetzigen Asien, ungefähr zwischen Madagaskar und Sri Lanka. Aus einem nicht physischen Zustand heraus verkörperten sich dort allmählich menschliche Wesen, jedoch keineswegs in einer Gestalt, die wir heute als menschlichen Leib erkennen könnten.[1] Ursprünglich waren diese Wesen weder männlich noch weiblich, doch sie trugen beide Kräfte als Anlage in sich. Steiner schreibt dazu: «Denn auch die Formen des Mannes und der Frau sind erst im Laufe der Zeiten aus einer älteren Grundform entstanden, in welcher der Mensch weder das eine noch das andere, sondern beides zugleich war. Wer sich einen Begriff machen will von diesen urfernen Zeiten der Vergangenheit, der muß sich allerdings vollständig befreien von gewohnten Vorstellungen, die dem entnommen sind, was der Mensch um sich herum sieht... Der Menschenleib bestand da noch aus weichen bildsamen Stoffen. Es waren auch die übrigen Bildungen der

Erde noch weich und bildsam. Gegenüber ihrem späteren verfestigten war die Erde noch in einem quellenden, flüssigen Zustande.»[2]

Diese Wesen konnten sich durch göttlich bestimmte Selbstbefruchtung fortpflanzen. Sie lebten in einem vorbewußten Zustand der Einheit mit der geistigen Welt. Sie kannten weder Geburt noch Tod in unserem Sinne. «Im Unterschied zu einer wirklichen Geburt war die Fortpflanzung wie ein Hinausdrängen von Menschen, die reif waren, ihre eigene Entwicklung fortzusetzen.»[3] Steiner weist auf eine Zeit in der fernen Zukunft hin, in der die Menschen wieder nur ein Geschlecht haben werden, aber nun mit der selbsterlangten Fähigkeit, sich durch die Kraft des Wortes fortzupflanzen. «Und das wird zukünftig die Geburt eines neuen Menschen sein, daß er ausgesprochen wird von einem anderen Menschen.»[4]

Am Ende einer Zeit der unbewußten Einheit teilten sich die Menschen in männliche und weibliche Wesen. Beide, Frau und Mann, tragen aber männliche und weibliche Wesenszüge in sich. Die Aufteilung der Menschheit in Frau und Mann besteht bereits seit mehreren Epochen und wird noch lange Zeit dauern. Aber allmählich wird eine Zeit der Wiedervereinigung kommen, diesmal aus der bewußten Aktivität sich entwickelnder menschlicher Wesen heraus.

Ein außergewöhnlicher Gedanke ist vor uns entstanden. Wir können ihn nicht fest ergreifen, sondern vielleicht nur vorsichtig und liebevoll betrachten. Steiner erhellt diesen Gedanken der Geschlechtertrennung, indem er einen Zusammenhang zur Entwicklung der menschlichen Denkfähigkeit herstellt und somit zur Möglichkeit des Menschen, eine eigene, selbstbewußte Beziehung zum Geistigen zu gestalten. «So konnte der Mensch einen Teil der Kraft, die er früher zur Hervorbringung von seinesgleichen verwendet, zu einer Vervollkommnung seines eigenen Wesens verwenden. Die Kraft, durch die sich die Menschheit ein denkendes Gehirn formt, ist dieselbe, durch welche sich der Mensch in alten Zeiten befruchtet hat. Das Denken ist erkauft durch die Eingeschlechtlichkeit. Indem die Menschen nicht mehr sich selbst, sondern sich gegenseitig befruchten, können sie einen Teil ihrer produktiven Kraft nach innen wenden und zu denkenden Geschöpfen werden. So stellt der männliche und der weibliche Leib je eine unvollkommene Gestaltung der Seele nach außen dar; aber sie werden dadurch in ihrem Inneren vollkommenere Geschöpfe.»[5]

Die Kraft, die früher für die Selbstbefruchtung zur Verfügung stand, richtete sich nun nach innen und ermöglichte die Bildung eines neuen Organs, des Gehirns. Dieses Organ wurde zur physischen Grundlage für die Aufnahme eines unvergänglichen Geistes. Die Geschlechtertrennung und die daraus folgende Umwandlung von Kräften, durch die Menschen zu denkenden Wesen wurden, erfolgte vor sehr langer Zeit und wiederholt sich noch immer im Erleben der Pubertät. Wenn der Körper eines jungen Menschen die sexuelle Reife erlangt und an der Schwelle zu einem Leben als Frau oder Mann steht, wächst auch eine neue Denkfähigkeit, ein ganz neues Selbstbewußtsein und das Streben nach Unabhängigkeit.

Vieles erinnert noch heute an den fundamentalen Zusammenhang zwischen der Geschlechtertrennung und dem Denken; dabei ist mit Denken nicht trockenes Abstrahieren gemeint, sondern eine kreative Tätigkeit, die uns untereinander verbindet und für die gesamte Evolution mitverantwortlich werden läßt. Dieser Zusammenhang zwischen Geschlechtertrennung und Denken wird deutlich in dem Wort «Konzeption». Die Konzeption eines Kindes geschieht durch die Vereinigung von Frau und Mann, die ideelle Konzeption durch die Verbindung der «Keimkraft des Geistig-Seelischen» mit der «belebenden Keimkraft», von denen Steiner im Zusammenhang mit der Geschlechtertrennung spricht.[6]

Vielschichtig in ihrer Bedeutung klingen in mir die Worte «Konzeption des Lebens» nach. Wie wird Leben (z. B. ein Kind) konzipiert, und wie konzipieren wir unser Leben? Diese Fragen fordern uns besonders in der heutigen Zeit zum Nachdenken auf.

Sie sind eng miteinander verknüpft. Die Weise, wie wir das eine betrachten – nämlich als ein rein physisches Phänomen oder umfassender auch als ein geistiges –, wirkt sich auf das andere aus. Die Erkenntnis dieser Fragen fordert uns auf, Bewußtsein und Verantwortung zu erweitern.

Die uralte Aufforderung «Erkenne dich selbst!» erklingt in der Gegensätzlichkeit von Weiblichem und Männlichem als Aufruf zum Streben nach innerem Gleichgewicht. In der Bibel erkennt Adam Eva; die Patriarchen erkennen ihre Frauen, bevor es zur Konzeption kommt. Dieses Erkennen weist auf körperliche Vereinigung und geistige Befruchtung hin. Unser heutiges Wissen über uns selbst und über die Welt empfinden wir häufig als trokken, abstrakt und leblos. Doch unsere Aufgabe liegt darin, dieses Wissen lebendig und schöpferisch werden zu lassen und ihm zu einer neuen Auferstehung in uns selbst zu verhelfen.

Mich erinnert die Schilderung des Paradieses vor dem Sündenfall an die Zeit vor der Geschlechtertrennung. Gott schuf den ursprünglichen Menschen, männlich *und* weiblich, nach seinem eigenen Bilde. Adam und Eva trugen jeweils beide Geschlechter in sich, bevor sie vom Baum der Erkenntnis aßen. Scham kannten sie nicht. Als Eva begehrte, von der Frucht des Baumes zu essen, um Erkenntnis zu erlangen, näherte sie sich der Erfahrung des freien Bewußtseins, dem göttlichen Wissen über Gut und Böse. Ein großer Schritt aus einer göttlich geordneten traumähnlichen Existenz zur Freiheit des Individuums wurde getan. Der Preis für diese Freiheit war der Verlust der gottgegebenen Macht, sich selber fortzupflanzen. Als Eva von der Frucht aß, wurde sie zur Frau und als sie Adam die Frucht reichte, verlor sie die Fähigkeit zur Selbstbefruchtung. Eva kann jetzt nur noch nach der physischen Befruchtung durch den Mann ein Kind empfangen. Adam muß das Paradies verlassen, um sich den Herausforderungen der irdischen Welt zu stellen. Dieser «gefallene» Mann begegnet der Welt in einer neuen Weise. Er muß mit Hilfe einer Kraft, die Steiner als «männliches Streben» bezeichnet, Erkenntnisse über sie erlangen. Indem der Mann Umwelteindrücke sammelt und verbindet, bringt er eine neue physische, kreative Kraft hervor. Dem männlichen Streben stellt Steiner eine ältere, weibliche Weisheit gegenüber, die von der Gottheit unmittelbar empfangen wurde. Die weibliche Weisheit, die er auch als Priesterweisheit bezeichnet, spiegelte eine intuitive Verbindung des Weiblichen mit der geistigen Welt wieder. Sie wurde durch verschiedene religiöse Darstellungen und Rituale verkörpert.[7] Darin äußert sich eine weitere Polarität in der menschlichen Seele, die ursprünglich mit der Geschlechtertrennung entstanden war. «Der männliche Leib hat eine Gestalt angenommen, die aus dem Element des Willens bestimmt ist, der weibliche hingegen trägt mehr das Gepräge der Vorstellung», schreibt Steiner in *Aus der Akasha-Chronik.*[8]

Schon als junges Mädchen wunderte ich mich, warum es Eva war, die zuerst von der verbotenen Frucht aß. Die Sündhaftigkeit des Weibes konnte ich nicht als ausreichende Erklärung annehmen. So begann ich, eine überzeugendere Antwort zu suchen. In der Mythologie entdeckte ich später immer wieder Bilder der ursprünglichen Ganzheit, einer urzeitlichen göttlichen Weisheit, dargestellt durch weibliche Symbole: den Mutterleib, ein Ei, eine Kuh, die Gewässer, die Nacht, das große Runde, die Urmutter.

Meine Vorstellungen von der früheren Existenz weiblicher Kräfte und Einflüsse festigten sich durch meine Studien in der Anthroposophie und der feministischen Forschung. «Das weibliche Geschlecht war also das erste, das frühere...»,[9] aber die männliche Kraft schuf den physischen Mann. Mit dem Entstehen der männlichen Kraft, einer Kraft der Materialisierung, Individualisierung und Differenzierung, begann die Menschheit ihren Abstieg von der göttlichen Welt. Sie verließ das Paradies und begab sich in die Realität, in weibliche und männliche Körper. Dadurch konnten die Menschen Geburt und Tod, Gut und Böse erfahren. So wurde die Entwicklung zur Freiheit und zu einem individuellen Bewußtsein möglich.

Die Gestalt der Eva erinnert noch an den früheren Einfluß des Weiblichen. Die Menschheitsentwicklung brauchte jedoch das Auftreten der männlichen Kraft. Sie mußte mit der allumfassenden weiblichen Macht ringen, um Einfluß zu gewinnen. Zur Zeit der Niederschrift des Alten Testaments erlangte das ringende, männliche Element die Kontrolle. Aber Spuren des Kampfes blieben zurück, und so wurde Eva als Sünderin und Verführerin beschuldigt. Das Weibliche, als intuitive Vereinigung mit dem Göttlichen, verkörpert in der Frau, mußte bezwungen werden, um die wachsende Tendenz zur Individualisierung zu stärken.

Rudolf Steiners Vorträge und Schriften, feministische Forschungen und Mythologien weisen auf einen Kampf zwischen weiblichen und männlichen Kräften hin. Wie können wir dieses Ringen verstehen? Als Machtkampf zwischen Frauen und Männern? Das wäre eine begrenzte, ja sogar tragische Perspektive; wie würde dann ein Sieg aussehen? Steiner sieht in diesem Ringen der Kräfte eine wichtige Aufforderung für die Entwicklung des menschlichen Bewußtseins.[10] Die Aufgabe besteht darin, diese Kräfte zu einer lebendigen und kreativen Harmonie zu vereinen. Das betrifft den einzelnen Menschen ebenso wie den freien und liebevollen Umgang der Menschen miteinander.

Eine bewußte, schöpferische Harmonie zwischen Gegensätzen muß über lange Zeit erarbeitet werden. Die verschiedenen Elemente brauchen Phasen des aktiven Wachstums und der Ruhe, der Überlegenheit und des Nachlassens. Diese Überlegungen gelten sowohl für die weiblichen als auch für die männlichen Prinzipien. Ich werde im Weiteren die Entwicklungsstufen dieser Kräfte verfolgen, um damit ein neues Licht auf das Ringen unserer Zeit zu werfen und uns ein Gefühl für die Richtung der Zukunft zu geben.

Die Urmutter

Viele alte Mythen handeln von einer Zeit vor der Geschlechtertrennung, einer Zeit des sich selbst enthaltenden Ganzen, des Chaos vor der Schöpfung. Ein Leben wie im Mutterleib, in einer unbegrenzten Aufnahmebereitschaft, in Dunkelheit und im Wasser wird dort beschrieben. Aus diesem mythischen, fruchtbaren Chaos entsteht die Gestalt der Urmutter. In dem alten babylonischen Schöpfungsmythos «Enumah Elisah» war Tiamet das ursprüngliche Chaos, das Fließende, das urzeitliche Salzwasser «sie, die alle gebar».[11] Eurynome, die allmächtige Göttin in der pelasgianischen Schöpfungsgeschichte, «erhob sich nackt aus dem Chaos» um – «einsam auf den Gewässern zu tanzen.»[12] In der olympischen Schöpfungsgeschichte heißt es: «Am Anfang aller Dinge entstand Mutter Erde aus dem Chaos und gebar ihren Sohn Uranus im Schlaf.»[13]

Macht und Einfluß der großen Göttin waren uneingeschränkt; ihr Reich war grenzenlos. Helen Diner sagte von Ishtar, der großen babylonischen Urmutter: «Sie war der ruhende Mutterleib, die Erde, um die sich der gesamte Kosmos drehte. Ihr Gürtel war der Tierkreis, sie war der Morgen- und der Abendstern, die Schöpferin aller Dinge, die große Jägerin, die Herrin der Schlacht, die Herrscherin über Himmel und Erde, die gehörnte Mondgöttin, die Mutter der Götter und Menschen...»[14] Die große Göttin wurde in vielen Kulturen verehrt: Ishtar in Babylon, Isis in Ägypten, Demeter in Griechenland – Mutter Natur in verschiedenen Gestalten mit unterschiedlichen Eigenschaften. Mit ihr werden immer Erde und Mond, Geburt und Tod sowie

Wachstumskräfte verbunden. Sie wacht über Ackerbau und Viehzucht, hütet den Herd und fördert die kulturelle Entwicklung der Menschen.

Die große Göttin wurde verehrt, weil der Machtbereich der Mutter uneingeschränkt war. Sie war zuerst da. Ein Sohn, der eines Tages mächtig sein würde, mochte ihr prophezeit sein, aber lange Zeit herrschte sie als ursprüngliche, alles nährende Kraft. Robert Graves schreibt dazu: «Das alte Europa kannte keine Götter. Die Große Göttin wurde als unsterblich, gleichbleibend und allmächtig erlebt. Der Vater spielte im religiösen Leben noch keine Rolle. Die Göttin hatte Geliebte, um sich daran zu erfreuen; einen Vater für ihre Kinder brauchte sie nicht. Männer fürchteten und bewunderten die Matriarchin. Ihre erste Begegnungsstätte war der Herd, den sie hütete, Mutterschaft war das älteste Mysterium.» [15]

Ein faszinierendes Bild des weiblichen Einflusses entsteht in Steiners Beschreibungen der ersten Frauen von Lemurien, später Atlantis (einem Evolutionsstadium zwischen Lemurien und dem heutigen Entwicklungszustand der Erde und der Menschheit). Im Zusammenhang mit der Differenzierung von Kräften, verkörpert in der Geschlechterteilung, stellt Steiner dar, wie das Mädchen in Lemurien dazu erzogen wurde, eine starke Vorstellungskraft zu entwickeln: «Es wurde zum Beispiel dem Sturm ausgesetzt, um seine grausige Schönheit ruhig zu empfinden; es mußte den Kämpfen der Männer zusehen, angstlos, nur durchdrungen von dem Gefühl für die Stärke und Kraft, die es vor sich sah. Die Anlagen zur Träumerei, zum Phantasieren entwickelten sich dadurch bei dem Mädchen; aber diese schätzte man besonders hoch.» [16]

Die Erziehung der Jungen hingegen war sehr stark auf die Ausbildung des Willens ausgerichtet: «Die Knaben wurden in der kräftigsten Art abgehärtet. Sie mußten lernen, Gefahren zu bestehen, Schmerzen zu überwinden, kühne Handlungen vollziehen.» [17]

Dank der Ausbildung spezieller Fähigkeiten hatten die ersten

Frauen großen Einfluß und konnten in führenden Stellungen die Entwicklung der Menschheit mitgestalten. Ich zitiere Steiner jetzt etwas ausführlicher, weil die Erkenntnisse über diese Vergangenheit seiner Anschauung entstammen: «Nur derjenige kann die Entwicklung der Menschheit richtig verstehen, der berücksichtigt, daß die ersten Fortschritte im Vorstellungsleben von den Frauen gemacht worden sind. Die mit dem sinnigen Vorstellungsleben, mit der Ausbildung des Gedächtnisses zusammenhängende Entwicklung von Gewohnheiten, welche die Keime zu einem Rechtsleben, zu einer Art von Sitte bildeten, kam von dieser Seite. Hatte der Mann die Naturkräfte geschaut und ausgeübt; die Frau wurde die erste Deuterin derselben.»[18] «Durch ihr Gedächtnis hatte die Frau die Fähigkeit erworben, die Erfahrungen und Erlebnisse, die einmal gemacht worden waren, für die Zukunft nutzbar zu machen. Was gestern sich als zweckmäßig erwies, das verwertete sie heute und war sich klar darüber, daß es auch morgen nutzbringend sein werde. Die Einrichtungen für das Zusammenleben gingen dadurch von ihr aus. Unter ihrem Einfluß bildeten sich die Begriffe von ‹gut und böse› aus. Durch ihr sinnendes Leben hatte sie sich Verständnis für die Natur erworben. Aus der Beobachtung der Natur erwuchsen ihr die Vorstellungen, nach denen sie das Treiben der Menschen leitete. Die Führer hatten es so eingerichtet, daß durch die Seele der Frau die Willensnatur, das Kraftstrotzende der Männer veredelt und geläutert wurde. Natürlich muß man sich das alles in kindlichen Anfängen denken. Die Worte unserer Sprache rufen nur zu leicht sogleich Vorstellungen hervor, die dem Leben der Gegenwart entnommen sind.»[19]

Das ist ein guter Rat. Wie können wir wirklich so weit zurückschauen, mit unserem heutigen Bewußtsein und unserer heutigen Sprache, ohne uns verloren zu fühlen oder ungläubig zu sein? Vielleicht ist das alles ein fantastischer Mythos, und nicht einmal die Mythen können uns Wahres über die Vergangenheit berichten? Und doch habe ich eine tiefe Empfindung für ihre Bedeutung. Als Erinnerung an die Verbindung der Menschen zur geistigen Welt sind sie eine wertvolle Quelle prähistorischer Darstellungen der Bewußtseinsentwicklung. Rudolf Steiner spricht davon, daß die frühen Mythen uns einen Einblick in das «Gestalten in der Welt» [20] gewähren. Für mich ist das ein sehr eindrucksvolles Bild. Die Mythen enthalten Anschauungen einst lebendiger Wirklichkeiten. Zugleich sagen sie uns etwas über den Bewußtseinsstand der Menschen, die auf unterschiedliche Weise diese Anschauungen wahrnehmen.

Nicht nach einer chronologischen Reihenfolge sollten wir in den Mythen suchen, sondern nach Grundstrukturen, die in den verschiedenen Geschichten immer wieder auftauchen. Da Bewußtseinsstadien nicht immer friedlich durch neue ersetzt werden, können Kämpfe und Umstürze in den Legenden als Verschiebungen oder graduelle Veränderungen verstanden werden, die das gesamte Verständnis der Natur und des kosmischen Geschehens umfassen. Bemerkenswert ist, daß die unterschiedlichen Mythen ähnliche Strukturen, Grundmotive und Kampfsituationen enthalten.

Einfluß und Verantwortung des Weiblichen, von Steiner als Teil der lemurischen und atlantischen Zivilisation beschrieben, wurden in der Verehrung der Großen Göttin angeregt und wiedergespiegelt. Und doch haben Archäologen und Historiker, abgesehen von einigen Ausnahmen, Forschungsergebnisse bis vor kurzem nicht beachtet, die auf eine frühere Vorherrschaft der Frauen bzw. auf eine weitverbreitete matriarchalische Kultur hindeuten. Zu den Ausnahmen des 19. Jahrhunderts zählte Johann Jakob Bachofen. Die von ihm entwickelte Theorie der kulturellen Evolution basierte auf der Idee einer inneren geistigen Entwicklung der Menschheit. In seinen Studien früher sozialer Bräuche und Mythen werden weibliche Einflüsse nicht als vereinzelte Verirrungen gedeutet. Er schreibt: «Wenn all diese Züge sich in einem gemeinsamen Gedanken vereinigen, so enthalten sie überdies eine Belehrung ganz allgemeiner Bedeutung. Durch sie wird die Überzeugung begründet, daß das Mutterrecht keinem bestimmten Volke, sondern einer Kulturstufe angehört, daß es mithin infolge der Gleichartigkeit und Gesetzmäßigkeit der menschlichen Natur durch keine volkliche Verwandtschaft bedingt oder begrenzt sein kann, daß endlich weniger die Gleichheit der einzelnen Äußerungen als vielmehr die Übereinstimmung der Grundanschauung ins Auge gefaßt werden muß. ... Das Mutterrecht gehört einer früheren Kulturperiode als das Paternitätssystem, seine volle und ungeschmälerte Blüte geht mit der siegreichen Ausbildung des letztern dem Verfall entgegen.»[21]

Forscher unserer Zeit, unter ihnen viele Feministinnen, haben die Bedeutung der archäologischen Funde erkannt, die vor kurzem in der Türkei gemacht worden sind. Die Entdeckungen von James Mellaart in Catal Hüyük (einer Stadt, die nach heutiger Einschätzung über 9000 Jahre als ist)[22] weisen deutlich auf eine matriarchalische Gesellschaftsform hin und unterstützen Bachofens Ansatz. Die Fresken an den Wänden, die kleinen Tonfiguren, die Beerdigungszeremonien und sogar die Architektur dieser Mysterienstätte erinnern an die Verehrung der Großen Mutter und an ein friedliches, durch Landwirtschaft geprägtes Leben, in dem die Frauen einflußreich waren und verehrt wurden. Ebenso wird in der griechischen Kulturgeschichte die Bedeutung des Matriarchats für die minoischen und mykenischen Kulturen weitgehend anerkannt. Überall dort, wo Archäologen die Anfänge der Verehrung einer Göttin erforschen, finden sie Beweise für den kultivierenden Einfluß von Frauen: Erinnerungen an ihren Einfluß in der Landwirtschaft, die damals eng mit den Mondphasen verbunden war, an ihre Tätigkeiten als Töpferinnen, Weberinnen und Spinnerinnen, an ihre Bedeutung für die Entwicklung der Sprache, der Rituale und der religiösen Zeremonien, ihre Aufgaben als Königinnen, Priesterinnen, Seherinnen und Heilkundige.[23]

Männer und Frauen lebten schon lange vor der Zeit, in der das Prinzip der Zweiheit, zunächst noch verschwommen, in das menschliche Bewußtsein trat.[24] Das allmähliche Bewußtwerden dieser Teilung findet seinen Ausdruck in dem mythologischen Motiv von der Urmutter und ihrem Sohn. Aus der Einheit, der

Ganzheit, wird ein neues Element geboren: die Macht der physischen, schöpferischen Stärke, des männlichen Strebens. Tiamet wird immer dunkler und dämonischer; die umhüllende Macht der Nacht muß dem Tageslicht weichen. Zu gegebener Zeit erhebt sich Marduk gegen ihre nun destruktive, alles verschlingende Macht und teilt ihren Körper in Himmel und Erde. Den Göttern weist er entsprechend den einen oder anderen Bereich zu: «Obwohl gleich verehrt, sollen sie entzweit werden».[25]

Das Motiv der Urmutter mit ihrem Sohn, der sie besiegen möchte, ist das Urbild eines bestimmten Stadiums des Kampfes zwischen dem Weiblichen und dem Männlichen. Dieses Bild nimmt viele unterschiedliche Formen an. Die alte, unbewußte weibliche Einheit kann nicht weiter herrschen. Ihr einstmals allumfassendes Wesen wird erdrückend, verzehrend und läßt keinen Raum für das Individuelle oder die Entwicklung der Freiheit.

Die Urmutter wird jedoch nicht in allen Mythen als böse dargestellt; manchmal ist sie eine gute Mutter, fürsorglich und liebevoll, die sich darauf vorbereitet, letztlich der Überlegenheit ihres Sohnes weichen zu müssen. «Die übermächtige Gestalt des Unbewußten, seine fressende und zerstörerische Seite, ... wird als böse Mutter im Bild geschaut; ob dies nun die blutige Herrin des Todes oder der Pest, des Hungers oder der Überschwemmung, der Triebgewalt oder der zum Untergang verführenden Süßigkeit ist. Als gute Mutter aber ist sie die Fülle der schenkenden Welt, die seligmachende Glücksspenderin des Lebens, der nährende Boden der Natur und das Füllhorn des gebärenden Schoßes. Es ist die in der Instinktverbundenheit erlebte Tiefe und Schönheit der Welt, die Güte und Gnade des schöpferischen Urgrundes, welche Erlösung und Auferstehung, Wiederbelebung und Neugeburt täglich verspricht und erfüllt.»[26]

Eine deutliche Veränderung in der Beziehung zwischen weiblichen und männlichen Kräften finden wir in der Gestalt der ägyptischen Götter Isis und Osiris. Sie – Schwester und Bruder, Ehefrau und Ehemann – waren beeindruckende Wesenheiten. Uns erscheint ihre Geschichte umfangreich und kompliziert. Wir entdecken Widersprüche, wenn wir von den großen Wandlungen erfahren, die sich dort ereigneten. Für die Ägypter hingegen barg dieser Mythos Wahrheiten über die Entwicklung der Erde und des gesamten Sonnensystems.[27] Isis war eine allmächtige Göttin, sie konnte Osiris finden und wieder zum Leben erwekken, nachdem er von seinem Bruder Set ermordet und zerstükkelt worden war. Jedoch mit der Geburt ihres Sohnes Horus verwandelt sie sich in die göttliche Mutter. Steiner trägt in diesem Zusammenhang über sie vor: «Ein tiefes Geheimnis, unter einem tiefen Schleier verborgen, offenbart sich in der Gestalt der Isis, der lieblichen Gottesgeistigkeit, der Isis, die in dem geistigen Bewußtsein des alten Ägypters, ebenso wie unsere Madonna mit dem Jesuskinde, mit dem Horuskinde dastand. ... Tiefe Geheimnisse haben wir in der Isis zu sehen, Geheimnisse, die im Geistigen begründet sind. Eine Wiedererinnerung an die Isis ist die Madonna, die Isis erscheint wieder in der Madonna.»[28]

Der Sohn Horus wird nach Osiris' Tod empfangen. Isis kämpft mit den Göttern darum, daß sie Osiris als Vater anerkennen. Neumann schreibt dazu: «Es ist eine wesentliche Funktion der ‹guten› Isis, ihre matriarchale Dominanz aufzugeben, die in dem ursprünglichen Königinnen-Matriarchate Ägyptens noch deutlich zu erkennen ist. Typisch für diese Selbstaufgabe und den Übergang zum Patriarchat ist der Kampf der Isis um die Legitimität ihres Sohnes Horus. Während sonst die Söhne (in einem matriarchalischen System) immer Muttersöhne sind, kämpft Isis hier um die Anerkennung gerade der Vaterschaft des Osiris für Horus, der die väterliche Erbschaft des Patriarchats annehmen soll. Diese bildet dann die Grundlage der Herkunft der ägyptischen Könige, welche sich alle als ‹Sohn des Horus› bezeichnen.»[29]

In den Schilderungen über das alte Ägypten stimmen Mythen und Geschichtsschreibung weitgehend überein. Das alte matriarchalische Bewußtsein als eine Kulturstufe der Menschheit, wurde allmählich von der wachsenden Bedeutung des Patriarchats abgelöst. Die Heirat zwischen Bruder und Schwester spiegelte diese Veränderung wieder; Macht und Besitz konnten zunächst nur über die weibliche Linie vererbt werden. Wollte jedoch ein Mann Wohlstand oder Stellung seiner Familie für sich und seine Kinder beanspruchen, so konnte er seine Schwester heiraten. Diese Möglichkeit führte allmählich zum väterlichen Erbrecht. «Durch die ägyptische Sozialgeschichte hindurch zog sich eine Tendenz, die matriarchalische Ordnung abzuschaffen. Im religiösen Bereich war sie zuerst bemerkbar. Zur Zeit der ersten Dynastien waren häufig weibliche Namen auf der Priesterliste zu lesen. Diese Namen verschwanden nach der zwölften Dynastie (nach 1785 v. Chr.). Eine Ausnahme bildeten die Pharaonentöchter. Sie bekleideten priesterliche Ämter aufgrund ihrer königlichen Abstammung.»[30]

In der Beziehung zwischen dem Männlichen und Weiblichen verschieben sich die Machtbereiche immer wieder. Im Matriarchat wird die Erbfolge durch die Frauen bestimmt. Dann verneigt sich die geehrte Göttin vor ihrem Mann; es gibt immer weniger Priesterinnen: eine Verminderung der religiösen Aufgaben kündigt die Zunahme des männlichen Einflusses an. Rudolf Steiner beschreibt die allmähliche Entwicklung der Menschheit aus dem «Weltenschoß»,[31] aus der Verbindung zur geistigen Welt und der unbewußten hellsichtigen Erfahrung. Im Sinne seiner Kosmologie habe ich einen großen Sprung von Lemurien zum alten Ägypten gemacht. Dabei habe ich Jahrhunderte und hochzivilisierte Kulturen außer acht gelassen. Jedem, der sich für diese Fragen interessiert, möchte ich empfehlen, Steiners Beschreibungen der von ihm als nachatlantisch bezeichneten Epochen zu lesen.[32] Ich habe seine Beschreibungen der alten indischen und persischen Kulturen übersprungen und mit der dritten dieser Epochen begonnen, der ägyptisch-chaldäischen, weil aus dieser Zeit die ersten historischen Funde stammen, mit deren Hilfe wir am Gegensatz des Weiblich-Männlichen die wachsenden Bewußtseinsprozesse nachweisen können. Hier finden wir Anhaltspunkte für die Entwicklung der Menschheit, von einer direkten Verbindung mit der geistigen Welt, von einer mütterlichen Ganzheit und Vereinigung mit den Göttern hin zu den Anfängen der Eroberung der physischen Welt durch menschliche Fähigkeiten.

Im alten Ägypten begann sich die sinnliche Wahrnehmung der physischen Wirklichkeit nur langsam zu entwickeln. Die ersten Pharaonen wurden von einer göttlichen Inspiration geleitet. Gegen Ende des alten Königreichs, 2200 v. Chr., begann diese direkte Inspiration sich allmählich zu verringern. Durch ihre Mysterienlehren und Mythologien konnten die Ägypter jedoch weiterhin ein intuitives Wissen über die Beziehung zwischen Mensch und Kosmos erlangen; so konnten sie die Pyramiden mit erstaunlicher astronomischer Genauigkeit errichten.

Von den frühen Chaldäern, Babyloniern und Sumerern schreibt Steiner, daß sich dort das Hinlenken des Menschensinnes zum Physisch-Sinnlichen mehr geltend gemacht habe, als bei den Ägyptern.[33] Sie erforschten kosmische Phänomene, um physische Gesetzmäßigkeiten zu bestimmen. Sie erfanden das Schreiben, eine Übersetzung lebendiger Gedanken in Symbole, und sie schufen Maßeinheiten zur Widerspiegelung der Beziehungen des Mikrokosmos zum Makrokosmos, des Menschen zum Sternenhimmel. Sie erzählten auch die Geschichte von Gilgamesch, halb Gott, halb menschlicher König, der verkündete: «Ich bin Gilgamesch, und es wird sein, daß ich alles sehe, alles lerne und alles verstehe.»[34] Er war es, der sich der Göttin Ishtar widersetzte, der den Tod seines geliebten Freundes Enkidu beklagte und so das Problem der Unsterblichkeit erlebte.

Die Einsicht in die geistige Welt verdunkelte sich allmählich, während sich das menschliche Bewußtsein zunehmend auf die sinnlich-wahrnehmbare, physische Welt konzentrierte. Gleichzeitig mit dem Interesse am physischen Bereich wuchs auch die Abhängigkeit von ihm. Die Ägypter mumifizierten die Toten, damit der Körper nicht verfalle. Auf diese Weise versuchten sie, die äußere, physische Form des Menschen zu erhalten und zu ehren.

Diese Phase trifft mit dem Anfang einer Zeit zusammen, die

von den Indern «Kali Yuga» das Dunkle Zeitalter genannt wird. Um 3100 vor Christi begann es und dauerte bis zum Ende des letzten Jahrhunderts. «Es war dunkel, weil am Ende die direkte Wahrnehmung der geistigen Welt nahezu unmöglich wurde.»[35] Für die Ägypter und Chaldäer war das Weichen der direkten geistigen Wahrnehmung vor den Möglichkeiten eines sinnlicherfahrbaren Wissens noch in der Anfangsphase: «Dadurch, daß aus der physisch-sinnlichen Welt die Gesetze des hinter ihr stehenden Geistigen erforscht wurden, entstanden die menschlichen Wissenschaften; dadurch, daß die Kräfte dieser Welt erkannt und verarbeitet wurden, die menschliche Technik, die künstlerische Arbeit und deren Werkzeuge und Mittel. Dem Menschen der chaldäisch-babylonischen Völker war die Sinnenwelt nicht mehr eine Illusion, sondern in ihren Reichen, in Bergen und Meeren, in Luft und Wasser, eine Offenbarung der geistigen Taten dahinterstehender Mächte, deren Gesetze er zu erkennen trachtete. Dem Ägypter war die Erde ein Feld seiner Arbeit, das ihm in einem Zustand übergeben wurde, den er durch seine eigenen Verstandeskräfte so umzuwendeln hatte, daß er als Abdruck menschlicher Macht erschien.»[36]

Seit dieser Zeit hat die menschliche Intelligenz bemerkenswerte Veränderungen durchgemacht. Weit entfernt von der Möglichkeit einer direkten geistigen Einsicht, wird von unserem heutigen Wissen sogar die Möglichkeit der Existenz einer geistigen Welt geleugnet. Und doch sind wir aus dem dunklen Zeitalter herausgetreten. Das Kali Yuga endete 1899. Jetzt, im 20. Jahrhundert, zeigen immer mehr Menschen Interesse an der Erforschung geistiger Bereiche. Eine Frauenbewegung entstand und damit wachsender Protest gegen die übertrieben rationalen, materialistischen, technologischen, das männliche Element überbetonenden Züge unserer Zeit.

Ich habe einen viel zu großen Sprung nach vorne gewagt, weil ich im alten Ägypten Hinweise auf unsere heutige Zeit entdecken kann und Ursprünge heutiger Überlegungen dort zu finden sind.[37] Wichtig scheint mir, daß mit dem Beginn des Kali Yuga der männliche Einfluß spürbar wurde. Am Ende dieses langen dunklen Zeitalters begann etwas, das für die menschliche Entwicklung sehr entscheidend ist: die Trennung der menschlichen Individualität von der allumfassenden Macht der Götter, das zunehmende Eingesperrt-Sein in sich selbst und die nachhaltige Verbindung mit dem physischen Plan.

Bevor ich wirklich über die Gegenwart schreibe, möchte ich zu der Entwicklung des historisch-mythologischen Bildes zurückkehren. Darum begebe ich mich in die Welt der alten Griechen, in der die Fronten klarer waren und der alte matriarchalische Einfluß sich schließlich der wachsenden männlichen Macht beugen mußte. Die griechische Mythologie ist reich an Bildern von diesem Kampf. Besonders dramatisch ist der schwer errungene Sieg über die Amazonen.

Die Amazonen sind ein Bild für die Endphase des Matriarchats, die verzweifelte letzte Stellung eines überreifen weiblichen Bewußtseinszustandes. Diese ungestümen Kriegerinnen verehrten die Göttin Artemis. Sie lebten in streng matriarchalischen Sippen, behaupteten ihre Unabhängigkeit aggressiv, heirateten nicht und verbanden sich mit Männern nur, um die Fortpflanzung zu sichern. Töchter wurden zu anerkannten Stammesmitgliedern erzogen, Söhne wurden zurückgeschickt zur Sippe des Vaters und in Extremfällen sogar verstümmelt oder getötet.

Die Amazonen kämpften tapfer bis zum Schluß. Jedoch nach vielen weithin bekannten Kriegen wurden sie von den immer mächtiger werdenden griechischen Helden besiegt, und mit ihnen ihre Werte und Traditionen: «Die Siege über die Amazonen durch Herakles, Theseus, Dionysus, Mopsus und andere führen tatsächlich zu Rückschlägen für das matriarchalische System in Griechenland, Kleinasien, Thrakien und Syrien.» [38]

Obwohl die Amazonen vollständig besiegt wurden, lebten sie in der Phantasie des griechischen Volkes weiter. Kunst und Feste erinnerten an sie. Noch lange nach ihrer Niederlage wurden sie verehrt, als ob die Griechen erkannten, daß bedeutende Wesenszüge des Menschen sich jetzt nach innen richten müssen, um dort auf weitere Veränderungen zu warten. Obwohl die Amazonen aus menschlichen Machtbereichen vertrieben worden waren, lebten einige ihrer wesentlichen Eigenschaften weiter in den Legenden, die sich um sie rankten. Helen Diner spricht davon in ihrem Buch *Mütter und Amazonen*: «Der griechisch-pelasgianischen Welt erschienen sie wie ein Wunder, das menschliche Maß übertreffend, gefährlicher als alle anderen Nationen zusammen und außerdem strenger... Die Kriege zwischen Griechen und Persern wurden zwischen zwei, von Männern beherrschten, Gesellschaftsformen ausgetragen. Im Krieg der Amazonen wurde um die Entscheidung gekämpft, welche der beiden Lebensformen (Matriarchat oder Patriarchat) das Bild der europäischen Zivilisation prägen wird. Die Spaltung in Söhne und Töchter war unheimlich, sogar für den männlichen Sieger. Er fühlte zum ersten Mal den Gegensatz in der menschlichen Natur und damit das Rätsel grundlegender Werte.» [39]

Viele Menschen fragen sich, ob die Amazonen wirklich gelebt haben. Mich überzeugt das aus den verschiedenen Nachweisen entstandene Gesamtbild davon, daß es Stämme dieser kriegerischen Frauen gegeben hat. Und selbst wenn sie niemals existiert hätten, kann ihre Bedeutung für die Vorstellungswelt und die Bewußtseinsentwicklung der Griechen nicht übersehen werden. Sie führten eine Lebensform ins Extrem, aus der die Menschheit herauszuwachsen begann. Ihre Lebensweise erstarrte und karrikierte sogar das matriarchalische Bewußtsein, das früher seine Berechtigung hatte, aber nun gefordert war, sich neuen Entwicklungsmöglichkeiten anzupassen. Umgekehrt werden wir heute von der neu erwachenden weiblichen Kraft gefordert, und einige unserer männlichen Eigenschaften verhärten sich in Abwehr-Reaktionen im Einzelnen und in sozialen Zusammenhängen.

Historische Funde aus dem prä-hellenistischen Griechenland erinnern an eine uralte Göttinnenverehrung und einen matriarchalischen Lebensstil. Dasselbe gilt für die hochentwickelten Kulturen von Mykene und Kreta, deren Blütezeit um das Jahr 4000 vor Chr. lag. Funde aus Mykonos und Knossos enthüllen den allesdurchdringenden Einfluß der Mondgöttin und erinnern an die vielen Aufgaben, die von den dort lebenden Frauen übernommen wurden. Um 1500 v. Chr. begannen jedoch patriarchalische indo-germanische Stämme aus dem Norden das griechische Festland zu erobern, bis der gesamte Peloponnes von ihnen besetzt war. Sie begründeten eine neue Religion unter der Herrschaft des männlichen Gottes Zeus. Diese allmähliche Invasion vollendete etwas, das von vielen Feministinnen als die ‹Machtübernahme des Patriarchats› bezeichnet wird. Eine Interpretation dieser Machtübernahme als Unterdrückung der Frauen durch die Männer und damit der Einschränkung ihrer Möglichkeiten läßt ganze Dimensionen einer entscheidenden Entwicklung des menschlichen Bewußtseins außer acht. In ihrem Buch *Nur Mann – nur Frau?* widmet sich June Singer der vielfältigen Bedeutung dieser fundamentalen Verlagerung: «Seit den ersten Anfängen der Menschheitsgeschichte hat die große Mutter das Menschengeschlecht in Abhängigkeit gehalten – zuerst war sie die heilige Erde, dann erschien sie in ihren verschiedenen Gestalten als Große Göttin, als Mutter Göttin, und schließlich in ihrer Rolle als menschliche Vertreterin oder als Königin, die im Auftrage der Göttin regierte. So war es laut alten Überlieferungen in vielen Ländern der Welt. Allmählich wuchsen die Menschen überall aus der Kinderzeit ihrer Rasse heraus und entwickelten sich zu rebellierenden Jugendlichen, die sich in den Kopf gesetzt hatten, ihren eigenen Willen durchzusetzen und ihre Aggression offen auszudrücken. Auf einer transpersonalen Ebene rissen die Vater-Götter die Macht aus den Händen der großen Muttergöttin und ihrer Begleiterinnen; auf politischer Ebene waren es die neuen Patriarchen, die das alte Matriarchat ersetzten.»[40]

Trennung

Der Gedanke, daß die Menschheit ein Stadium der rebellierenden Pubertät durchläuft und bestrebt ist, einen eigenen Willen durchzusetzen, dem Machtbereich der Mutter zu entkommen, wird durch verschiedene Aspekte der klassischen, griechischen Kultur untermauert. In der Mythologie mit ihren Heldengeschichten, im Anfang der Philosophie und Wissenschaft, die auf den Niedergang der alten Mysterien folgten, in der Städteplanung und den Anfängen der Demokratie, in den Kunstwerken, die so wunderbar der menschlichen Gestalt nachgebildet wurden – dort überall findet sich das Element des Überganges von der alten, göttlich inspirierten, kosmischen Weisheit zu einer neuen, menschlich erworbenen Form von Wissen und Macht. Nun beginnt das männliche Streben sich wirklich durchzusetzen und wertend zu unterscheiden zwischen individuellen Fähigkeiten und Rationalität einerseits und Intuition andererseits, zwischen Erfahrung und Glaube, logischem Denken und hellsichtigem Bewußtsein.

Die Individualität des Menschen kämpfte darum, geboren zu werden und sich von der Herrschaft der geistigen Wesen zu befreien. So gibt es viele Erzählungen und Märchen mit menschlichen Heldenfiguren und Geschichten, in denen menschliche Klugheit die nicht länger angemessenen und deshalb destruktiven Mächte einer älteren, hellsichtigen Einheit mit der geistigen Welt bekämpft. Diese Mächte, die den schwindenden mütterlich-kosmischen Einfluß widerspiegeln, wurden durch die Ungeheuer symbolisiert, die die Helden besiegen mußten: die Sphinx, die Sirenen, der Minotaurus und die Medusa.

In der Sage, aus der die Arbeitsgruppe «Ariadne» ihren Namen hat, begibt sich Theseus, der Sohn des Königs von Athen, nach Kreta, um dort dem Minotaurus geopfert zu werden. Dieses Ungeheuer, halb Stier, halb Mensch, wurde aus der Leidenschaft der Königin Pasiphae für einen weißen Stier geboren. Der unterschwellig andauernde weibliche Einfluß ermöglichte es Pasiphae ihren Ehemann, König Minos, zu überreden, den Minotaurus in einem Labyrinth am Leben zu erhalten. Theseus und seine Begleiter aus Athen sollten in dieses Labyrinth gesperrt werden, aus dem eine Flucht unmöglich war. Ariadne, die Tochter der Pasiphae und des Königs Minos, verliebte sich in Theseus und entschloß sich, ihm zu helfen. Sie gab ihm ein Knäuel goldenen Fadens, der höheren, weiblichen, lebenserhaltenden Kraft, mit dessen Hilfe er den Weg aus dem Labyrinth zurück finden konnte, nachdem er das Ungeheuer erschlagen hatte. Aus Dankbarkeit für ihre Hilfe heiratete Theseus Ariadne und segelte mit ihr fort. Bald darauf verließ er sie jedoch im Schlaf auf der Insel Naxos. Robert Graves schreibt dazu: «Warum er dies tat, muß ein Geheimnis bleiben.»[41] Ich denke aber, daß es im Sinne des Einflusses der weiblichen und männlichen Kräfte auf die Bewußtseinsentwicklung notwendig war, sie zu verlassen.

Theseus kann als Personifizierung der zunehmenden männlichen Macht gesehen werden. Für sie war es an der Zeit, sich zu entwickeln, Abenteuern und Heldentaten nachzujagen und so die Menschheit hinzuführen zu individueller Verantwortlichkeit und Unabhängigkeit von den Geboten der geistigen Welt. Das alte instinktive Weibliche, symbolisiert durch den Minotaurus, mußte überwunden werden. Für das höhere Weibliche war es notwendig, auf eine umfangreichere Entwicklung des individuellen Bewußtseins zu warten, um wirklich aufzuwachen.

Wir nannten unsere Arbeitsgruppe «Ariadne», weil auch Ariadne «schlafen» mußte, während der Held – die männliche Kraft für die Individualisierung in uns allen – stärker wurde. Nun ist es Zeit für sie, aufzuwachen und ihren lebensspendenden Faden mit vollem Bewußtsein aufzunehmen. Im Mythos ist

Ariadne zunächst traurig, als sie erwacht und sieht, daß Theseus sie verlassen hat. Aber nach einiger Zeit erholt sie sich und heiratet den Gott Dionysos. Mit ihm erlebt sie eine erfülltere und dauerhaftere Verbindung.

In den vielen Bildern, die die Griechen von ihren Göttern hatten, erlebten sie Erinnerungen an die kosmische Evolution, aber in einer viel dunkleren Weise, als es bei den frühen ägypto-chaldäischen Völkern der Fall war. Rudolf Steiner nannte die frühen östlichen Mysterientempel die «irdischen Gaststätten der Götter»,[42] in denen Priester und Betende die tatsächliche Anwesenheit göttlicher Wesen erfuhren. Die Griechen empfanden jedoch anders. Sie fühlten sich stärker mit der Erde verbunden, mit der physischen, sinnlich wahrnehmbaren Realität. In ihren Mysterien erlebten sie nur Nachempfindungen der Götter. Steiner sagt dazu: «Der Grieche hatte die Empfindung: Es gibt Götter, aber den Menschen ist es nur möglich, Bilder von diesen Göttern zu haben, so wie man in der Erinnerung die Bilder der Erlebnisse hat, nicht mehr die Erlebnisse selber.»[43]

In der Blütezeit der alten Griechen finden wir die Anfänge der Geschichtsschreibung. Sie wurde notwendig, weil die Menschen nicht mehr die lebendige Wahrnehmung der Geschichte durch direkte Erfahrungen in den Mysterien empfangen konnten. Steiner beschreibt den Impuls, der Herodot antrieb, und andere Geschichtsschreiber, die ihm folgten, so: «... immer zielt das daraufhin, sozusagen herauszureißen die Menschheit aus dem Göttlich-Geistigen, sie hinzustellen in das rein Irdische.»[44]

Die Menschheit sollte nicht länger im Schoße der Götter und Göttinnen ruhen, sondern aufstehen, um neue Stärke und menschliche Verantwortung zu entwickeln.

Allmählich begann sich ein Sinn für die individuelle Identität in den Menschen zu inkarnieren. Die Priesterweisheit wich vor dem individuellen Wissen. Große Lehrer wie Pythagoras (582–507 v. Chr.) reisten in die verschiedenen Mysterienzentren. Mit ihren gesammelten Erfahrungen gründeten sie Schulen, in denen die Mysterienweisheit auf neue Weise wieder zum Leben erweckt wurde. Edouard Schuré schreibt über die Lehren des Pythagoras: «Wir finden hier in rationeller Form wiedergeboren die Lehre Indiens und Ägyptens, welcher er hellenische Klarheit und Einfachheit gab und mit der er eine energischere Empfindung, eine klarere Auffassung der menschlichen Freiheit verband.» [45]

Die Entwicklung des Individualitätssinnes wurde in den griechischen Akademien sehr gefördert. Sie verstärkten die männlichen Wesenszüge, indem sie die erwachende Fähigkeit des intellektuellen Erfragens intensiver übten als die bisherigen Erfahrungswege. Platon war ebenso wie Pythagoras weitgereist. Auch er hatte Mysterien erlebt, bevor er seine Akademie in Athen gründete. Schuré schreibt über Platons Idealismus: «Der Idealismus ist die kühne Bejahung der göttlichen Wahrheiten durch die Seele, die sich in ihrer Einsamkeit befragt und nach ihren intimen Fähigkeiten und ihren inneren Stimmen über die himmlischen Wirklichkeiten urteilt.» [46]

In seinen Dialogen verwandelt Platon esoterische Lehren in menschliche Philosophie und gründet so eine neue Denkweise. In der Gestalt des Sokrates erleben wir einen Menschen, der vollständig aus seinem eigenen Wahrheitsgefühl heraus handelt. Er fordert seine Schüler auf, in sich selbst zu forschen und sich nicht auf traditionelle Morallehren zu verlassen. Der irdische, logische und intellektuelle Charakter von Platons Ansatz wurde durch Aristoteles noch verstärkt. Mit der Entwicklung der Philosophie im klassischen Griechenland können wir das allmähliche Entstehen der menschlichen Einsicht aus einer instinktiven, lebendigen Beziehung zur geistigen Welt hin zu einem größeren Vertrauen in das abstrakte Denken verfolgen, das nicht durch Gnade, sondern durch individuelle menschliche Fähigkeiten möglich wurde.

Manchmal scheinen historische Ereignisse so zufällig zu sein, daß sie nicht als Anzeichen für eine entscheidende Veränderung verstanden werden können. So brannte im 4. Jahrhundert v. Chr. die alte Mysterienstätte in Ephesus an dem Tag nieder, an dem

Alexander der Große geboren wurde.[47] Die große Göttin Artemis war die Hauptgestalt in den ephesischen Mysterien, den letzten der östlichen Mysterien der Griechen. Die Zerstörung dieser Stätte kündigte das Ende der alten Mysterienlehre an und kennzeichnete die Wandlung, die auf die Identifikation mit der großen Göttin als Offenbarerin der kosmischen Weisheit folgte. In derselben Zeit erstand die Individualität Alexanders des Großen, der durch viele Eroberungen, Heldentaten und die Kraft seiner Persönlichkeit berühmt wurde.

Auch die griechischen Dramatiker brachten die endgültige Niederlage des matriarchalischen Bewußtseins, durch ihre Form der Bearbeitung alter Mythen, zum Ausdruck. Robert Graves schreibt folgendes über die Theaterfassung der Orest-Sage von den Dramatikern Aischylos und Euripides: Sie «schrieben religiöse Propaganda. Orests Absolution schildert den letzten Sieg des Patriarchats.»[48] Orest tötete seine Mutter Klytämnestra, um den Mord an seinem Vater Agamemnon zu rächen. Zu Zeiten des Matriarchats war Muttermord das schlimmste vorstellbare Verbrechen. Weil er eine solche widernatürliche Tat begangen hatte, wurde Orest von den Erinnyen, den Parzen, verfolgt. Vor Gericht wurde er jedoch von der Göttin Athene freigesprochen. Sie hatte bezeichnenderweise keine Mutter, sondern war dem Kopf des Zeus entsprungen. Ihre Entscheidung richtete sich nach den Wünschen des Apollon und verkündete damit die neue patriarchalische Ordnung. Durch die Art und Weise, wie die Griechen das Schauspiel erlebten, gruben sich diese Bilder tief in ihre Seelen ein. Sie bestätigten ihnen die Lockerung der Blutsbande und das Ende der mütterlichen Herrschaft.

Für die Geburt einer neuen Ich-Kraft und das Heranwachsen der Individualität zu einem differenzierten Wesen waren Männerfreundschaften im alten Griechenland sehr wichtig. Durch die Zusammenarbeit mit meinen Freundinnen habe ich die Möglichkeiten einer neu erwachenden weiblichen Kraft erfahren. Ich kann mir vorstellen, daß die Männer in griechischen Zeiten ebenso gemeinsame Erfahrungen sammelten und so vieles über die neuen männlichen Eigenschaften lernten, die sich in ihren Seelen entwickelten. Aus unserer heutigen Sicht, die durch eine besondere Betonung des physischen Leibes gekennzeichnet ist, könnten wir der homosexuellen Liebe im alten Griechenland eine wichtige Bedeutung zumessen. Den physischen Ausdruck der Liebe halte ich jedoch nicht für entscheidend. Eher betrachte ich diese Beziehungen als Versuche, einander neu und offen zu begegnen, unter Individuen, die sich zum ersten Mal als Einzelwesen erfahren.

Damit möchte ich natürlich nicht sagen, daß den Griechen der physische Plan gleichgültig war. Je stärker sich ihr Bewußtsein mit der sinnlichen Wahrnehmung verband, desto mehr begannen sie, die materielle Welt zu schätzen. Ihre Architektur und ihre Plastik weisen auf die Verehrung hin, mit der sie in der physischen Welt lebten, und spiegeln gleichzeitig ihre ununterbrochene Erfahrung des Raumes als lebendige geistige Kraft wider. Obwohl die Beziehung schwächer wurde, verloren die Griechen das Gefühl für das Göttliche im Materiellen nicht. Sie konnten den menschlichen Leib so wunderbar aus dem Stein hauen, weil sie darin noch immer eine Verkörperung des Geistigen sahen. Dazu sagt Rudolf Steiner: «Der Marmor ihrer Skulpturen nahm den Schein des Lebendigen an, der Grieche drückte das im Physischen aus, was in seinem Geistigen lebte; eine Ehe des Geistigen mit dem Physischen war bei den Griechen vorhanden.» [49]

Ich habe oben erwähnt, wie die Entstehung der menschlichen Bewußtseinsentwicklung aus der vollständigen Einheit mit der geistigen Welt von Steiner beschrieben wird, in welcher Weise er die verschiedenen Kulturepochen kennzeichnet, und ich erwähnte auch den Gedanken, daß wir in der sogenannten ägyptisch-chaldäischen Epoche beginnen können, den Ausdruck des Gegensatzes zwischen dem Weiblichen und dem Männlichen als einen Aspekt der menschlichen Bewußtseinsentwicklung wahrzunehmen. Als nächstes beschreibt Steiner die griechisch-lateinische Kulturepoche. In Griechenland hatten die Menschen eine neue Beziehung zur materiellen Welt entwickelt. Die alten Priesterweisheiten wurden nun durch neues menschliches Wissen ersetzt. Aber erst in der römischen Phase der griechisch-lateinischen Kulturepoche begannen Verstand und Logik wirklich die Macht über Intuition und Offenbarung zu ergreifen.

Der Abstieg in die Materie

Die Römer planten ihre Gesetze und Institutionen auf der Grundlage ihrer eigenen menschlichen Bedürfnisse. Individuelle Rechte wurden notwendig, als die Menschen begannen, sich selbst als unabhängige Wesen zu erleben. «Der Begriff des Bürgers wurde im alten Rom erst wirklich gefühlt. Da hatte der Mensch bis zu seiner eigenen Individualität das Geistige in die physische Welt gebracht. Im alten Rom wurde zuerst das Testament erfunden; da wurde der Wille der einzelnen Persönlichkeit so stark, daß sie sogar über den Tod hinaus bestimmen konnte, was mit ihrem Besitz, ihrem Eigentum geschehen sollte. Jetzt sollte der einzelne, persönliche Mensch maßgebend sein.» [50]

Bezeichnenderweise wurden die römischen Bürger «Patrizier» genannt. Der Begriff stammt vom lateinischen «pater», das heißt Vater. Als der männliche Einfluß im einzelnen und im kulturellen Bereich stärker wurde und das individuelle Verantwortungsgefühl wuchs, wurde die Trennung von den Göttern immer spürbarer. Die römischen Götter wurden abstrakter und an ihrem Nutzen gemessen. Ihre Dienste wurden katalogisiert und verkauft, das Zelebrieren alter Riten degenerierte zu äußerlichen Ritualen. Die Menschheit stieg immer tiefer in die Materialisierung und Individualisierung herab und entfernte sich so immer mehr von einer wahrhaft empfundenen Verbindung mit der geistigen Welt.

In die griechisch-lateinische Epoche, in diese Phase des Abstiegs der Menschheit in die Materie, wurde die Christuswesenheit hineingeboren. Rudolf Steiner beschreibt an vielen Stellen die entscheidende Bedeutung dieses Ereignisses an diesem besonderen Punkt der Menschheitsgeschichte. Die Griechen hatten die Materie so mit dem Geist durchdrungen, daß sie die Götter als Abbilder ihrer eigenen Menschlichkeit darstellen konnten. Die Römer verstärkten weiterhin die Empfindung, individuelle Persönlichkeiten auf dieser Erde zu sein, aber nicht einmal sie verloren jemals die Verbindung zum Geistigen. Trotzdem zeigt sich uns, nach Steiner, «aus dem ganzen geistigen Hergang der Menschheit heraus die Entstehung des Christentums als etwas durchaus Notwendiges», wenn die Menschheit vermeiden sollte, zu tief in die Grenzen der materiellen Welt herabzusteigen. Steiner führt diesen Gedanken weiter aus: «Aber entstehen konnte es (das Christentum) nur da, wo man so weit hineingeraten war in die Materie, daß man sie noch nicht überschätzte, noch nicht darin untergesunken war wie in unserem Zeitalter, aber sie doch zu durchgeistigen und zu durchdringen vermochte.» [51]

Christus brachte den Menschen die Möglichkeit eines neuen Aufstieges des Geistes aus der Materie. Durch seine Auferstehung eroberte er den physischen Tod und ermöglichte die Wiedergeburt des Geistes in jedem einzelnen Menschen. Die früheren Wege, über die sich die Menschen mit der geistigen Welt verbunden fühlten und an der kosmischen Welt teilhaben konnten, waren nicht mehr gangbar. «Wo der Mensch Persönlichkeit wurde, da mußte auch zu seiner Rettung der Gott Persönlichkeit werden, um ihm die Möglichkeit zu geben, wieder hinaufzusteigen.» [52]

Die Menschen begannen sich mehr und mehr voneinander abzugrenzen. Dies war erkennbar an der Lockerung der alten mütterlichen Blutsbande. Zu dieser notwendigen Abgrenzung brachte Christus die Keimkraft einer neuen geistigen Wiedervereinigung. Durch seinen Impuls erlangten die getrennten, sich entwickelnden «Iche» der Menschen die Fähigkeit, die Beziehung zwischen dem Einzelschicksal und der Teilnahme am Ganzen zu verstehen. Steiner beschreibt das folgendermaßen: «Jesus – besser der Christus – sollte für die Menschen hinstellen das große Vorbild eines Wesens, das in sich selber die Einigung gefunden hat zwischen sich, zwischen dem ‹Ich› und zwischen dem mütterlichen Prinzip.»[53]

Unabhängig von religiösen Überzeugungen kann die Christuswesenheit als Inbegriff einer beeindruckenden Harmonie betrachtet werden. In der erlösenden Macht ihrer Liebe liegt ein aktives inneres Gleichgewicht zwischen weiblichen und männlichen Eigenschaften. In der Betrachtung dieses inneren Gleichgewichtes können wir eine Ahnung vom Wesen des androgynen Menschen bekommen, den ich zu Beginn dieses Kapitels beschrieb. Einige Male haben große Künstler diese Ahnung in ihren Christus-Darstellungen eingefangen. Leonardo da Vincis wunderbare Skizze des Christus-Kopfes, die er zur Vorbereitung des Gemäldes «Das Abendmahl» entworfen hat, zeigt ein wahrhaft androgynes Gesicht. Es ist weder nur ein Mann noch eine Frau, sondern beides in seiner Vollständigkeit und ist deshalb mehr.

Das Leben Christi auf Erden erfüllte die Phrophezeihung der hebräischen Patriarchen. Diese hochentwickelten Männer führten ihr Volk nach einer strengen patriarchalischen Tradition und trugen damit zur Entwicklung des menschlichen Bewußtseins bei. Sie versuchten den dekadenten, matriarchalischen, heidnischen Einflüssen um sich herum zu widerstehen, indem sie die höchste Autorität und Befehlsgewalt des Gottvaters hervorhoben. Das alte Testament, als eine Offenbarung der kosmischen Evolution, enthüllt ihre männlich geprägten Absichten durch seine abstrakte Konstruktion. Rudolf Steiner drückt das folgendermaßen aus: «Da wurde herausgehoben die Essenz aus der unmittelbar lebendigen Erfahrung und wurde zur Lehre, zur Theorie. Das war notwendig, weil nur dadurch die Menschheit geführt werden konnte, und das ist ja der Sinn des Alten Testaments, von jenem Zusammenleben mit der Außenwelt, das noch ein inniges Band hatte zwischen dem Mikrokosmos, dem Menschen und dem Makrokosmos, der äußeren Welt, zu ihrer weiteren Entwicklung...»[54]

Die jüdisch-christliche Tradition der westlichen Zivilisation spiegelt viele Aspekte des männlichen Strebens wider trotz ihrer offensichtlichen Abhängigkeit vom Glauben, von der Offenbarung und einer eher weiblichen Priesterweisheit. Die dem Christus eigene Harmonie war die Keimkraft für diese Entwicklung; nach seiner Inkarnation begaben sich die Menschen immer tiefer in den Materialismus. Dies war notwendig, wenn wir uns zu wirklichen Individualitäten entwickeln sollten, zu selbstbewußten und verantwortlichen Ich-Wesenheiten. Heute können wir uns fragen, ob wir vielleicht zu weit gegangen sind, ob wir nicht Sklaven der Materie geworden sind und vergessen haben, die Keimkraft der geistigen Erneuerung zu fördern. Aber allein die Möglichkeit, diese Frage zu stellen, zeigt uns, daß wir etwas aus unserem Potential der menschlichen Freiheit schöpfen können. Wenn sich die Menschheit nicht von den Göttern getrennt hätte, wenn Gott nicht für tot erklärt worden wäre, könnten wir heute nicht als unabhängige Wesen nach einem neuen Verständnis der nicht-physischen Wirklichkeit suchen. Auch wären wir nicht in der Lage, in uns selber frei und bewußt ein Verantwortungsgefühl für den weiteren Verlauf der Evolution zu erwecken.

Das ist ein Gedankensprung aus der historischen Perspektive in die Gegenwart. Aber meine Absicht besteht auch nicht darin, die letzten 2000 Jahre der menschlichen Geschichte chronologisch zu betrachten. Ich habe Jahrhunderte überflogen, nur um Momente, Bilder des Weiblichen und Männlichen im Rahmen der menschlichen Bewußtseinsentwicklung zu finden. Seit Christi Geburt äußerte sich das Zusammenwirken dieser Kräfte leider häufig im Kampf zwischen Mann und Frau. Es war eine Zeit des wachsenden männlichen Einflusses, der sich, besonders aus der Sicht einer Frau, nicht immer auf sanfte Weise durchsetzte. Nicht nur weibliche Fähigkeiten und Wesenszüge, sondern auch die Frauen selber wurden mit dem Streben der Menschheit nach Objektivität, Disziplin und Kontrolle über die physische Welt zunehmend unterdrückt und eingeschränkt. Die Neuere Frauenliteratur thematisiert die verschiedenen Formen dieser Unterdrückung. Ich möchte nur auf eine Tendenz hinweisen, die sich davon entfernt, den Wert des Weiblichen zu schätzen mit seiner stärkenden, intuitiven, phantasievollen, ganzheitlichen Einstellung zum Leben.

In vielen Bereichen sehen wir, wie die Identifikation von Frauen mit dem Weiblichen zu einer Beschränkung ihrer Aufgaben führt. In früheren Zeiten erfüllten Frauen viele Funktionen. Mit der zunehmenden Professionalisierung der Arbeitsbereiche wurden Frauen durch Männer ersetzt, z. B. als Bauer, Bäcker, Koch, Handwerker. Der Übergang von der Hebamme oder Kräuterheilerin zum Arzt verdeutlicht beispielsweise, wie die Autorität von den Männern übernommen wurde. Die Frauen wurden nicht nur aus ihren früheren Aufgabenbereichen ausgeschlossen; diese im Wesentlichen rhythmischen Arbeiten wurden unter dem Einfluß der Männer auch immer rationeller, mechanischer und steriler.

Die Entwicklung des Christentums und nicht zuletzt die Behandlung der Frauen durch die Kirche bieten eine Fülle von Hinweisen auf die beständig wachsende Macht des Männlichen. Obwohl sich die Priester weiterhin auf die Inspiration als Quelle der Offenbarung kosmischer Weisheiten verließen, schufen die alten Kirchenväter eine strenge patriarchalische Struktur in der katholischen Kirche, die mit vielfältigen Einschränkungen der Frauen verbunden war. Die Entwicklung der Kirche, die stark in der römischen Tradition verwurzelt war, zeigt, wie diese Institution immer weltlicher wurde und sich vom Göttlichen allmählich entfernte. Deshalb ist es nicht überraschend, daß mit der Ausbreitung des Protestantismus die Bedeutung der Madonna als Bild der Urmutter schwindet. Das Wesen der göttlichen Weisheit, das Christus gebären konnte, wurde seiner wesentlichen Fähigkeit, der Macht der Inspiration, beraubt.

Bis in die Gegenwart hinein führen Spuren, die auf den allmählichen Verfall der Kunst, der Phantasie und der geistigen Wahrnehmungen hinweisen. Deutlich bemerkbar sind sie z. B. in Kirchengebäuden und Gottesdiensten. Die alten Formen des Gottesdienstes sprechen die seelischen Bedürfnisse der Menschen nicht mehr an, und die Reformen in vielen Kirchen spiegeln allzu häufig die materialistischen Tendenzen der übrigen Gesellschaft wider. Ich bin sicher, daß einzelne Priester aller Konfessionen auf der Suche nach neuen geistigen Einsichten und neuen Wegen sind, die heutigen Menschen zu erreichen, aber ich wurde oft von ihren Methoden enttäuscht. Der Gemeindekirche des Dorfes, in dem ich in England lebte, mangelte es an Besuchern. So wurden wöchentlich Mottos an dem Brett vor der Kirche angeschlagen, um Interesse zu wecken. Im Laufe der Zeit wurde die Religion zu einer Ware, die wie Bier verkauft werden kann: «Jesus erreicht Teile von dir, die andere nicht erreichen können» oder bloße Imitationen von Fernsehklischees: «Wer liebt Dich, Baby? – Gott liebt dich!»

Die Auseinandersetzungen der letzten Jahre um die Aufnahme weiblicher Priester in der anglikanischen (bischöflichen) Kirche, ganz zu schweigen von der Weigerung römisch-katholischer Kirchenführer, diese Frage überhaupt ernst zu nehmen, zeigt deutlich die Unsicherheit der Zeitgenossen in der Frage nach dem Weiblichen und Männlichen. Viele Kirchen sind in ihrer Einstellung zunehmend männlicher geworden. Das war natürlich notwendig, da sich Menschen zu verantwortungsbewußten Individuen entwickeln sollten, unabhängig von den Geboten der geistigen Welt. Aber zur Zeit sind anscheinend viele Kirchenführer unfähig, sich um Weiterentwicklung zu bemühen oder die Notwendigkeit einer neuen Offenheit für individuelle, bewußte Entscheidungen auf der Grundlage der weiblichen Kräfte zu erkennen. Natürlich müssen einzelne Männer und Frauen diesen Neubeginn suchen – sie sind ja schon dabei – aber es ist typisch für die enge Sichtweise, zu der das Männliche führen kann, daß so viele Priester und Pastoren Frauen aus einer unbewußten Angst vor den Veränderungen ablehnen, die eine neue Wertschätzung des Weiblichen mit sich bringen könnte. Wenn sich die Kirchenführer wie die alten Amazonen in einer Verteidigungsstellung verschanzen, werden sie und ihre leeren Kirchen bald hinter der fortschreitenden Entwicklung des menschlichen Bewußtseins zurückbleiben.

Rudolf Steiner bezeichnet die gegenwärtige Phase der menschlichen Entwicklung, die auf die griechisch-lateinische Epoche folgt, als das Zeitalter der Bewußtseinsseele. Charakteristisch für dieses Zeitalter ist das zunehmende Bewußtwerden der Zweiheit in der menschlichen Seele. Auf der einen Seite haben wir wachsendes Interesse und Fähigkeiten bei der Entdeckung der sinnlichwahrnehmbaren Welt und bei der Eroberung der physischen Welt durch die Kraft des Willens und des Intellektes erlebt. Diese Erfahrungen sind verbunden mit der männlichen Tendenz, die als entscheidender Faktor für den heutigen wissenschaftlichen und technischen Entwicklungsstand zu betrachten ist. Durch diese Seite in uns wuchsen unsere Objektivität, unsere wissenschaftliche Sachlichkeit und unsere Rationalität. Unser Wissen über Tatsachen der materiellen Realität erstreckte sich über immer weitere Bereiche. Und doch lebt noch eine andere Seite dieser Zweiheit in uns: der Teil, der sich nach dem Geistigen sehnt, nach der Einheit mit anderen, das Weibliche, das sowohl in der Gesellschaft als auch im Einzelnen in den Hintergrund gedrängt worden ist. Unser Bewußtsein der eigenen Persönlichkeit hat sich gestärkt, aber die Waage neigt sich mehr und mehr zu der einen Seite, wir fühlen uns isoliert, voneinander abgetrennt, entfremdet von der Natur und dem Geistigen. Diese Einsamkeit und Entfremdung ist eine grundlegende Erfahrung des Zeitalters der Bewußtseinsseele. Für unsere zukünftige Entwicklung stellt sich die Frage, ob wir aus unseren eigenen Welten herauskommen können, neue Wege der Begegnung finden und neue Formen der verantwortungsbewußten Zusammenarbeit innerhalb einer kosmischen Ganzheit. Werden wir in der Lage sein, mit unserem wachsenden Ich-Bewußtsein bewußt nach einem schöpferischen Gleichgewicht in dieser menschlichen Zweiheit zu suchen?

Das Streben nach Ganzheit

Schauen wir in unserer heutigen Gesellschaft nach den Anzeichen dafür, wie ein Streben nach Ausgewogenheit, nach dem Beginn einer Bewegung sich regt, die uns aus der Isolation, der Starrheit und den Rollenfestlegungen unserer Zeit herausführt.

Zunächst aber werfe ich einen letzten Blick zurück, um innerhalb der allgemein männlich geprägten vorangegangenen Jahrtausende Spuren einer sich heraufentwickelnden Harmonie zu finden. Der Traum von der Ausgewogenheit ist niemals vollständig ausgelöscht worden. Außer dem Aufruf zur geistigen Erneuerung durch die Christusgestalt gab es andere verwandte Vorstellungen und Bewegungen, von denen die Menschheit, oft sehr unterschwellig, zu einer harmonischeren Zukunft ermutigt wurde.

In der Geschichte gab es Augenblicke, in denen Bilder der Harmonie in der Volksphantasie entstanden und sich symbolisch im Alltagsleben äußerten. Zum Beispiel in den Gralssagen konnten Menschen die mögliche Einheit des menschlichen Wesens erfahren und Vorbilder für ihr eigenes Verhalten finden. In Bildern, wie die der Suche des Ritters, der Frau, die das Gralsgefäß trägt, der Liebe als Quelle der Inspiration und geistigen Erfüllung, konnten sich die Menschen im Mittelalter die menschliche Harmonie vorstellen. In der Blütezeit des Rittertums wurden Treue, Stärke und Mut als männliche Tugenden gepriesen. Bescheidenheit, Schönheit und Sanftmut galten als weibliche Tugenden. Aus unserer heutigen Sicht wirken sie wie stereotype Festlegungen. Damals waren es jedoch machtvolle Bilder, die, wenn auch als

Ideale, zu einer Zeit außerordentlicher Kreativität und blühender Künste beitrugen. Als Teil ihrer Verehrung des weiblichen Ideals beteten die Minnesänger und einige kirchliche Orden Maria als Herrscherin des Himmels an und betrachteten sie als Mittlerin zum geistigen Erleben, als Brücke zu Gott.

Andere Ansätze, die zu einem möglichen Gleichgewicht der Kräfte führen könnten, sind in verschiedenen okkulten Gruppen zu finden. Das Phänomen der geheimen Männergesellschaften, besonders der Freimaurer, deutet darauf hin. Früher waren die Freimaurer ein esoterischer Orden mit der Absicht, dem Ich im einzelnen Menschen zur Geburt zu verhelfen. Die Wurzeln des Ordens reichen weit zurück ins alte Ägypten und Griechenland. In den Mysterienritualen erlebten die Männer eine Art Einweihung; sie erfuhren eine geistige Wiedergeburt. Frauen wurden immer ausgeschlossen.

Um die Förderung der männlichen Energie in reinen Männerzusammenkünften als positive Kraft für die Ausgewogenheit zu betrachten, müssen wir uns erinnern an die sogar in der christlichen Kirche andauernde, und deshalb aus einem bestimmten Blickwinkel bedrohliche, unbewußte weibliche Beziehung zum Geistigen. Vielleicht scheint dies meinen Ausführungen über die Entwicklung des männlichen Einflusses in der Christenheit zu widersprechen. Die frühe Kirchenhierarchie verdeutlichte ihre Macht auf patriarchalische Weise, durch strenge Autorität, Dogmen und männliche Kirchenführer. Aber die Beziehung zum Geistigen selbst war für die Priester und Laien in ihrer Art noch von weiblicher Natur, d. h., abhängig von Inspiration und zweifelsfreiem Glauben. In diesem Zusammenhang waren die Aktivitäten der frühen Freimaurer ein wichtiger Beitrag für eine zukünftige persönliche und bewußte Beziehung zum Geistigen; man könnte sogar sagen, zur Möglichkeit der individuellen Suche nach geistiger Befruchtung.

Aber sogar Bewegungen, die mit einem okkulten Streben nach Ausgewogenheit beginnen, können mit der Zeit in einer Einseitigkeit erstarren, die das ursprüngliche Ziel Lügen straft. So können wir beobachten, daß die Freimaurerei immer materialistischer wurde und die ursprüngliche esoterische Aufgabe verlor. Die Rituale wurden dekadent, die ursprüngliche okkulte Bedeutung vergessen.

Andere okkulte Gruppen verfolgten wenigstens eine Zeitlang den Weg zu einer zukünftigen Ausgewogenheit und nährten so den Traum der Menschheit von einer bewußten Vereinigung.

In den Praktiken der mittelalterlichen Alchimie herrschte ein klares Bewußtsein für die Notwendigkeit, mit Gegensätzen zu arbeiten, wenn ein wirklich kreativer Prozeß entstehen sollte. Auf vielen Gemälden aus dieser Zeit sieht man den Alchimisten mit seiner Frau an der Seite die Experimente durchführen; eine symbolische Anerkennung der Tatsache, daß männliche und weibliche Energie für jede wirkliche Umwandlung notwendig sind, egal ob es sich nun um die Verwandlung von Metall zu Gold oder um einen Aspekt der menschlichen Entwicklung handelt.

Verwandte, teilweise geheime Bruderschaften wie die Rosenkreuzer arbeiteten esoterisch, um geistige Wahrheiten zu verstehen und so in Ausgewogenheit zu leben und zu arbeiten. Das moderne Rosenkreuzertum begann im 15. Jahrhundert, zu Beginn des Zeitalters der Bewußtseinsseele. Es war mit der Entwicklung eines Wissens über die geistige Welt beschäftigt, das für die Gegenwart angemessen war, in der die materielle Wirklichkeit und die Freiheit des einzelnen betont wurden. Rudolf Steiner beschreibt die Haltung der Rosenkreuzer folgendermaßen: «Nicht im Sich-Zurückziehen von der physischen Welt sieht der Rosenkreuzer seine Aufgabe... Hinaufgehen muß er in die höchsten Regionen des geistigen Lebens und mit den Erkenntnissen, die ihm da werden, tätig arbeiten innerhalb der ganzen physischen Welt, und innerhalb der Menschen ganz besonders.» [55]

Hier zeigt sich deutlich ein Streben nach Harmonie zwischen der geistigen und der physischen Dimension der Wirklichkeit. Dieser Wunsch entspricht nicht direkt einer bewußten Sehnsucht nach Ausgewogenheit zwischen männlichen und weiblichen Kräften, aber fordert vom Einzelnen die Beobachtung, wie diese

Kräfte sich äußern und wie sie durch jeden Menschen, der sich darum bemüht, ergriffen werden können.

Neuere okkulte Lehren wie die Theosophie und auch die Anthroposophie entwickelten sich aus einer Beziehung zum Weg der Rosenkreuzer. In einem Vortrag über die Theosophie im Jahre 1905 sagte Rudolf Steiner: «Sie bereitet auf geistigem Gebiet vor, was später auf dem physischen Plan geschehen wird: die Wiedervereinigung der Geschlechter», und er bezeichnete sie als «männlich-weibliche Weisheit.»[56] Später mußte sich Steiner von der theosophischen Bewegung trennen. Aber dieser Aspekt der bewußten Arbeit an der Zusammenführung männlicher und weiblicher Kräfte, verbunden mit der Darstellung eines Schulungsweges, der für Frauen und Männer gleichermaßen zugänglich ist, behielt auch für die Entwicklung der Anthroposophie eine wichtige Bedeutung. Der Name, den er dieser Geisteswissenschaft gab, weist auf die angestrebte Harmonie hin, indem er «Anthropos», das griechische Wort für Mensch, und «Sophia», die göttliche, weibliche Vorstellung von der kosmischen Weisheit, zusammenführte.

Betrachten wir eine ganz andere Ebene der menschlichen Wirklichkeit, dann können wir eine weitere Spur dieses Strebens nach Ausgewogenheit entdecken, die im Allgemeinen unbemerkt blieb. Dieser Faden läßt sich auch über die Jahre des wachsenden männlichen Einflusses verfolgen. Er führt uns zu einem Gewebe, das aus der Ausdauer und Kraft von Millionen von Frauen entstand, die sich geduldig um ihre Familien kümmerten und ihren persönlichen Ehrgeiz opferten. Sie verbesserten die Lebensqualität über Jahrhunderte hinweg, die durch äußere Einschränkungen und Vorurteile geprägt waren. Vielleicht wurde diese Arbeit meist unbewußt getan; trotzdem wirkte eine positive Kraft in Generationen von Frauen, die das Gewebe des menschlichen Lebens pflegten und die Löcher stopften, die das männliche Vorwärtsdrängen hinterließ.

Die Frauenbewegung

Allmählich wurden die strengen Beschränkungen der persönlichen Erfüllung und die Unterschätzung der Frauen und weiblichen Qualitäten für eine wachsende Anzahl von Frauen unerträglich. Während des 18. Jahrhunderts entstand in den Vereinigten Staaten, und besonders in England, eine Bewegung, die durch den intellektuellen und moralischen Eifer der Aufklärung und des amerikanischen Unabhängigkeitskrieges verstärkt wurde. Sie entwickelte sich in der Rationalität und dem sozialen Engagement des 19. Jahrhunderts und erlebte ihren Durchbruch mit den Suffragetten, die schließlich zu Beginn dieses Jahrhunderts das Frauenwahlrecht durchsetzten.

Die Kämpfe der Frauen im 20. Jahrhundert für das Wahlrecht, für die gleichen Arbeitsbedingungen und um Würde und Anerkennung nahmen unterschiedliche Formen an. Die Ausgangsposition blieb jedoch gleich: Nicht die Männer sollten bestimmen, wozu die Frauen fähig sind. An diesem Punkt setzte sich Rudolf Steiner in seiner 1894 veröffentlichten *Philosophie der Freiheit* mit großem Engagement für die Frauenbewegung ein:

«Die soziale Stellung der Frau ist zumeist deshalb eine so unwürdige, weil sie in vielen Punkten, wo sie es sein sollte, nicht bedingt ist durch die individuellen Eigentümlichkeiten der einzelnen Frau, sondern durch die allgemeinen Vorstellungen, die man sich von der natürlichen Aufgabe und den Bedürfnissen des Weibes macht. Die Betätigung des Mannes im Leben richtet sich nach dessen individuellen Fähigkeiten und Neigungen, die des Weibes soll ausschließlich durch den Umstand bedingt sein, daß es eben ein Weib ist. Das Weib soll der Sklave des Gattungsmäßigen, des Allgemein-Weiblichen sein. Solange von Männern darüber debattiert wird, ob die Frau ihrer ‹Naturanlage nach› zu diesem oder jenem Beruf tauge, solange kann die sogenannte Frauenfrage aus ihrem elementarsten Stadium nicht herauskommen. Was die Frau ihrer Natur nach wollen kann, das überlasse man der Frau zu beurteilen. Wenn es wahr ist, daß die Frauen nur zu dem Berufe taugen, der ihnen jetzt zukommt, dann werden sie aus sich selbst heraus kaum einen anderen erreichen. Sie müssen es aber selbst entscheiden können, was ihrer Natur gemäß ist. Wer eine Erschütterung unserer sozialen Zustände davon befürchtet, daß die Frauen nicht als Gattungsmenschen, sondern als Individuen genommen werden, dem muß entgegnet werden, daß soziale Zustände, innerhalb welcher die Hälfte der Menschheit ein menschenunwürdiges Dasein hat, eben der Verbesserung gar sehr bedürftig sind.» [57]

So ist es ja! Aber das betrifft nicht nur die Hälfte der Menschheit. Auch die Hälfte unseres inneren Wesens – egal ob als Frau oder Mann – bedarf neuer Werte und Ausdrucksmöglichkeiten. Wir können nicht von *Ausgewogenheit* sprechen, wenn wir nicht bewußt und mit individueller Verantwortung darum ringen, das Weibliche in uns zu entdecken und zur Erscheinung zu bringen. Wir müssen diesen unterdrückten, schlummernden Aspekt in uns aufwecken und umformen, wenn wir der Starre und dem Materialismus unseres modernen Lebens etwas entgegensetzen und damit ernsthaft für eine stärkere Ausgewogenheit arbeiten wollen.

In diesem Zusammenhang ist es nicht schwer, den Impuls zu verstehen, der die neue Frauenbewegung der letzten zwanzig Jahre prägte. Sicher ist er Bestandteil der tiefen menschlichen Sehnsucht nach Ausgewogenheit. Die Frauen stehen dabei im Mittelpunkt, denn sie litten am offensichtlichsten unter den Auswirkungen einer ausufernden patriarchalischen Machtstruktur.

Ihr Geduldsfaden wurde überdehnt und zerriß. Jahrhunderte der nicht erkannten Verletzungen und des Zornes entluden sich aus dem Wesen – dem menschlichen Wesen – der Frau.

Da aber die Frauen heute ebenso wie die Männer in einem männlich geprägten Zeitalter leben und ebenso von der intellektuellen Rationalität und Aggression beeinflußt werden, die in unserer Kultur im Übermaß vorhanden sind, scheint die Frauenbewegung oft nur ein Spiegel dieser Zeiten mit ihren Methoden und Forderungen zu sein.

Die Entwicklung der Frauenbewegung wirkt widersprüchlich. Vieles, was wir darüber erfahren oder lesen, erscheint uns als Gegensatz zum Weiblichen, wie ich es beschrieben habe; denn die Verhaltensweisen einiger Feministinnen spiegeln die weniger bewundernswerten männlichen Züge unserer Kultur wieder. Aber wie kann es anders sein, in unserer heutigen Welt der Machtspiele, der Gewalt, der Selbstsucht und des kopflastigen Bewußtseins. In einer solchen sozialen Atmosphäre ist es nicht verwunderlich, daß viele Feministinnen ihren Ärger kompensieren mit Hilfe einer sachlichen Analyse der Art und Weise, wie Frauen behandelt wurden. Sie nehmen einen männlichen Standpunkt ein, um gleiche Rechte zu fordern.

Das Plädoyer für Gleichheit auf politischer und wirtschaftlicher Ebene war notwendig und wertvoll, aber keine ausreichende Antwort auf die um Gleichgewicht ringende Beziehung zwischen Mann und Frau in unserer Zeit; denn die vielleicht noch wichtigere Beziehung zwischen männlichen und weiblichen Kräften in jedem von uns und unserem gesamten sozialen Leben könnte dabei übersehen werden. Unsere Erziehungsmethoden und unser gesellschaftliches Miteinander haben die Entwicklung der männlichen Eigenschaften in beiden Geschlechtern stark gefördert. Frauen fühlen sich oft in einem inneren Tumult verschiedener Werte gefangen. Sie wurden dazu erzogen, sich selbst darstellen zu können, rational und unabhängig zu sein. Gleichzeitig wird jedoch Aufopferung, Nachgiebigkeit und Fürsorge von ihnen erwartet. Diese unterschiedlichen Ansprüche kommen nicht nur von außen, sondern auch tief aus ihrem Inneren. Die Männer erleben in ähnlicher Weise Verwirrungen: Wie können sie ihre sanfte, fürsorgliche Seite zeigen, ohne in unserer männlich orientierten Kultur an Ansehen zu verlieren? Die Frauenbewegung hat diese

Fragen zur Diskussion gestellt. Immer mehr Menschen sind sich heute darüber bewußt, wie sie durch ihre Erziehung zu einem bestimmten Rollenverhalten geleitet wurden. Sie befreien sich selbst von vereinfachten Zuschreibungen als «Frau» oder «Mann» und sammeln Erfahrungen mit ihren unterschiedlichen Wesenszügen. So wichtig diese Diskussionen und Erfahrungen auch sein mögen, noch immer werden sie von männlichen Werten beherrscht und die angestrebten Ziele beschränken sich meist auf die Erweiterung des persönlichen Einflußes, Unabhängigkeit und Erfolg in der materiellen Welt.

Zuviele Frauen vergessen heute ihr eigentlich richtiges Verständnis der gesellschaftlichen Probleme über der Anstrengung, als gleichberechtigt in der bestehenden Sozialstruktur anerkannt zu werden. Das Erkennen der ernsten Mängel unserer Gesellschaft fordert uns auf, nicht nur die augenblickliche Tendenz zu unterstützen, sondern bewußt weiterzuentwickeln und zu pflegen, was in unseren heutigen Sozialformen und Beziehungen unbedingt gebraucht wird: eine neue weibliche Kraft. Für immer mehr Frauen müssen alle Arbeitsbereiche zugänglich sein. Dabei geht es nicht nur um persönliche Erfüllung der einzelnen Frau, denn Frauen, die in vielfältigen Tätigkeitsbereichen verantwortungsvolle Positionen übernehmen, bilden ein enormes Potential für Veränderungen. Das betrifft die Arbeitsweise und Atmosphäre ebenso wie die Ergebnisse der Arbeit.

Das Recht einer Frau, zu tun, wozu sie sich berufen fühlt, ist nur eine Seite der Frauenfrage; die andere Seite ist die Verantwortung, mit der sie ihre Aufgabe angeht. Da wir immer selbstbewußter und unabhängiger von göttlichen und männlichen Geboten werden, können wir Rechte nicht ohne Verantwortung betrachten. Wenn wir gemeinsam über die Rechte der Frauen sprechen, müssen wir dann nicht auch gemeinsam über unsere Verantwortung nachdenken?

Wie bei vielen anderen Bewegungen zuvor, besteht auch bei der Frauenbewegung die Gefahr, einseitig zu werden und die Frage nach den Rechten zu sehr in den Vordergrund zu stellen. Ein extremes Verfolgen dieser einen Richtung führt zu ebenso einseitigen Verteidigungsreaktionen oder sentimentalen Entgegnungen von Männern und anderen Frauen. Wenn wir uns in diesem Angriffs- und Verteidigungskampf verlieren, müssen wir auf lange Sicht mit tragischen Folgen rechnen. Wir entfernen uns von einem wesentlichen Punkt der menschlichen Entwicklung und verfangen uns im Materialismus unseres heutigen Bewußtseins. Nachdem anfänglicher Ärger und Wut der Frauenbewegung zum notwendigen Durchbrechen äußerer Barrieren verhalf, wird es ihr nun hoffentlich gelingen, eine Basis zu errichten, die einen großen Spielraum für Veränderungen im einzelnen und im sozialen bietet und die verschiedenen Elemente wohlwollend miteinbeziehen kann.

Sonst besteht die Gefahr, daß sie der Stärke und letztlich der Kontrolle unseres zerrissenen, begrenzt denkenden Zeitalters zum Opfer fällt. Um weitsichtig und wirklich umfassend zu sein, muß die Frauenbewegung immer bewußter die Verantwortung erkennen und fördern, die heutige Frauen übernehmen können, indem sie eine erneuerte weibliche Qualität in die gesamte Menschheitsentwicklung hereintragen.

Ebenso wie ich weiß, daß in mir besondere, ständig wechselnde, weibliche und männliche Kräfte wirksam sind, bin ich überzeugt, daß ich nicht ohne Grund an diesem Punkt der Geschichte in einem Frauenleib lebe. Ich fühle mich mit anderen Frauen verbunden in einer Art gemeinsamer Sehnsucht, unsere Verantwortung für die Menschen ganz zu verstehen und auf uns zu nehmen. Allmählich entwickelte ich den Gedanken, daß wir Frauen bis in unsere weiblichen Körper hinein eine Art Vorratskammer haben, gefüllt mit weiblichen Fähigkeiten und Empfindungen. Sie sind in Jahrhunderten überlagert worden, besonders in unserer eigenen Erziehung, von einem noch immer wirksamen Überrest männlicher Macht und männlich geprägter Menschheitsentwicklung. Jetzt ist es an der Zeit, diese Überlagerungen zu durchdringen und aufzudecken, was darunter verborgen ist. Auf keinen Fall sollen und können wir die männlichen Eigenschaften in uns verleugnen. Eher müssen wir sie in einer neuen Weise gebrauchen, um die weiblichen Fähigkeiten in uns wieder zu entdecken und umzuformen, so daß wir uns einer wirklichen, menschlichen Harmonie nähern.

Margli Matthews behandelt in ihrem Kapitel noch ausführlicher die Anforderungen an jeden Menschen, in sich eine aktive weibliche Kraft zu erwecken. Ich möchte nur sagen, daß wir in unseren täglichen Erfahrungen als Frauen Keime der Verständigung, Möglichkeiten der Anerkennung und Ermutigung zu einer besseren Begegnung mit den Schwierigkeiten unserer Zeit entdecken können. Das heutige Leben ist zum Beispiel sehr unrhythmisch. So kann man in den Vereinigten Staaten jeden Tag und die ganze Nacht hindurch geöffnete Geschäfte finden. Wir dehnen unsere Arbeitstage aus, indem wir Frühstück, Mittagsmahlzeiten und Treffen zum Abendessen in die Arbeit mit einbeziehen. Wir feiern unsere traditionellen Feste an einem Montag, unabhängig davon, ob sie wirklich auf diesen Tag fallen oder nicht. Auf diese Weise nehmen wir uns das Gefühl der Verbundenheit mit dem Rhythmus der Sonne, des Mondes und den Sternen. Wenn wir als Frauen den Rhythmus des Mondes, der sich jeden Monat im Menstruationszyklus unserer Leiblichkeit widerspiegelt, schätzen können, wenn wir davon etwas über Natur und Zweck des Rhythmus und somit über die Eingebundenheit des Menschen in den gesamten Kosmos lernen können, dann werden wir vielleicht auch zu einem lebendigeren Gefühl für die Ganzheit und Bedeutung eines jeden Tages, einer Woche, eines Jahres, eines Lebens beitragen können.

Der größte Teil unseres heutigen Bewußtseins und die Mehrzahl der täglichen Entscheidungen finden im Kopf statt, in Form von trockenen, abstrakten Fakten und strengen Unterscheidungen. Aber wenn wir lebendige Bilder und wahre Beziehungen um uns herum entdecken wollen, müssen wir unser Bewußtsein über die Grenzen des Kopfes hinaus bis in die Bereiche des Herzens erweitern. Dann kann unsere Erkenntnis beginnen, mit dem kosmischen Rhythmus und der kosmischen Weisheit zu pulsieren und zu fließen. In den meisten Bereichen des heutigen sozialen Lebens überwiegt das rationale Bewußtsein. Wir haben ein Übermaß an Theorien und Vorstellungen entwickelt. Außerdem verfügen wir über eine aktive Willenskraft. Besonders die Amerikaner sind als «doer» («Macher») bekannt. Aber unsere Herzen, die Kopf und Willen verbinden sollen, sind oft verkrampft und unterentwickelt. Unsere Gedanken und Handlungen laufen unkontrolliert in verschiedene Richtungen. Nicht ohne Grund sind Herzkrankheiten die häufigste Todesursache.

Gerade in unserer Zeit ist es notwendig, eine Kraft zu entwikkeln, die Rudolf Steiner als Denken mit dem Herzen bezeichnet. Für mich ist das mit einer Erneuerung der weiblichen Eigenschaften in der menschlichen Seele verbunden. Traditionsgemäß haben Frauen die Bedürfnisse des Herzens erkannt und auf seine Rhythmen geantwortet; sie haben den Gefühlsbereich im sozialen Leben gepflegt. Es ist kein Zufall, daß das Herz in den Schatten des Kopfes und des Willens gestellt wurde in einer Zeit, in der der männliche Einfluß die Möglichkeiten der Frauen ernsthaft einschränkte.

Wir sind jetzt aufgefordert, ein neues Herzensbewußtsein zu entwickeln, um eine lebendige Brücke zwischen unseren Gedanken und Handlungen zu bauen und eine wirklich kreative soziale Kraft für die Entwicklung der Menschheit zu schaffen. Steiner beschreibt das in einem Vortrag mit dem Titel «Wie kann die seelische Not der Gegenwart überwunden werden?»: «Denn aus dem Herzblut heraus müssen bewußt die Impulse für dies neue Weltenwirken gewonnen werden. Was von selbst entstehen wird, wird die Entfremdung der einzelnen untereinander sein. Was aus dem menschlichen Herzen wird herausquellen, das wird bewußt anzustreben sein.» [58] Ohne das denkende Bewußtsein ist das Gefühl in der Gefahr, sentimental zu werden. Wir alle wissen, wie leicht es ist, uns in Herzflattern und Herzenskummer, in einer endlosen Verwirrung der Gefühle zu verlieren. Aber können wir unsere «Ich»-Stärke ergreifen und mit ihr bewußt in den Gefühlsbereich eintreten? Dann sollten wir eher in der Lage sein, sorgfältig der Botschaft unseres Herzens zu lauschen, auf unsere innere Stimme zu hören, und den Mut zu entwickeln, im Einklang mit ihr zu handeln.

Natürlich gilt diese Anforderung für beide Geschlechter. Aber es ist das Weibliche in uns allen, das die Botschaft des Herzens empfangen und in Verbindung mit dem Geistigen treten kann. Wie eine Mutter, die ihr Kind in der Nacht durch geschlossene Türen hindurch weinen hört, kann eine bewußt erneuerte weibliche Kraft eine Herzenssensibilität schaffen, die an den wirklichen Bedürfnissen des modernen Lebens wacht. Das alte instinktive Weibliche reicht nicht mehr aus, es meidet das Bewußtsein. Seine Aufnahmebereitschaft kann verschlingen und sein Schutz kann ersticken. Jetzt ist eine aktive herzenswarme Anteilnahme notwendig, ein verwandelter lebensspendender Sinn für Rhythmus und Einheit und ein neues frei entwickeltes Vertrauen in das Herz und den Geist der Menschheit.

Das neue Weibliche

In vielen Bereichen des heutigen Lebens können wir wahrnehmen, wie allmählich ein erneutes weibliches Bewußtsein in beiden Geschlechtern erwacht. Neben der Frauenbewegung gibt es noch weitere Bemühungen, die auf weitreichende Harmoniebestrebungen hinweisen. Beispielsweise orientiert sich das Interesse an der Ökologie am Wert der Erde als Gesamtheit und nicht an der endlosen Ausbeutung einzelner Teile. Immer mehr Menschen beginnen den Bedarf an sinnlosen, lebensfeindlichen Produkten in Frage zu stellen, die den Markt überfluten und durch ihre Herstellungsweise und ihren Abfall die Umwelt vergiften. Langsam bemerken wir, wie wichtig es ist, mit den natürlichen Reserven der Erde zu haushalten und das organische Gleichgewicht in Luft, Wasser und Erde wiederherzustellen. Wie bei vielen anderen heutigen Problemen befinden wir uns auch hier auf einer Gratwanderung zwischen dem Wunsch, in den Mutterleib zurückzukehren, d. h. ein Leben ohne Technik in starker Erdverbundenheit zu führen, oder Meister der Natur zu sein, Herrscher, die alles regulieren und sogar Leben im Labor erzeugen können. Wir sind herausgefordert, unser individuelles Bewußtsein und unser über viele Jahre hinweg entwickeltes technisches Wissen in einer Weise zu gebrauchen, die die Welt, von der wir selber ein Teil sind, respektiert und uns zu wertvollen Mitarbeitern des Göttlichen macht.

Auch das wachsende Interesse an der biologisch-dynamischen Landwirtschaft ist ein Ausdruck des weiblichen Impulses. Hier besteht ein Wunsch nach bewußter Wiedervereinigung mit den kosmischen Rhythmen, die Erde zu pflegen und den wirklichen

Ernährungsbedürfnissen der Menschen gerecht zu werden. Über viele Jahre sind unsere Lebensmittel analysiert, pulverisiert, verarbeitet und angereichert worden, im Interesse größerer Bequemlichkeit, «verbesserten» Geschmacks und, natürlich, wirtschaftlichen Profits. Die Lebensmittelproduktion wurde zunehmend mechanisiert und die Menschen verloren das innere Gefühl für das wirklich Nährende. Aus der Leere der vorverpackten, künstlichen Wunder heraus beginnen die Menschen bewußter darauf zu achten, welche Rolle die Ernährung für menschliches Leben und Wachstum spielt. Dabei geht es nicht nur um Vitamin-Anreicherung, sondern um wirklich leckere und natürliche Nahrung. Je mehr Menschen die Bedeutung gesunder Nahrung erkennen, umso mehr Verständnis und Unterstützung benötigt ihre Herstellung, sei es auf dem Feld oder in der Küche. Zum Glück gibt es bereits derartige Bemühungen. Pflanzen, Tieren, Boden und Wasser wird eine verantwortungsbewußtere, sorgfältigere Behandlung sicher gut tun und auch die Menschen werden gesunder und zufriedener sein.

Im medizinischen Bereich gab es in den letzten Jahren eine Bewegung für einen ganzheitlicheren Ansatz; darin zeigt sich für mich ebenso die weibliche Sorge um die Gesamtperson. Dieser Ansatz entwickelte sich als Antwort auf die moderne Medizin, die meist nur isolierte Symptome behandelt. Die kleinste Unannehmlichkeit wird so schnell und schmerzlos wie möglich beseitigt und die Patienten werden allzuoft als Statisten für wissenschaftliche Untersuchungen mißbraucht. Mehr und mehr Menschen stellen die Langzeitwirkungen dieses menschenunwürdigen Ansatzes in Frage. Sie erkennen, daß Leib und Seele nicht unabhängig voneinander existieren und wirkliches Heilen nicht bedeutet, den Körper mit Medikamenten und Maschinen zu erhalten, sondern die Individualität im Körper so zu stärken, daß sie besser widerstehen kann oder, wenn es notwendig ist, die Schwierigkeiten als Teil der eigenen besonderen Entwicklung verstehen lernt.

Im sozialen Bereich gibt es viele Anzeichen für ein wachsendes weibliches Bewußtsein und die Sehnsucht nach einem Gefühl der inneren Verbindung zwischen den Menschen. Seit den 60er Jahren werden in großem Umfang die Sozialformen in Frage gestellt, die Menschen traditionsgemäß miteinander verbanden, jetzt jedoch allmählich verfallen. Angesichts solcher sozialen Umbrüche beginnen immer mehr Menschen, um neue Beziehungsformen zu ringen. Formen, die nicht länger durch äußere Rollen bestimmt werden, wie in der Vergangenheit, sondern auf dem Einverständnis gegründet werden, einen Weg der gemeinsamen Entwicklung zu gehen. Neue Gemeinschaftsformen und neue Wege des Zusammenlebens und Zusammenarbeitens werden erprobt. Die Basis dafür bilden nicht länger verwandtschaftliche Bande, sondern der bewußte Wunsch, neue Wege der Zuwendung und des Miteinanders zu finden, die individuelle Erfahrungen der Einsamkeit und Selbstbezogenheit überbrücken können. Die Menschheit hat noch einen langen Weg vor sich, bis richtige Gemeinsamkeit auf der Grundlage einer bewußten und ehrlichen Verpflichtung gegenüber den Bedürfnissen der anderen Menschen selbstverständlich ist. Trotzdem sind die Anstrengungen, die heute dafür unternommen werden, nicht umsonst, auch dann nicht, wenn sie uns im Moment wie ein «Fehlschlag» erscheinen. In den Seelen der Männer, Frauen und Kinder, die lebendigere Sozialformen anstreben, keimen neue Möglichkeiten des Mitgefühls, der Selbstlosigkeit und der Verantwortung gegenüber der Allgemeinheit.

Unterschiedliche Gruppen bereiten den Boden für fortschrittliche Formen des Miteinanders. Oft kommen Menschen zusammen, die unter der Bewußtheit ihrer selbst leiden, und auf der Suche nach neuen Wegen sind, einander zu begegnen und durch die anderen mehr über sich selbst zu erfahren. Wachsendes Bewußtsein ist unvermeidbar mit Schmerzen verbunden. Für mich ist es faszinierend, daß sich heute Gruppen entwickeln, in denen einzelne von den anderen aufgefangen und bei der Bewältigung ihres Schmerzes ermutigt werden. Natürlich gab es auch Illusionen und falsche Erwartungen an die Entwicklung der Gruppenarbeit als Quelle eines stärkeren Sozial- und Ichbewußtseins. Trotzdem zeigen fortwährendes Interesse und Pflichtgefühl gegenüber den Gruppenbemühungen den grundsätzlichen Wunsch der Menschen, die außerordentliche Vereinsamung und Selbstbezogenheit unseres heutigen Lebens zu überwinden.

Eine Gruppengestalt, die besonders in den 60er und 70er Jahren bedeutsam wurde, ist die Frauengruppe. Entscheidend für das Wachstum der Frauenbewegung war, wie bereits erwähnt, die Erkenntnis der Notwendigkeit, das Weibliche als ausgleichende gesellschaftliche Kraft neu zu entdecken. Ich betrachte die Gruppenbildung der Frauen nicht nur als Beitrag zur Förderung des Selbstvertrauens, der Sicherheit und des politischen Bewußtseins, sondern auch, und das ist vielleicht noch wichtiger, als Chance für die Frauen, mit wachsendem Bewußtsein die schlafenden weiblichen Fähigkeiten zu wecken, die heute so wichtig sind. Hoffentlich bleibt das erweckte weibliche Bewußtsein nicht auf der politischen Ebene stehen, sondern kann als herzenswarme, ausgleichende Kraft auf allen Ebenen des sozialen Lebens wirksam werden.

Ich frage mich, ob das Phänomen der Frauengruppen eine Parallelentwicklung zur früheren Abgrenzung der Männer in Geheimgesellschaften ist, in denen dem menschlichen Ich mit Hilfe des männlichen Individualitätsgefühls zur Geburt verholfen werden sollte. Nun schaffen Frauen gemeinsam Situationen, in denen sich eine verwandelte weibliche Kraft entwickeln kann. Viele Frauen fühlen den Wunsch, wenigstens eine Zeit lang in Gruppen ohne Männer zu arbeiten, um eine weibliche Art der Zusammenarbeit zu entdecken und nicht wegen eines Mangels an Disziplin oder an klar definierten Zielen kritisiert zu werden. Im Vertrauen in den freien Fluß der Intuitionen, Gefühle und Vorstellungen, dabei noch immer bemüht, Geschwätzigkeit zu vermeiden, finden Frauen neue Wege, um Ziele zu erreichen. Sie entwickeln einen Sinn für Aktivitäten, der nicht logisch festgelegt ist, sondern aus dem Inhalt der gemeinsamen Arbeit erwächst. Hoffentlich läßt die Notwendigkeit der Trennung nach, wenn weibliche Qualitäten höher bewertet und aktiver in beiden Geschlechtern entwickelt werden.

Das folgende Gedicht wurde von einer Frau in einer gemischten Gruppe geschrieben, in der ich auch mitarbeitete. Wir untersuchten gemeinsam die Herausforderungen durch das Weibliche in der heutigen Zeit. Die Männer in der Gruppe wollten, daß wir Frauen klarer äußerten, was wir täten und worin unsere Ziele bestünden. Das Gedicht war ihnen gewidmet, aber es drückt ebenso den inneren Kampf aus, den wir alle selbst erleben, zwischen unserer sachlichen beobachtenden männlichen Seite, die klare Antworten wünscht, und dem eher flüchtigen, in der Entwicklung begriffenen Weiblichen, das versucht, in das Unbekannte zu vertrauen und vorsichtig aufnimmt, was es kaum intuitiv zu erfassen beginnt.

Männlich, Weiblich?

Du sitzt auf deinem Stuhl –
verkehrtherum,
die Arme auf der Lehne.
Abwesend
hältst du die Distanz,
damit nicht ein verirrtes Gefühl
dich unvorbereitet hereinzieht.
Wir, im Kampf mit formlosen Anfängen
sitzen in einem Kreis des Unbehagens.
Wir wissen nicht, was geboren wird
oder ob Worte
es tragen können.

Sylvia Mehta

Durch meine Teilnahme an verschiedenen Frauengruppen habe ich allmählich gelernt, das Weibliche in mir wieder zu schätzen und zu pflegen. Ich erfuhr viel über die Natur der Fürsorge, des Annehmens und der Verletzlichkeit. Äußerungen des Weiblichen, die in meinem Alltagsleben ziemlich unterentwickelt waren, konnte ich beobachten und üben. Ich empfand die aktive und herzenswarme Unterstützung der anderen bei meinem Ringen um Ich-Entwicklung und versuchte, auch die anderen auf ihren eigenen Wegen zu ermutigen. Außerdem lernte ich, die wunderbare Komplexität und Vielfalt der Lebenserfahrungen zu schätzen, die Einzigartigkeit jedes einzelnen Lebensweges zu respektieren und doch die Einheit unseres gemeinsamen Strebens zu erleben.

Die traditionelle Vorstellung von uns ist die der Mutter, die ihr Kind an ihr Herz drückt und es für seine Zukunft stärkt. Wenn jedoch heute die Gesellschaft nicht zu kaltem Funktionalismus erstarren soll, müssen Männer und Frauen sich aktiv darum bemühen, nicht nur die Kinder, sondern sich auch gegenseitig mit Herzenswärme zu stützen. Bewußte Aufmerksamkeit für das Weibliche in uns kann eine wahre herzliche Zuneigung stärken, die weder die anderen besitzen, noch nach den eigenen Vorstellungen formen möchte, sondern an das Eigene in ihnen glaubt und dessen Entwicklung unterstützt. Wir müssen Wege finden, um die verschiedenen Ebenen der Abhängigkeit voneinander zu erkennen und mit Achtung und Verantwortung gegenseitig unsere Entwicklung zu fördern.

Aber wir haben heute Angst davor, andere Menschen zu brauchen. Starksein heißt Unabhängigsein, selbstgenügsam und kontrolliert. Verletzlichkeit zu zeigen ist schwach, weibisch, «unmännlich». In vielen Frauengruppen und auch in anderen Selbsterfahrungsgruppen werden diese Zuschreibungen in Frage gestellt. Die Menschen beginnen, ihre Gefühle und Bedürfnisse bewußter zu beachten. Sie versuchen, sich ihrer inneren Wahrnehmung dessen, was für sie richtig ist, entsprechend zu verhalten und kämpfen darum, die Angst vor der Ablehnung oder der Lächerlichkeit zu überwinden, die entsteht, wenn sie sich etwas von den gesellschaftlich anerkannten Normen unterscheiden. Es ist das Weibliche in uns, das uns befähigt, Verletzlichkeit zu zeigen. Dies kann unabsichtlich geschehen, aus einer Krise heraus oder aus dem inneren Mut und im Vertrauen darauf, daß die anderen uns Verständnis und Hilfe bringen können. Bewußt eigene Zweifel und Sorgen oder die weniger perfekten Seiten zu teilen und die Maske der absoluten Selbstkontrolle abzunehmen, kann den Weg für ungeahnte Möglichkeiten der Beziehung und Entwicklung öffnen. Hoffentlich kann die Bemühung um Offenheit und Vertrauen in die anderen, die bereits in verschiedenen Gruppensituationen erprobt wurde, auf das soziale Leben im Allgemeinen ausgedehnt werden. Das würde ein Gegenmittel sein gegen Angst und Einsamkeit. Es könnte ein neues Gemeinsamkeitsgefühl zwischen einzelnen Menschen fördern und uns den Geist erleben lassen, der die gesamte Menschheit durchströmt.

Ich habe versucht, auf einige der vielen sozialen Bemühungen von heute hinzuweisen, durch die Menschen eine phantasievolle, rhythmische, vereinigende und lebensspendende Kraft entwikkeln, um damit Rationalität, Ordnung, Differenzierung und technischem Wissen unseres Zeitalters zu begegnen. Auf unterschiedliche Weise können wir erleben, wie der Impuls der Ausgewogenheit in unser Leben hineinwirkt. Überall können wir kurze Blicke auf eine zukünftige Einheit werfen. Aber weil wir so tief in einem auf sinnlicher Wahrnehmung beruhenden Bewußtsein verwurzelt sind, wissen wir kaum, wie wir diese Ahnungen geistiger Wahrheiten empfangen oder mit ihnen arbeiten können. Oft versuchen wir, sie schnell zu verwirklichen, in Mode, in Gesetzen oder sozialen Gewohnheiten. Wir ahnen eine zukünftige menschliche Androgynie und übernehmen einen einheitlichen Stil in der Kleidung und den Frisuren. Dabei vergessen wir, daß eine wirkliche Einheitskleidung nur aus einem bewußten inneren Gleichgewicht des Weiblichen und Männlichen entstehen kann. Wir legen gleiche Arbeitszeit und gleichen Lohn fest, aber vernachlässigen die Bedeutung der vielfältigen individuellen Entwicklungsmöglichkeiten. Wir schätzen Selbsterfüllung und Flexibilität und vermeiden langfristige Beziehungen. Voller Zweifel bleiben wir allein und berauben uns der Entwicklungsmöglichkeiten, die durch Verpflichtung und gemeinsame Verantwortung entstehen.

In unserem zeitgeprägten Verlangen nach sofort sichtbaren Ergebnissen übersehen wir zu schnell die Aufforderung zu einer bewußten inneren Entwicklung, die mit jedem Impuls für individuelles Wachstum, Gleichgewicht oder Einheit mit anderen zusammenhängt. Damit entsteht die Gefahr, daß wir etwas in feste Formen zwingen, das sorgfältige Pflege auf verschiedenen Ebenen braucht, wenn es zu voller Blüte ermutigt werden soll.

Wie können wir uns verantwortungsbewußt den neuen Schwellen des Bewußtseins nähern, den neuen Möglichkeiten der Beziehungen mit anderen, oder den Aufforderungen zu sozialen Aktivitäten, die uns überall begegnen? Wie können wir die Gefahren des frühzeitigen Steckenbleibens im Materiellen, des kalten Funktionalismus oder der eitlen Selbstüberschätzung vermeiden? Natürlich gibt es auf solche Fragen keine einfachen Antworten. Wir können nur weiter ringen und versuchen, den Forderungen des Alltags so bewußt wie möglich zu begegnen. Aber wenn es uns gelingt, die nicht-physischen Dimensionen unserer Realität ebenso wie die physischen kennenzulernen, wenn wir aktiv an die Entwicklungsmöglichkeiten jedes Einzelnen glauben und besonders, wenn wir in unserem Herzen eine lebendige Vorstellung des Menschen tragen können, dann werden wir sicher aufmerksamer für die wirklichen Bedürfnisse unserer Zeit.

So kehren wir zurück zu der Notwendigkeit, das Weibliche als ausgleichende Kraft im Einzelnen und in der Gesellschaft zu erneuern. Eine schwangere Frau, die Verkörperung des Weiblichen, trägt ein Kind in sich, bis es geboren wird und sein eigenes Leben entfalten kann. Heute sind alle Menschen, Frauen und Männer, aufgerufen, die Entwicklung der Menschheit ebenso in sich mitzutragen und zu fördern. Angesichts dieser Herausforderung finde ich es interessant, daß Schwangerschaft und Geburt in der letzten Zeit soviel Aufmerksamkeit gewidmet wurde. Immer mehr Frauen versuchen, sich dessen bewußt zu werden, was in ihnen vorgeht. Sie möchten sich in den natürlichen Rhythmus der Geschehnisse hineinleben und widerstehen dem Druck, während der Geburt in Schlaf versetzt zu werden.

Jede Geburt braucht Zeit und fordert unsere Geduld ebenso wie unsere Energie. Herzerfrischend ist es, zu beobachten, daß sich mehr und mehr Frauen weigern, die Geburt künstlich einleiten zu lassen. Sie haben Achtung vor einer bedeutenderen Zeitbestimmung, als der Bequemlichkeit des Krankenhauses.

Jede Geburt wird schwieriger, wenn man das Kommende bekämpft, leichter, wenn man den Prozeß bewußt miterlebt. Letzteres bedeutet, sich auf die unangenehmen Begleiterscheinungen einzustellen und sie als Teil des Ganzen anzunehmen. Während der Geburt kann es Momente der Angst oder sogar des Gefühls der Lächerlichkeit geben, man muß atmen und pressen, verpaßt vielleicht den richtigen Zeitpunkt und preßt, wenn man festhalten sollte. Aber man macht weiter, durch Angst und Unsicherheit hindurch, im Glauben, daß das, was kommt, richtig ist, und versucht mit Achtung und Freude ein Bild dieses kommenden Wesens in sich zu tragen.

Die Aufmerksamkeit und Aktivität, die für den Prozeß einer natürlichen Geburt notwendig ist, läßt sich vergleichen mit den Bemühungen um die Erneuerung des Weiblichen. Sicher gab es in der Frauenbewegung Momente, in denen die richtige Zeit nicht eingehalten wurde. Es gab Versuche der künstlichen Geburtseinleitung, manchmal ein zu starkes Pressen und sogar die Gefahr einer Fehlgeburt des Grundimpulses. Doch das Aufsichnehmen all dieser Mühe zeigte einen machtvollen Glauben an die menschliche Kraft und den mutigen Wunsch, eine ausgeglichenere Zukunft zu schaffen. Obwohl die Schmerzen manchmal stark sind, gibt es kein Zurück und keine Möglichkeit, zu verschlafen oder zu ignorieren, daß sich etwas ins menschliche Bewußtsein drängen will. Das Bild läßt sich noch erweitern: ermutigend ist es, zu sehen, wieviele Männer sich von dem Klischee des unbeteiligten Vaters lösen und versuchen, bei der Geburt ihrer Kinder dabei zu sein, die Mutter aktiv zu unterstützen und bewußt den Geburtsvorgang zu erleichtern. Im Bild der natürlichen Geburt arbeiten beide Elternteile als Vertreter des Weiblichen und des Männlichen zusammen, um zu begrüßen, was durch ihre Vereinigung geboren wird. Frauen haben Männer ermutigt, die Welt der Geburt zu betreten, und Männer sind durch die Erfahrung mit Lebenskräften erfüllt worden.

Heute gibt es Vieles, dem wir zur Geburt verhelfen können. Ein aktiviertes weibliches Bewußtsein kann uns helfen, ein wahres Bild unserer menschlichen Stärke zu entwickeln, die männliche Energie in uns allen mit Herzenswärme zu erfüllen und ein ausgewogeneres Teilhaben des Weiblichen und Männlichen auf allen Ebenen unserer menschlichen Erfahrung zu ermöglichen. Als Frau und als Mann können wir uns des Zusammenwirkens von Geist und Materie in unserer Entwicklung bewußter werden und uns so mit Verantwortung neuen Dimensionen der Kreativität öffnen. Vielleicht werden wir dann gemeinsam den langen Weg der menschlichen Befreiung gehen und unsere Erfahrung der Gegensätzlichkeit auf Erden würdigen.

Literaturangaben und Anmerkungen

1. Rudolf Steiner, *Aus der Akasha-Chronik*, (Gesamtausgabe Bibliographie-Nr. 11 = GA 11), Dornach: Rudolf Steiner Verlag 1986, S. 57ff.
2. Ebda. S. 74.
3. Rudolf Steiner, *Die Theosophie des Rosenkreuzers*, vierzehn Vorträge, gehalten in München vom 22. Mai bis 6. Juni 1907 (GA 99), Dornach: Rudolf Steiner Verlag ^{7}1985, Vortrag vom 5. 6. 1907, S. 140.
4. Ebda. S. 147.
5. Rudolf Steiner, *Aus der Akasha-Chronik*, S. 77.
6. Rudolf Steiner, *Die Geheimwissenschaft im Umriß*, (GA 13), Dornach: Rudolf Steiner Verlag ^{28}1968, S. 232.
7. Rudolf Steiner, *Die Tempellegende und die goldene Legende*, zwanzig Vorträge gehalten in Berlin zwischen dem 23. Mai 1904 und dem 2. Januar 1906 (GA 93), Dornach: Rudolf Steiner Verlag ^{2}1982, Vortrag vom 23. 10. 1905, S. 228–242.
8. Rudolf Steiner, *Aus der Akasha-Chronik*, S. 75.
9. Rudolf Steiner, *Die Tempellegende*, S. 231.
10. Ebda.
11. Mircea Eliade, *Gods, Godesses and Myths of Creation*, New York: Harper and Row 1974, S. 98.
12. Robert Graves, *The Greek Myths*, Harmondsworth: Penguin Books 1960, Bd. 1, S. 27.
13. Ebda.
14. Helen Diner, *Mothers and Amazons*, New York: Anchor Books 1973, S. 11.
15. Robert Graves, *The Greek Myths*, Bd. 1, S. 13.
16. Rudolf Steiner, *Aus der Akasha-Chronik*, S. 60.
17. Ebda. S. 59.
18. Ebda. S. 64/65.
19. Ebda. S. 66/67.

20. Rudolf Steiner, *Das Initiaten-Bewußtsein. Die wahren und die falschen Wege der geistigen Forschung.* Elf Vorträge, gehalten in Torquay vom 11. bis 22. August 1924 (GA 243), Dornach: Rudolf Steiner Verlag [4]1983, Vortrag vom 11. 8. 1924, S. 24.
21. Johann Jakob Bachofen, *Das Mutterrecht*, Frankfurt/M.: Suhrkamp [4]1982, S. 3.
22. James Mellaart, *Catal Hüyük*, London: Thames and Hudson 1976.
23. Während ich dieses Kapitel schrieb, wurde ein interessantes Buch veröffentlicht. Es behandelt den Einfluß des Weiblichen und der frühen Frauen auf die kulturelle Evolution: William Irwin Thompson, *The Time Falling Bodies Take to Light*, New York: St. Martin's Press 1981.
24. Rudolf Steiner, *Die Tempellegende*, S. 230.
25. Mircea Eliade, *Gods, Godesses and Myths of Creation*, S. 106.
26. Erich Neumann, *Ursprünge des Bewußtseins*, Zürich: Rascher Verlag 1949, S. 54.
27. Siehe: Rudolf Steiner, *Ägyptische Mythen und Mysterien*, Ein Zyklus von zwölf Vorträgen gehalten in Leipzig vom 2. bis 14. September 1908 (GA 106), Dornach: Rudolf Steiner Verlag [4]1978, Vortrag vom 8. 9. 1908, S. 76ff.
28. Ebda. Vortrag vom 2. 9. 1908, S. 18, 19.
29. Erich Neumann, *Ursprünge des Bewußtseins*, S. 79.
30. Helen Diner, *Mothers and Amazons*, S. 173.
31. Rudolf Steiner, *Ägyptische Mythen und Mysterien*, Vortrag vom 7. 9. 1908, S. 69.
32. Einige Bücher von Steiner, aus denen ich bereits zitiert habe, erhalten Beschreibungen der verschiedenen Kulturepochen, besonders: *Die Geheimwissenschaft im Umriß*, *Ägyptische Mythen und Mysterien*, *Die Theosophie des Rosenkreuzers*.
33. Rudolf Steiner, *Die Geheimwissenschaft im Umriß*, S. 284.
34. Padraic Colum, *Myths of the World*, New York: The Universal Library 1972, S. 19.
35. Stewart Easton, *Man and the World in the Light of Anthroposophy*, New York: Anthroposophic Press 1975, S. 34.

36. Rudolf Steiner, *Die Geheimwissenschaft im Umriß*, S. 283.
37. Rudolf Steiner behandelt dieses Thema der historischen Strukturen in *Ägyptische Mythen und Mysterien.*
38. Robert Graves, *The Greek Myths*, Bd. 2, S. 131.
39. Helen Diner, *Mothers and Amazons*, S. 105.
40. June Singer, *Androgyny: Toward a New Theory of Sexuality*, Garden City: Anchor Books 1977, dt. *Nur Mann – nur Frau? Wir sind auf beides angelegt*, München: Pfeiffer 1981, S. 88.
41. Robert Graves, *The Greek Myths*, Bd. 2, S. 339.
42. Rudolf Steiner, *Die Weltgeschichte in anthroposophischer Beleuchtung und als Grundlage der Erkenntnis des Menschengeistes*, Neun Vorträge, gehalten in Dornach vom 24. Dezember 1923 bis 1. Januar 1924 (GA 233), Dornach: Rudolf Steiner Verlag ^{4}1980, Vortrag vom 28. 12. 1923, S. 86.
43. Ebda.
44. Ebda. S. 91.
45. Edouard Schuré, *Die großen Eingeweihten*, Bern München, Wien: Scherz Verlag ^{16}1979, S. 227.
46. Ebda., S. 345.
47. Rudolf Steiner, *Die Weltgeschichte in anthroposophischer Beleuchtung*, S. 92.
48. Robert Graves, *The Greek Myths*, Bd. 2, S. 70.
49. Rudolf Steiner, *Ägyptische Mythen und Mysterien*, Vortrag vom 11. 9. 1908, S. 120.
50. Ebda., S. 121.
51. Rudolf Steiner, *Das Johannes-Evangelium*, Ein Zyklus von zwölf Vorträgen gehalten in Hamburg vom 18. bis 31. Mai 1908 (GA 103), Dornach: Rudolf Steiner Verlag ^{10}1981, Vortrag vom 29. 5. 1908, S. 165.
52. Rudolf Steiner, *Ägyptische Mythen und Mysterien*, Vortrag vom 14. 9. 1908, S. 162.
53. Rudolf Steiner, *Das Johannes-Evangelium im Verhältnis zu den drei anderen Evangelien*, Ein Zyklus von vierzehn Vorträgen, gehalten in Kassel vom 24. Juni bis 7. Juli 1909 (GA 112),

Dornach: Rudolf Steiner Verlag [6]1984, Vortrag vom 4.7.1909, S. 213.

54. Rudolf Steiner, *Mysterienwahrheiten und Weihnachtsimpulse. Alte Mythen und ihre Bedeutung*, Sechzehn Vorträge, gehalten in Basel am 23. Dezember 1917 und in Dornach vom 24. Dezember 1917 bis 17. Januar 1918 (GA 180), Dornach: Rudolf Steiner Verlag [2]1980, Vortrag vom 5. 1. 1918, S. 159.
55. Rudolf Steiner, *Die Theosophie des Rosenkreuzers*, Vortrag vom 22. 5. 1907, S. 21.
56. Rudolf Steiner, *Die Tempellegende*, S. 239.
57. Rudolf Steiner, *Die Philosophie der Freiheit* (GA 4), Dornach: Rudolf Steiner Verlag [14]1978, S. 239.
58. Rudolf Steiner, «Wie kann die seelische Not der Gegenwart überwunden werden?», Vortrag vom 10. 10. 1916 in Zürich, in: *Die Verbindung zwischen Lebenden und Toten* (GA 168) Dornach: Rudolf Steiner Verlag [3]1984, S. 107.

Betty Staley

Die Alchimie der Beziehungen

Eldorado

Mit frohem Gesang
reiste schon lang
bunt geschmückt
ein prächtiger Ritter
durch Sonn und Gewitter
auf der Suche nach Eldorado.

Lebenssuche

Jeder von uns sucht im Laufe seines Erdenlebens nach einem oder mehreren Gefährten, die ihn auf seinem Lebensweg begleiten. Oft sehnen wir uns nach einem Ideal, auch wenn diese Sehnsucht mit Seelenqualen und Pathos verbunden ist. Es wird für uns zu einem Eldorado, nach dem wir streben. Was ist das Besondere an dieser idealen Beziehung, das all die Mühen des Suchens aufwiegt? Was spricht da zu uns? Was ruft uns?

Finden wir den Menschen, so sehen wir das Ideale seines Wesens und hoffen, daß auch er uns von unserer besten Seite wahrnimmt. Das höchste Ziel unseres Strebens liegt im innigen Zusammenfinden der beiden zu einer gemeinsamen Gestalt – in den Märchen heißt es, sie heirateten und lebten glücklich weiter. Diese Suche hat die Menschen schon seit langer Zeit überall auf der Erde und durch alle sozialen Schichten hindurch beschäftigt. Ein flüchtiges Literaturstudium bestätigt diesen Gedanken bereits. Beim Schlager heißt es: *Love makes the world go round* (Liebe treibt die Welt voran). In gewisser Weise empfinden wir die Wahrheit dieses Satzes, besonders wenn sich unsere Liebe nicht nur auf unseren Partner beschränkt, sondern Kinder, Eltern und Freunde miteinbezieht. Im höchsten Sinne dieser Erfahrung können wir uns fragen, ob wir diese Liebe als Mann oder als Frau erleben oder ob sie uns über uns selbst hinaushebt zu einem ewigen Sein. Die geistige Individualität, die wir in einer solchen Beziehung erleben, reicht in andere Welten des menschlichen Daseins hinein und ist doch Wirklichkeit. Da sie schwer zu erringen ist, wird sie zum Gegenstand großer Sagen, wie der Gralssage oder der Arthuslegenden.

Schlägt ein Mensch heute diesen Entdeckungsweg ein, wird er von zwei Wegweisern geleitet: der Liebe und dem inneren Wachstum. In unserer Zeit erleben viele Menschen den inneren Ansporn, nicht stehenzubleiben, sondern an ihrer Weiterentwicklung zu arbeiten. Veränderungen und Erweiterungen der eigenen Grenzen sind Anforderungen der Zeit. Aus dem Mut heraus, sich der Wirklichkeit zu stellen, aus einer offenen Haltung gegenüber dem menschlichen Los und dem liebevollen Verständnis der anderen in ihrem eigenen Streben nach innerer Weiterentwicklung kann dieses Wachstum entstehen.

Unsere Gesellschaft befindet sich in einem Konflikt um diese beiden Wegweiser. Die Bedeutung der Liebe war früher allen Menschen klar; sie beinhaltete Liebe zur Familie, zu Gott, zum Heim. Der heutige Mensch bewertet jedoch all diese Inhalte neu, die früher nicht hinterfragt wurden.

Außerdem verwirrt uns die Berieselung durch die Medien derart, daß wir meinen, die Liebe zu verstehen. Aber kaum treffen wir auf neue Verhältnisse, müssen wir die vorher gefaßten Meinungen neu überdenken. In diesem Zusammenhang fällt mir ein Karussel mit Reitern ein, die sich nach einem Messingring strekken. Sobald sie den Ring ergreifen, verliert er seine Substanz, löst sich in Luft auf und der Reiter fällt von dem sich drehenden Karussel herunter. Auf der Suche nach neuen Antworten haben wir heute in vielen Bereichen unsere Sicherheit verloren.

Die allgemeine Vorstellung von einem erfüllten Leben besteht meist darin, alles zu haben, was das Herz begehrt: ein aufregendes Leben, Freiheit, eine reizvolle Umgebung, lange Wochenenden. Das sind die Versprechungen zeitgenössischer Idealvorstellungen; oft fällt es uns schwer, ihrem Zauber zu widerstehen. Immer wieder müssen wir uns erinnern, daß diese Vorstellungen nicht der Wirklichkeit entsprechen. Einerseits kann die Wirklichkeit sich niemals mit der Illusion messen, andererseits ist das wirkliche Leben viel reicher und tiefer. Das ist eine Wahrheit, die wir im Innersten kennen.

Wie steht es mit dem Wegweiser «Liebe», diesem Ideal der Gemeinschaft, des Opferns, diese Verlockung für uns durch alle Zeiten und Daseinsstufen hindurch. In diesem Kapitel möchte ich die Liebe, im Zusammenhang mit den Beziehungen der Menschen untereinander, näher betrachten. Und dann gibt es noch den zweiten Wegweiser, auf dem das rätselhafte Wort «Wachstum» steht: Veränderung, Werden. Worin besteht seine geheime Bedeutung? Nach dem Zweiten Weltkrieg entwickelte sich das Wort «Wachstum» zu einem allgemeinen Klischee. Franklin Baumer, ein Professor der Yale Universität, schreibt dazu: «Werden bezieht sich in diesem Zusammenhang nicht nur auf neue, sich verwandelnde Antworten auf ewige Fragen, die für selbstverständlich gehalten werden können, oder auf große revolutionäre Ideen. Nein, Werden bezieht sich auf eine Denkweise, die alles betrachtet, die Natur, die Menschen, die Gesellschaft, Geschichte, ja, sogar Gott selbst. ... es bedeutet nicht nur Veränderung, sondern ewige Verwandlung in etwas Neues, Anderes. Es glaubt nicht an Fixierungen, Absolutheiten und ewige Ideen. Historisch gesehen besteht das Wesen des Werdens in einer bemerkenswerten ‹Verschiebung des Interesses vom Dauerhaften zum Wechselnden›, wie John Dewey bezüglich des Einflußes vom Darwinismus auf die Philosophie feststellte.»[1]

Wir treten in ein neues Zeitalter ein, in dem viele Menschen das Leben zwar in einem geistigen Gefüge, jedoch außerhalb religiöser Strukturen erfahren. Alte etablierte Autoritäten geraten ins Wanken und manchmal wird es schwer, einen eigenen Weg durch die verschiedenen spirituellen Ansätze und Erweiterungsmöglichkeiten zu finden. Die Vielfalt der Gruppen, bei denen wir heute Unterstützung für unser inneres Wachsen finden können, ist einfach erstaunlich. Man muß sich nicht mehr genieren, zuzugeben, auf der Suche nach dem wahren Selbst und der wirklichen Bedeutung der Liebe zu sein. Das Bedürfnis hiernach ist sehr real; die menschliche Seele ist auf wirklicher Suche. Die früheren Ritter haben sich verändert, sie tragen eine innere Rüstung und ein inneres Schwert, denn sie wagen sich in die unbekannten Regionen des Geistigen. Die Suche ist nicht planlos, manchmal müssen

Beziehungen beendet und neue Werte erprobt werden. Im besten Falle verursacht sie Sorge und seelisches Erzittern, weil die sicheren Grundlagen des Lebens erschüttert werden. Vielleicht ist eine der wichtigsten Fragen, die vielen heutigen Problemen zugrundeliegt, die folgende: Kann ich mich innerhalb der Grenzen einer festen Beziehung in der für mich notwendigen Weise weiterentwickeln und worin liegt der Wert einer solchen Verbindung?

Ein weiteres charakteristisches Element unserer heutigen Lebenssituation ist eine starke, unterschwellige materialistische Strömung, der Wunsch, in diesem Leben möglichst viel zu erleben, denn wir haben diese Chance nur einmal. Wir müssen möglichst viele unterschiedliche Partner, Jobs und Erfahrungen haben, um wirklich ausgefüllt zu sein. Das Streben nach innerem Wachstum kann fanatisch werden und so eine im Grunde berechtigte Sehnsucht verderben.

Die in diesem Zusammenhang stehende Zerbrechlichkeit von Beziehungen fordert besonders von der Ehe ihren Tribut. Inwieweit kann eine Ehe Raum lassen für diese Suche, Erforschung, Therapie, Begegnung und Selbstverständnis. Kann man sich gleichzeitig dem anderen genügend widmen, hingeben, mit ihm Gespräche führen und gemeinsam etwas tun? Geht die Tendenz dahin, daß Menschen das Zerbrechen einer Beziehung nur erleben, um den anderen wirklich schätzen zu lernen – und das, wenn es meist schon zu spät ist?

Sicher ist, daß zerrüttete Beziehungen in keinem Zusammenhang mit der sozialen Zugehörigkeit, mit der Hautfarbe oder Religion stehen. Sie treten bei sehr religiösen Familien verschiedener Glaubensrichtugen auf, bei Paaren, die lange Zeit durch eine enge, intensive Freundschaft verbunden waren und sich plötzlich nichts mehr zu sagen haben, bei älteren Menschen in den Fünfzigern ebenso wie bei jüngeren um die zwanzig. Wie sich Beziehungen entwickeln werden, ist schwer vorauszusehen. Nur bei geduldigen Paaren mit einer soliden Basis besteht die Möglichkeit der Versöhnung und darüberhinaus des schöpferischen Wachsens sowohl als Individuum als auch als Paar.

Das Wort «Beziehung» umfaßt Anteilnahme, Verbindung und Bekanntschaft. Unser Leben ist voll von Beziehungen, angefangen beim oberflächlichen Kontakt zum Kaufmann bis hin zur tiefen, persönlichen Verbindung zu uns selbst. Dazwischen liegen die verschiedenen Beziehungsformen zu anderen Menschen und zu unserer lebendigen Umwelt. «Wir alle müssen vieles für die Bewußtheit einsetzen. Wenn ich dieses Gefühl der Bewußtheit entwickle, entsteht im weiteren ein anderes Gefühl, das dich betrifft, das jedoch nicht festlegt, warum ich eine Beziehung zu dir habe. Ich mag dich bekämpfen, aber sobald ich mir deiner bewußt bin, muß ich zu dir in Beziehung treten. Ich muß dich einbeziehen. Das ist eine Verpflichtung. Es ist eine notwendige Voraussetzung für jede Art von Liebe, schwer und wichtig.»[2]

Wenn wir die Biographien anderer Menschen oder unsere eigenen betrachten, ragen Beziehungen als Wendepunkte und wichtige Einflüsse auf unsere Lebensgestalt heraus. In diesen entscheidenden Begegnungen liegt etwas geheimnisvolles. Sie werden nicht durch den reinen Zufall bestimmt. Von Geburt an leben wir in tiefen Beziehungen zu unseren Eltern und Geschwistern. Wir können nach dem Ursprung dieser Beziehungen fragen. Sind sie zufällig entstanden oder haben sie einen besonderen Hintergrund? Während der Schulzeit haben wir Freunde: einige dieser Freundschaften sind intensiver als andere, einige sind gewollt, verbunden mit Ärger und Versöhnung, andere zufällig. Wir spüren, wie die Verbindung zu unseren Eltern sich über die Schuljahre hin ändert. In der Pubertät entwickeln wir neue Beziehungen. Wir erleben zögernde, schüchterne Begegnungen mit Jungen, tiefe Verbindungen zu Freundinnen, lange vertraute Gespräche mit einem älteren Menschen, einen neuen Respekt gegenüber Lehrern, Schwärmereien für einen unerreichbaren Helden. Währenddessen sind die Beziehungen zu unseren Eltern durch Spannungen und Belastungen beeinträchtigt. Mit dem Erwachsenwerden stabilisieren sich unsere Beziehungen und teilen sich in verschiedene Bereiche: Familie, Freunde, Beruf und das eigene Selbst.

Beziehungen kann man auf zwei Ebenen betrachten, eine davon ist die horizontale Ebene, die ich eben beschrieben habe. Auf der vertikalen Ebene sind Beziehungen mit der Zeit verbunden und unterliegen Metamorphosen. Einige Beziehungen dauern nur kurze Zeit, z. B. enge Kinderfreundschaften, die sich auflösen und ihr Ende finden, wenn wir älter werden. Andere sind in jungen Jahren sehr intensiv und erblühen dann im Alter neu. Dann gibt es Beziehungen, die sich durch viele Jahre hindurch tragen und Zyklen der Veränderung und des Wachstums unterworfen sind.

Wem begegnen wir in unserem Leben? Diese Frage ist eines der großen Geheimnisse des menschlichen Lebens. Sie hängt mit unserer Persönlichkeit zusammen, unserem Wohlbefinden, unseren Vorlieben und Abneigungen und den Geschehnissen und Erfahrungen, mit denen wir uns beschäftigen. Welche Schritte führten mich hierher? Wäre ich dir je begegnet, wenn ich mich nicht für diesen Kurs eingeschrieben hätte? Wie konnte es geschehen, daß wir uns überhaupt getroffen haben? In diesen Fragen liegt ein großes Wunder und viel Weisheit. Manchmal haben wir das Gefühl, von der geistigen Welt geleitet zu werden, um genau im richtigen Moment jemandem zu begegnen. Wir können uns das Leben ohne diesen Menschen nicht vorstellen.

In seinen eingehenden Betrachtungen karmischer Zusammenhänge erforscht Steiner die Gesetze des Karmas, des Schicksals, die im menschlichen Leben zum Ausdruck kommen.[3] Für jeden, der sich für diese Fragen interessiert, sind diese Betrachtungen von großem Wert. Steiner zeigt, daß unsere Verbindungen nicht vom Zufall abhängen, sondern im engen Zusammenhang zu unseren vorangegangenen Leben stehen. Er beschreibt verschiedene Formen der Begegnung – einige Menschen erscheinen uns sofort vertraut, manche sind uns sehr sympathisch, andere unsympathisch – und wie wir von diesen Menschen träumen. Wir verbinden uns mit ihnen aus unserem Willen heraus. Einige Menschen finden wir sehr interessant, aber das Interesse besteht nur auf einer intellektuellen oder ästhetischen Ebene. Wir träumen selten von ihnen. Steiner beschreibt, wie unser Schicksal uns zu einer Begegnung leitet, und zwar aus einer Notwendigkeit heraus. Was wir von dem Moment an tun, in welche Beziehung wir zueinander treten, hängt von unserer eigenen Entscheidungsfreiheit ab. Die Komplexität menschlicher Beziehungen kann hier nur oberflächlich berührt werden, aber es ist wichtig, das Netz von Ereignissen zu erkennen, das eine Begegnung zwischen zwei Menschen ermöglicht. Der Charakter einer Beziehung kann auch von Taten aus der Vergangenheit beeinflußt werden. Meist ist eine starke Anziehung durch vergangene Verbindungen zu erklären, manchmal müssen wir begangene Ungerechtigkeiten ausgleichen und sind dankbar für die Gelegenheit. Ein anderes Mal haben wir gut zusammengewirkt und sind froh, diese Verbindung wieder aufzunehmen. Solche Gedanken führen zu einer neuen Auffassung von Beziehungen. Wenn wir in dieser Richtung weiterdenken, können wir allmählich ein intuitives Verständnis für menschliche Begegnungen entwickeln.

Nun werden wir die Beziehungen von Frauen erkunden – Freundschaften, lang andauernde Liebesverhältnisse und die Ehe. Viele der folgenden Punkte gelten auch für andere Bereiche und die Beobachtungen betreffen die Seelenentwicklung eines jeden Menschen. Wir waren etwas vom Thema abgekommen, um der Frage nach dem Karma nachzugehen. Nun kehren wir zurück zu unseren Wegweisern «Liebe» und «Wachstum». Rollo May versteht unter Liebe: «Die Freude an der Anwesenheit des Anderen und die innere Bereitschaft, seinen Wert und seine Entwicklung ebenso anzuerkennen wie die eigene».[4] Das klingt zunächst sehr einfach, aber wenn wir die Worte «wie die eigene» näher betrachten, ändert sich der Eindruck. Wir bemerken, daß Rollo May über Prioritäten, innere Verpflichtung und ehrliche Aufmerksamkeit spricht.

Es ist einfacher, Worte zu äußern als zu handeln, besonders wenn sich unsere Handlungen täglich bewähren müssen. In diesem Zusammenhang birgt der Satz von Rollo May ein Geheimnis. Er beinhaltet viel mehr, als wir auf den ersten Blick bemerken. Die Frage, ob wir Liebe überhaupt jemals in Worte fassen können, ist berechtigt. Rudolf Steiner weist darauf hin, daß wir Liebe nicht definieren, sondern eher in geistigen Bildern ausdrükken können. «Nehmen wir einmal an, ein Mensch habe ein liebevolles Herz, und er erweist aus seinem liebevollen Herzen einem anderen Menschen, der der Liebe bedarf, eine liebende Tat, so gibt er etwas dem anderen Menschen ab, aber er wird dadurch nicht leerer, sondern indem er Liebestaten dem anderen Menschen hinübergibt, erhält er mehr, er wird voller, und wenn er ein zweites Mal eine Liebestat verrichtet, wird er noch voller, hat er noch mehr. Man wird nicht arm, nicht leer dadurch, daß man Liebestaten verrichtet, sondern man wird reicher, man wird voller. Man gießt in den anderen Menschen etwas hinüber, was einen selbst voller macht... Was Liebe ist, ist etwas so kompliziertes, daß kein Mensch den Hochmut besitzen sollte, Liebe zu definieren, Liebe ihrem Wesen nach ohne weiteres zu durchschauen. Liebe ist kompliziert. Wir nehmen sie wahr, aber keine Definition kann die Liebe ausdrücken. Aber ein Sinnbild, ein einfaches Sinnbild, ein Glas Wasser, das, indem es ausgegossen wird, voller wird, das gibt uns eine Eigenschaft des Liebeswirkens wieder.»[5]

Diese Art der Beschreibung der Liebe hat beinahe einen alchemistischen Beigeschmack. Was geschieht wirklich mit einem Menschen, der liebt? Erlebt er sich im anderen durch Selbstaufgabe oder dadurch, daß er das Wesen des anderen in die eigene Seele hineinnimmt? Dieser Gedanke erinnert an die griechische Definition von Empathie, sich hineinfühlen, eine tiefere Erfahrung als Sympathie, mit dem anderen mitempfinden. Die griechische Tragödie forderte Empathie. Sie wurzelte in der Lehre, daß die Erfahrung wahrer Empathie mit den Charakteren des Theaterstücks zur Katharsis, einer inneren Reinigung und Verwandlung, führt. Auch in der Liebe lebt eine solche verwandelnde Kraft. Die Anforderungen zur Hervorbringung dieser Kraft sind jedoch hoch. Zum einen muß man die Empfindungen für das eigene Selbst zurücknehmen, um die Sorgen und Freuden des anderen Menschen in sich zu erleben. In einer solchen Empathie entspringt Liebe den Seelenkräften, und der Egoismus wird überwunden. Ein besonderer Aspekt dieser Art Liebe liegt darin, daß sie hilft, Reife zu erlangen. Müßten wir darauf warten, von selbst zu reifen, könnten wir niemals an einer solchen grundsätzlichen menschlichen Erfahrung teilnehmen. Wir wissen also von Anfang an, daß wir Fehler machen werden. Dieser Gedanke erfordert Bescheidenheit uns selbst und unseren Partnern gegenüber.

Unsere Zeit ist durch eine Beschäftigung mit uns selbst gekennzeichnet, verbunden mit dem Wunsch, zunächst uns selbst zu entwickeln und später zu lieben. Dieser Gedanke kann in seiner Extremform zum Egoismus führen. In der Liebe zu einem anderen Menschen finden geistige Wahrheiten ihren Ausdruck auf der Erde. Die Beziehung bietet einen Bereich für Entwicklungsmöglichkeiten. Wahre Freundschaft bringt Bewegung in unser Seelenleben. Für einen Menschen, der sich ernsthaft auf einen geistigen Schulungsweg begibt, ist es wichtig, andere Menschen zu lieben. In seinem Buch *Dem 21. Jahrhundert entgegen* skizziert Lievegoed[6] in vier Stufen die Verwandlung der Liebe von der persönlichen Ebene hin zu einer Liebe, die heilende Kräfte für unsere gesamte Erde entwickelt:

1. Die geschlechtliche Liebe zwischen Mann und Frau (der Liebesimpuls wurde nach der Geschlechtertrennung von Luzifer in den Astralleib gepflanzt);

2. Die Liebe zwischen Eltern und Kindern (die Liebe in der Familie wurde durch den Erzengel Gabriel erweckt);

3. Die Liebe zu dem «Ich» eines anderen Menschen, unabhängig von dessen Geschlecht (diese Form der Liebe wird vom Erzengel Michael inspiriert);

4. Die Liebe zur Menschheit (sie geht von Christus aus).

Lievegoed charakterisiert diese vier Stufen und zeigt wie eine zur nächsten führt.[7] Die Menschheit arbeitet an der dritten Stufe. Was bedeutet die Liebe zum «Ich» eines anderen Menschen, eine Beziehung zum Höchsten im anderen Menschen durch das Höchste in uns? Das ist eine erlösende, in Freiheit gegebene Liebe. In der Umwandlung persönlicher Sexualkräfte in Liebe zum geistigen «Ich» des anderen Menschen übernehmen wir die Hauptaufgabe dieser Evolutionsphase. Liebe und inneres Wachstum sind eng miteinander verbunden.

Ein Mensch, der an einem geistigen Schulungsweg arbeitet, erlebt wahre Liebe und Herzensgüte (Mitgefühl) als Seelenerfahrungen, die seine Bewußtseinskräfte stärken. Eine solche Haltung ist eine grundlegende Vorbereitung für übersinnliche Erfahrungen. Das ist die Aufgabe unserer Zeit. Vielleicht ist die übermäßige Leichtfertigkeit, im Laufe des Lebens so viele Menschen wie möglich zu lieben, ein Hinweis auf ein inneres Nachsinnen über die Aufgabe, die Menschheit zu lieben.

Das Ideal der Liebe wurde erniedrigt und häufig an das Physische gefesselt. Wir sehen diese Gefahr besonders deutlich in der Kultur der Teenager, die fast jeden von uns beeinflußt hat, unabhängig vom Alter. Wir leiden unter der Angst, das Physische zu verlieren. Wodurch können wir es ersetzen? Tiefere Fähigkeiten der menschlichen Seele haben noch keine Beachtung gefunden, weil das Physische zu sehr betont wird. Ein neues Verständnis von der Liebe und ihrer Bedeutung könnte diese Haltung und den Schaden, den sie in den Seelen der Menschen anrichtet, grundsätzlich verändern bzw. vermeiden.

Alexander Solschenizyn nannte in einer Ansprache in Harvard, im Juni 1978, zwei menschliche Eigenschaften, die er als psychische Krankheiten des 20. Jahrhunderts bezeichnete: Hektik und Oberflächlichkeit. Wenn wir darauf achten, wie sehr sie unser Leben bestimmen, können wir ihren Einfluß bis in Beziehungen hinein verfolgen, in Freundschaften und Ehen, ja sogar bis in Eltern-Kind-Beziehungen.

Über diese Eigenschaften haben wir bereits im ersten Teil dieses Kapitels nachgedacht. Solschenizyn empfindet sie so stark, daß er sie als den Verfall der westlichen Welt bezeichnet. Von der Hektik und Oberflächlichkeit sind Frauen und Männer gleichermaßen betroffen. In dem überstürzten Bestreben, den Männern gleich zu sein, haben Frauen Männerrollen übernommen, ohne sie auf ihr eigenes wahres Wesen zu beziehen. Die Aufmerksamkeit und Anerkennung für die besonderen unterschiedlichen Fähigkeiten, die Männer und Frauen in unsere Kultur hineintragen können, muß noch geweckt werden. Einige Seiten zuvor habe ich eine neue Haltung beschrieben, die versucht, das «Ich» des anderen Menschen zu erreichen. Die besondere Bereitschaft der Frauen, sich für Beziehungen einzusetzen, kann für diese neue Phase der Menschheitsentwicklung eine wertvolle Hilfe sein. Frauen und Männer sind jedoch für die Oberflächlichkeit unserer Zeit gleichermaßen empfänglich. Neue Freiheiten und das Streben nach Unabhängigkeit führen oft in die Illusion, daß Freiheit sich in der Sexualität ausdrückt. Das wirkliche Erwachen wird häufig verpaßt. In meinen Gesprächen mit Jugendlichen lernte ich, daß Liebe ohne Sexualität ihrer Meinung nach möglich sei, Sexualität ohne Liebe jedoch grausam. Sie fühlen sich bei diesem Gedanken sehr unwohl, obwohl sie heute mit groben Bildern und Filmen konfrontiert werden. Trotzdem werden Jugendliche oft gegen ihre eigene innere Überzeugung in den Strudel des Materialismus hineingezogen.

Ein entscheidender Aspekt des inneren Wachsens im Zusammenhang mit der Liebe liegt in der langfristigen Entfaltung von Seelenhaltungen. Wir müssen lernen, uns selbst zu begegnen. In zufälligen, kurzen Beziehungen ist das jedoch nicht möglich. Aber wir können lernen, Geduld zu entwickeln und der Schattenseite (dem «niedrigeren Selbst» oder dem «Doppelgänger») in uns selbst gegenüberzutreten, die sich in solchen Beziehungen zeigt. In dieser Weise steigern sich Liebe und inneres Wachstum gegenseitig.

Das Bemühen, Liebe und inneres Wachsen in seiner höchsten Form zu verstehen, verlangt ein Ringen mit dem Wort «Verwandlung». Unsere hölzernen Wegweiser «Liebe» und inneres «Wachstum», die an einer Abzweigung stehen, würden in Weinstöcke verwandelt werden. Die hölzernen Pfosten würden lebendig, grün und blühend werden und nicht hart und sperrig bleiben. Die beiden Weinstöcke würden zusammenwachsen und, um im Bild zu bleiben, eine neue Traube hervorbringen, wenn sie in gesunder Weise wachsen. Die Verwandlung würde die Einseitigkeit der Weine vermeiden, denn Liebe ohne inneres Wachstum verstrickt sich leicht in Selbstaufopferung, Märtyrertum und Sentimentalität; Wachstum ohne Liebe führt zum Egoismus. Im Überschreiten ihrer Grenzen und Zusammenwirken eröffnen sie ein neues Bewußtsein, die Frucht der Arbeit und Verbindlichkeit.

Freundschaften sind eine Bühne für menschliche Dramen und die Kultivierung der Liebe. Obwohl die Intensität der Beziehungen unterschiedlich ist, bleibt immer Raum für inneres Wachstum. Freundschaften können entstehen und sich auflösen, aber eine tiefe Freundschaft, in die wir intensive Gefühle hineingeben, birgt die Möglichkeit des Schmerzes ebenso wie die der Freude.

Frauen haben immer nach Freundschaften gesucht, oft in Verbindung mit der Hausarbeit, wie z. B. bei der Wäsche oder der Beschäftigung mit den Kindern. Solche Beziehungen boten Unterstützung, eine Möglichkeit, Enttäuschungen oder Probleme zu äußern und Gesellschaft in Zeiten, die sonst langweilig gewesen wären. Gegenüber der Ehe blieben diese Freundschaften jedoch immer zweitrangig. In letzter Zeit werden jedoch die Freundschaften zwischen Frauen stärker anerkannt, denn auch Frauen haben ein Recht, Zeit und emotionale Anteilnahme für sich zu beanspruchen. Natürlich spielen Freundschaften für Frauen ohne Partner eine wichtigere Rolle, denn sie finden darin Begleitung und Unterstützung.

Frauen unterstützen sich heute gegenseitig darin, neue Seiten ihrer Persönlichkeit zu entwickeln. Gemeinsam denken sie über Geben und Nehmen sowie Fragen der Verbindlichkeit in den Beziehungen zu ihren Partnern nach.

Frauen stellen fest, daß sie vieles von dem, was sie früher von ihren Ehemännern forderten, auch in Freundschaften zu anderen Frauen finden können. In gewisser Hinsicht werden dadurch die Männer von dem Druck befreit, jeden Wunsch erfüllen zu müssen. Je mehr Kraft eine Frau durch Freundschaften bekommt, desto freier und unabhängiger kann sie ihrem Mann begegnen.

Auch Freundschaften gehen, ähnlich wie die Ehe, durch Entwicklungszyklen hindurch. In den Vierzigern gewinnen Freundschaften an Bedeutung, werden aber auch kritischer. Wird ein Mensch älter, akzeptiert er seine Freunde ohne Vorbehalt.

Freundschaften zwischen Frauen und Männern sind eine ganz andere Frage. Für viele Menschen ist es ein Streitpunkt, ob platonische Beziehungen zwischen einer Frau und einem Mann möglich sind. Da wird an die drohende Projektion zwischen Animus und Anima gedacht. Andere dagegen schätzen sehr die Möglichkeiten einer Freundschaft zwischen Mann und Frau. Ob eine solche Beziehung akzeptiert werden kann oder nicht, hängt von der Reife der vorrangigen Beziehung (Ehe) ab. Eine platonische Freundschaft kann sehr wertvoll sein, weil beide Freunde vom Standpunkt des anderen Geschlechts etwas lernen können.

Am Anfang dieses Buches wurde die Evolution des Weiblichen und des Männlichen behandelt. Die früheren und heutigen Offenbarungen der männlichen und weiblichen Wesenszüge wurden näher betrachtet. Uns bleibt die Beschäftigung mit den Beziehungen zwischen Frau und Mann. Hier stehen wir einem der größten Geheimnisse des Lebens gegenüber, und ich möchte nicht behaupten, es schon lüften zu können. Um zum Thema zurückzukommen, werde ich verschiedene Bilder aus der Mythologie vor Augen führen, die als archetypische Bilder der Beziehung zwischen Mann und Frau betrachtet werden können und sie dann, in Bezug auf das Verständnis und die Bedürfnisse unserer Zeit hin, näher untersuchen.

Wenn ich sage, ein neues Zeitalter beginne, meine ich damit ein neues Bewußtsein, für das die weibliche und die männliche Art, dem Leben zu begegnen, gleichwertig sind. Außerdem umfaßt es die Vorstellung, daß jeder Mensch, männlich und weiblich , nach der Ausgewogenheit beider Kräfte in sich strebt. Damit soll jedoch nicht das Besondere des jeweiligen Geschlechts ausgelöscht werden, sondern mehr Bewußtsein über das eigene Geschlecht und der Wunsch nach einer individuellen Entwicklung geweckt werden.

Im ersten Kapitel wurde beschrieben, wie die menschliche Gesellschaft zu Beginn unserer Kultur vom Matriarchat bestimmt wurde. Der Empfindungsbereich wurde besonders betont; Frauen waren weniger in ihren Körpern inkarniert und somit eher dem Geistigen zugewandt. Die Intuition regierte. Nach einem Ereignis, das von vielen Kulturen als Sintflut beschrieben wird, wurde die einseitige Herrschaft des Unbewußten, die inzwischen zur Dekadenz neigte, beendet. Ausgleich war nun notwendig und eine neue Gesellschaftsform entstand, in der das männliche Element dominierte.

Mit dem Sturz des Matriarchats und der Machtübernahme des Patriarchats wurde der Wille entscheidender als die Empfindungen. Disziplin, Lernbereitschaft, Verstand und Logik bekamen einen hohen Stellenwert. Die Kontrolle durch die Gruppe wurde stärker als der Einzelne. Aber heute wird uns bewußt, daß auch diese Einseitigkeit dekadent geworden ist. Diese Art zu denken hat uns Herrschaft über die Erde verliehen und große Leistungen hervorgebracht, aber sie hat zu weit geführt. Ein neuer Ansatz ist notwendig. Einige von uns ahnen, daß eine Krise bevorsteht. Statt in der Flut enden wir dieses Mal vielleicht im Feuer.

In den Tarotkarten werden Frauen als das Element des Wäßrigen dargestellt, und Wasser entspricht dem Unbewußten. Wasser hat keine feste Form in sich selbst, sondern füllt die Form des Gefäßes. In seiner nebelhaften Dichte trübt es manchmal die Klarheit der Sonne. Zuviele unbewußte Kräfte können unkontrollierbar werden.

Das Männliche wird im Element des Feuers gesehen. Wir können Prometheus betrachten, den Überbringer des Feuers, als ein Bild für den Übergang vom Matriarchat zum Patriarchat und die Freiheit erkennen, die damals die Menschheit erlangte, als die menschliche Seele von der Kontrolle durch das Unbewußte erlöst wurde.

Zuviel Bewußtsein und zu stark festgelegte, enge Grenzen führen jedoch zur Starrheit. Ein Ausgleichen dieser beiden Bewußtseinsformen verlangt nach einer Entwicklung des Denkens und Fühlens, die zu ihrer Verschmelzung und wechselseitigen Bereicherung führt.

In der irischen Sage *Der goldene Hort* von James Stephans finden wir ein eindrucksvolles Bild. Der Baum der Erkenntnis wächst zu sehr und hält Caitilin Ni Murrachu wie eine Mauer vom Baum des Lebens fern. Nach einer Prophezeihung wird diese Mauer erst erobert, wenn Denken und Instinkt verheiratet sind. Der Gott Angus Og erscheint Caitilin und fragt sie: «Weißt du, was das Größte auf der Welt ist?» Er sagt ihr, es sei die göttliche Phantasie. Caitilin hingegen sagt, es sei das Glück, und ihr Vater habe einmal behauptet, der gesunde Menschenverstand sei das Größte auf der Welt. Angus Og sagt dazu: «Die göttliche Phantasie läßt sich nur durch die Gedanken der Geschöpfe Gottes erkennen. Ein Mann hat gesagt, der Verstand, eine Frau hat gesagt, das Glück seien das Größte auf der Welt. Diese Dinge sind männlich und weiblich, denn Verstand ist Denken, Glück ist Gefühl, und bis sie sich liebend umarmen, kann der große Wille nicht Frucht tragen».[8]

Der Gott fährt fort zu erzählen, daß es in der gesamten Menschheitsgeschichte niemals eine wirkliche Ehe zwischen diesen beiden gegeben habe, sondern sich das eine nur mit der Vorstellung vom anderen verbunden habe. «Der Mann ist Gedanke und die Frau Intuition, und nie haben sie sich verbunden. Es liegt ein Abgrund zwischen ihnen, der Furcht heißt, und was sie fürchten, ist, daß ihnen ihre Stärke genommen werden könnte und sie nicht länger Tyrannen sein dürfen... Weisheit ist der Sohn des Denkens und der Intuition, und seine anderen Namen sind Unschuld, Anbetung und Glück.»[9]

Das erinnert mich an eine Frage, die häufig von Frauen in Gruppen gestellt wurde: «Warum gibt es eine solche Gegensätzlichkeit zwischen Eheleuten? Wenn ich schwarz sage, sagt er weiß und umgekehrt. Es ist, als ob wir miteinander im Krieg wären.» Dieses Konkurrenzgefühl zeigt sich häufig in Gesprächen und kann für eine dritte Person ziemlich unangenehm sein. Steckt in diesem Bild vielleicht Angst? Nun zurück zur Geschichte, in der Angus Og ausruft: « ... die Welt hat mich vergessen. In meinem Reich erinnert sich niemand meiner. Ich wandere über die Berge meiner Heimat und bin wahrlich einsam. Ich bin der verlassene Gott, es ist mir verboten, mein glückliches Gelächter hören zu lassen. Ich verberge das Silber meiner Rede und das Gold meines Frohsinns. Ich lebe in den Löchern der Felsen und den dunklen Höhlen des Meeres. Ich weine morgens, weil ich nicht lachen darf, und abends gehe ich umher und bin nicht glücklich. Wo ich geküßt habe, flog ein Vogel, wo mein Fuß trat, wuchs eine Blume. Aber das Denken hat meine Vögel in Netzen gefangen und auf dem Markt verkauft. Wer wird mich vom Denken erlösen, von der gemeinen Heiligkeit des Intellekts, des Kettenschmieds und Fallenstellers? Wer wird mich retten von der heiligen Unreinheit des Gefühls, deren Töchter Neid und Eifersucht und Haß sind, die meine Blumen bricht als Zierrat ihrer Lüste und meine kleinen Blätter, damit sie auf den Brüsten der Schande vertrocknen? Ach, ich bin eingesiegelt in die Höhlen der Nichtexistenz, bis Kopf und Herz in Fruchtbarkeit zusammenkommen, bis der Gedanke um die Liebe geweint hat und das Gefühl sich für den Geliebten gereinigt hat.»[10]

Dann prophezeit er seine eigene Gefangennahme bis zu dem Zeitpunkt, an dem der Kopf einer Frau und das Herz eines Mannes von der göttlichen Phantasie erfüllt sind. Dieses Bild zeigt uns die Aufgabe, die vor uns liegt: die Ausgewogenheit in beiden Geschlechtern, damit Mann und Frau jeweils als Ganzheit miteinander verschmelzen können in Frieden und mit Bewußtsein, eine heilige Verbindung.

Jung begnügt sich damit, unter Mythologie Berichte über alte Erfahrungen zu verstehen, die vor langer Zeit während der Entstehungsgeschichte der Menschheit gemacht wurden. Und doch wirken diese Erfahrungen bis in die heutige Zeit hinein und formen weitverbreitete Grundeinstellungen. Wir versuchen zwar, sie zu korrigieren, begnügen uns aber trotzdem mit der Annahme von etwas Mächtigerem als dem äußerlich Wahrnehmbaren.

In einem Mythologie-Kurs in der 9. Klasse beschäftigten wir uns mit dem Einfluß von Mythen auf die Menschen. Wir verglichen den Mythos von Adam und Eva mit einem ähnlichen, der den Titel «Adam, Eva und Lilith» trug. Darin wird berichtet, daß Lilith zur selben Zeit und aus demselben Stoff wie Adam geschaffen wurde. Da sie magische Fähigkeiten besaß und stolz war, mußte sie verschwinden, und Eva entstand aus Adams Rippe. Die Schüler waren von diesem Bild fasziniert und diskutierten angeregt, welche andere Einstellung sie heute hätten, wenn sie mit dieser Version aufgewachsen wären, statt mit dem negativen Bild von Eva, die den unschuldigen Adam mit einem Apfel verführt.

Einige Monate später stieß ich auf ein faszinierendes Buch, mit dem Titel *Israeli Women, the Reality behind the Myths* von Lesley Hazelton[11]. Sie untersucht den Mythos von Adam, Eva und Lilith auf die Darstellung der Frauen im Judentum hin und fährt dann fort, die oft widersprüchlichen Auswirkungen der verschiedenen Mythen auf die israelischen Frauen von heute zu beschreiben.

Im selben Maße, wie der Mythos von Adam und Eva Teil des religiösen und literarischen Erbes der westlichen Welt geworden ist, hat auch die Aussagekraft der anderen Version eine große Bedeutung. In Hazeltons Darstellung des Myhtos (Padriac Colum ist da weniger genau[12]) lehnt Eva die männliche Herrschaft ab. Sie wagt das Verbotene, indem sie den magischen Namen Gottes äußert und verschwindet. Das Bild der Lilith mit den übernatürlichen Kräften wird abgelehnt, und sie wird in die Rolle der Versucherin und Verführerin gedrängt. Im Vergleich dazu ist Eva sanft, obwohl sie ebenfalls als Versucherin präsentiert wird. Sie ist zwar verantwortlich für die Verführung Adams, aber sie muß nach der Vertreibung aus dem Paradies seine Gefährtin sein. Das Gebären der Kinder bereitet ihr von nun an Schmerzen. Die Unterwerfung von Lilith, die in die Rolle der Bösen gedrängt wurde, scheint ebenso eine Widerspiegelung der männlichen Herrschaft nach dem Sturz der weiblichen Macht zu sein.

«Auf ihrer Flucht vor Adam fand Lilith Zuflucht an der Küste des Roten Meeres, einer Gegend, in der lüsterne Dämonen lebten, denen sie mehr als hundert Kinder pro Tag gebar».[13] Damit das Gleichgewicht zwischen Dämonen und Menschen gewahrt blieb, ordnete Gott eine besondere Strafe an: jeden Tag sollten hundert ihrer Dämonenkinder umkommen. Aus bitterer Rache raubt Lilith nun Menschenkinder, besonders neugeborene Knaben, die ihr bis zum Tage ihrer Beschneidung, acht Tage nach der Geburt, besonders leicht zum Opfer fallen können. Die Babies schweben in Lebensgefahr, wenn sie nicht durch magische Amulette mit Inschriften wie «Lilith *out*, Adam und Eva *in*» und scheußliche Zeichnungen von Lilith als magere Hexe, die bis vor kurzem von orientalischen Juden benutzt wurden, geschützt werden. Nach dem Zohar, einem der wichtigsten Bücher geheimer Lehren, erreicht Lilith den Gipfel des Bösen, indem sie sich mit Satan verbündet und zum Symbol der dunklen Mächte wird. Adam, der nun von der Schuld, mit Lilith, der Hexe, nicht zusammenleben zu können, freigesprochen ist, kann jetzt eine weitaus schwächere Gestalt beherrschen: Eva.[14]

Die Frau wird hier sehr ambivalent dargestellt: einerseits wird sie zu einem Sexualobjekt erniedrigt, andererseits ist sie schamhaft und erweckt Furcht in den Männern. Hazelton knüpft außerdem Beziehungen zwischen dem Buch von Robert Graves und Raphael Patai *Hebrew Myths, the Book of Genesis* und dem Mythos von Lilith. Dazu gehört Gottes Schöpfung der ersten Eva, die er aus Knochen, Gewebe, Muskeln, Blut, Drüsensekreten, Haut und Haaren gestaltete. Adam war von ihr abgestoßen und Gott ließ sie verschwinden. Nun versuchte er es ein zweites Mal. Die zweite Eva besaß eine oberflächliche Schönheit. Doch Adam nahm ihre Sinnlichkeit nicht wahr, sondern schwelgte in romantischen Vorstellungen. Hazelton stellt eine grundsätzliche Frage: «Wer ist Eva? Die willensschwache und gedankenlos schlechte Versucherin und Verführerin Adams, die seine Erniedrigung und seinen und ihren Fall heraufbeschwört? Oder eine mutige erkenntnis- und wahrheitssuchende Frau, die nach der symbolischen Frucht verlangt wie nach Erfahrung und Abenteuer? Vielleicht hat sie auch nach einer Möglichkeit gesucht, aus ihren eigenen Grenzen auszubrechen und der ersten Eva zur Auferstehung zu verhelfen, der Realität ihres eigenen Körpers und ihrer eigenen Erfahrung als Gegenstück zur zweiten Eva, die nur in Adams Augen wirklich existiert. Sehnte sie sich nach der Größe und Unabhängigkeit von Lilith? Niemals wird uns eine Antwort gewährt, denn Evas Existenz war nur ein Mittel, um Scham, Schuld und Mühsal ohne jegliche Mitschuld des Mannes einzuführen. Die Frau verursachte den Sündenfall, aber sie war von Anfang an dafür geschaffen worden. Durch diesen Sündenfall wurde Erotik von Schuld erobert und die Sexualität der Frau zu einem Anhängsel des Mannes reduziert.»[15]

Vor Christus wurden Frauen als Verführerinnen der Männer gesehen, die mit weiblicher List und Suggestion ans Werk gingen – dem neckischen Schleier, den lockenden Augen und der umklammernden Umarmung , der es zu widerstehen galt. In dieser Zeit versuchte der Mann, menschliches Leben auf der Erde zu gründen, ihre Kräfte zu beherrschen, zu erobern und zu zähmen und die Erde für das menschliche Leben auszunutzen.

Seit Christi Zeiten wurde die Frau zum Symbol der Reinheit (ein weiteres übertriebenes Bild, das in seiner ambivalenten Polarität weiterlebt). Nun ist sie eine Kraft, die die verhärtenden Elemente der männlichen Stärke mildert. Eva, die Versucherin Adams wurde zu Ave (der Jungfrau Maria), einem Bild der Verehrung und Anbetung.

Rudolf Steiner beschreibt, daß der Sündenfall von Luzifer verursacht wurde, der durch den Astralleib des Menschen im Sexualtrieb wirkt, um den Menschen aus dem paradiesischen Zustand zu vertreiben. Ohne diese Verbindung mit dem Geistigen konnte die Menschheit frei sein. Sie verdankt ihre Freiheit der Tat von Adam und Eva.

Die Frauen in der westlichen Welt erleben heute einen Konflikt zwischen diesen beiden Polaritäten in ihrem Wesen, und auch die Männer verhalten sich entsprechend. Die Frau als Verführerin – die Frau als Jungfrau. In dem Buch *The Hazards of being Male* beschreibt Herb Goldberg diesen Doppelkonflikt, in dem der

Mann steht.[16] Das Problem besteht und ist Teil des Geheimnisses zwischen Mann und Frau.

Die Komplexität ihrer Beziehungen besteht zum Teil darin, daß Mann und Frau sich auf verschiedenen Ebenen begegnen. Auf der biologischen Ebene ergänzen sie sich und brauchen einander, um die Art zu erhalten. Das Seelenleben, das von physischen und geistigen Elementen beeinflußt wird, führt zu Unterschieden in der seelischen Erfahrung. Das weibliche Seelenleben unterscheidet sich vom männlichen in den Sehnsüchten, Impulsen, Bedürfnissen und Fragen. Wenn ein Mensch sich völlig einseitig verhält und zu weiblich oder zu männlich handelt, erscheint er oder sie uns ziemlich albern und kindisch. Für die anderen ist es schwer, einen solchen Menschen als Individuum ernst zu nehmen, nicht nur als Mann oder Frau. In unserem Alltagsleben scheint die Frau stärker von diesen Stereotypisierungen betroffen zu sein, weil die Gesellschaft die Rolle der Frau über Jahre hinweg festgelegt hat, während der Mann eher seine individuellen Fähigkeiten entwickeln konnte.

Es waren die Frauen, deren Füße fest verschnürt wurden, damit sie klein blieben und deren Taillen in enge Korsetts gezwängt wurden. Frauen wurden danach beurteilt, ob sie in bestimmten Berufen erfolgreich waren, obwohl sie Frauen sind. Im Allgemeinen neigen Menschen dazu, die Erwartungen zu erfüllen, die an sie gestellt werden. Deshalb ist es nicht verwunderlich, daß Frauen nur in bestimmten Bereichen führende Positionen erreichen konnten. «Wer eine Erschütterung unserer sozialen Zustände davon befürchtet, daß die Frauen nicht als Gattungsmenschen, sondern als Individuen genommen werden, dem muß entgegnet werden, daß soziale Zustände, innerhalb welcher die Hälfte der Menschheit ein menschenunwürdiges Dasein hat, eben der Verbesserung gar sehr bedürftig sind.»[17] Die Ebene der geistigen Gleichberechtigung zwischen Mann und Frau liegt im «Ich». Beide sind Menschen und haben eine Individualität, die zunehmend ihre Lebensentwicklung beeinflußt.

Bisher haben wir verschiedene Aspekte von Beziehungen betrachtet – die Frage nach Liebe und Wachstum, den männlichen und weiblichen Wesenszügen und ihren Auswirkungen. Die gesamte Frage nach der Natur der männlich-weiblichen Beziehungen ist sehr komplex. Im folgenden werden wir uns auf Ehe und Partnerschaften konzentrieren.

Metamorphose und Transzendenz

Jeder von uns hat eine einzigartige Geschichte. Wir durchleben verschiedene Phasen von der Kindheit zum Erwachsenenalter, erwerben neue Fähigkeiten und verlieren alte. Wir spüren die Veränderungen, erkennen jedoch nicht immer, was sie sind und was sie bedeuten. Erst in der Rückschau wird uns die Vergangenheit in ihren Zusammenhängen erkennbar – die Wege, die zu entscheidenden Wendepunkten führten, die Begegnungen mit besonderen Menschen, die kritischen Entscheidungen, die wir fällen mußten. In jeder Lebensphase wirken Gesetzmäßigkeiten, ebenso wie in der Natur.

Die Saat des einen Zyklus treibt Wurzeln im nächsten Zyklus und blüht im übernächsten. Wenn wir daran arbeiten, diese Gesetze zu verstehen, werden Perspektiven entwickelt, und wir begreifen das Leben als organische Entfaltung der Individualität. Hierdurch lernen wir den Reichtum des Lebens in jeder Phase tiefer kennen. Wir beginnen, Wachstum und Verwandlung zu verstehen und gelangen hoffentlich zu solchen Anschauungen, die die geforderten Veränderungen auch möglich machen.

Eine Beziehung durchläuft ebenso wie jeder einzelne verschiedene Phasen mit ihren besonderen Bedürfnissen, Problemen und Lösungsmöglichkeiten. Jede Phase wird von drei grundsätzlichen Elementen geprägt: erstens von der Individualität des einzelnen Menschen, einschließlich seiner Vergangenheit und Gegenwart, zweitens von der Lebensphase, in der sich ein Mensch befindet und schließlich von der augenblicklichen Phase der Beziehung. Beginnt beispielsweise ein Paar in den Vierzigern eine Beziehung, entspricht die erste Phase einer Liebe um die zwanzig, entwickelt sich dann jedoch schnell bis hin zu der Lebensphase, in der sich das Paar gerade befindet. Dazu kommen Einflüsse wie Umwelt, Kultur und Geschichtsperiode.

Allerdings müssen wir bedenken, daß wir Beziehungen nicht einfach verallgemeinern dürfen. Ich möchte keine Patentlösungen, sondern Vorschläge anbieten. Außerdem sollten wir nicht vergessen, daß uns in einer Krise (meist gegen Ende einer Lebensphase) Theorien meist badengehen lassen und wir unseren Schmerz sehr bewußt durchleben. Wir stehen uns selbst direkt gegenüber. Jegliche Unterstützung wird benötigt, um aus dieser Phase in die nächste zu gelangen, die eines Morgens mit dem Gefühl beginnt: «Wie herrlich, ein neuer Tag hat begonnen!» Haben wir die neue Phase erreicht, kann es eine Hilfe sein, zurückzuschauen auf die Warnzeichen, die wohl die bevorstehende Krise ankündigten und die von uns einfach übersehen worden sind.

Ich hoffe, daß der Leser meine Ausführungen nicht zu theoretisch finden wird, sondern hilfreich für die eigene Lebensentwicklung und für die der Freunde, Partner, Kinder und Eltern. Als Menschen ist uns allen gemeinsam: eine Wirklichkeit, die uns mit Veränderungen konfrontiert.

Traumträumer: Die Zwanziger

Wir lassen Musik erklingen
und träumen den ewigen Traum.
Wir, die an einsamen Meeren gingen,
die verlassene Flüsse schaun,
die die Welt verlieren, ohne Lust am Ringen,
wir leuchten im Mondenlicht kaum.
Doch sind's wir, die bewegen, bedingen,
für ewig
die Welt beschwingen.

Ich erinnere mich an einen langen Sommerabend, an dem ich Pfirsiche einweckte. Damals begann ich über das Leben, gesellschaftliche Mitarbeit und Karriere nachzudenken. Ich war jung verheiratet und Mutter, zu meinen Füßen krabbelte mein erstes Kind. Zu der Zeit wußte ich noch nichts von Lebenszyklen, aber ich hatte den Eindruck, die folgenden Jahre würden meine Jahre «zu Hause» sein. Im Gedanken an meine Zukunft sah ich die dreißiger Jahre als Übergangszeit – vielleicht würde ich einer Teilzeitarbeit nachgehen – und die vierziger als die Zeit für berufliches Engagement. Diese Gedanken haben mich beruhigt. Ich war zufrieden mit ihnen.

Wenn ich jetzt, Ende vierzig, mit zwanzig Jahren Lehrerfahrung zurückblicke, kann ich nur über die Zufriedenheit lächeln, mit der ich damals meine Ziele gesteckt habe. Obwohl mein Leben einen anderen Weg nahm, hat sich dieser Plan im Grunde bewahrheitet. Jede Lebensphase hatte einen bestimmten Schwerpunkt; allerdings verbrachte ich nicht so viele Jahre nur zu Hause, wie ich es mir vorgestellt hatte.

Die zwanziger Jahre sind eine Zeit der Abenteuer und der Stabilität, eine Zeit der Widersprüche. Zwei verschiedene Bedürfnisse und Bestrebungen versuchen, denselben Platz in uns einzunehmen. Eine Zeit der Traumträumer. Wir wissen alles, haben immer eine Antwort parat, sind voller Hoffnungen und Vertrauen. Ich erinnere mich an einen jungen Freund, der ungefähr im Alter von 25 zu mir sagte: «So etwas passiert uns nicht, denn wir wissen darüber Bescheid.» Ich lächelte innerlich und murmelte: «Warte nur!» Drei Jahre später hatte sich seine Haltung sehr verändert. Er sagte: «Ich fühle mich, als ob ich aus der Fremde komme. Die Dinge, die mir bis jetzt wichtig waren, befriedigen mich nicht mehr.»

Menschen, die zwischen zwanzig und dreißig heiraten, fehlen häufig unterschiedliche Erfahrungen – besonders zu Beginn der zwanziger Jahre. Oberflächlich betrachtet, führt sie eine starke emotionale Anziehung zusammen und sie träumen vom Aufbau einer gemeinsamen Zukunft. Sie genießen ihre Gemeinsamkeiten und konzentrieren sich auf das, was sie gerne zusammen tun. Sie entwickeln ihre Pläne so, wie ich es mit den Jahren «zu Hause» tat. Was geschieht?

Das Leben begegnet ihnen und fordert ihre Sicherheit heraus. Die Wirklichkeit entspricht nicht den gehegten Hoffnungen, unbekannte Nebenwege müssen eingeschlagen werden. Unsere Überheblichkeit wird herausgefordert, Realitäten beginnen sich durchzusetzen.

Frau und Mann erleben unterschiedliche Schwierigkeiten in diesen frühen Jahren der Partnerschaft. Die Flitterwochen enden und Konflikte über Schwiegereltern, Eifersüchteleien und Fragen der Lebensgestaltung entstehen. Langsam setzt die Phase der Ernüchterung ein. Die Frau gewöhnt sich an einen neuen Lebensschwerpunkt. In der Anfangsphase wurde sie von ihrem Mann verwöhnt. Sie war der Mittelpunkt seiner Aufmerksamkeit, er plante aufregende gemeinsame Unternehmungen oder überraschte sie mit Geschenken. In der Ehe stellt die Frau dann oft fest, daß sie es ist, die für ihren Mann sorgt. Allmählich wird ihr bewußt, daß sie in ihm das Ideal des großen Beschützers und starken Mannes gesehen hat. Nun entdeckt sie die ersten Sprünge in seiner Rüstung und spürt, wie Zweifel aufkommen. Manchmal ignoriert sie diese Zweifel, dann wieder fühlt sie sich verwirrt und schuldig.

Ein Ausdruck von Congreve in *The Way of the World* beschreibt die Veränderung der Stellung der Frau sehr gut: «Sie schrumpft zu einer Ehefrau».[18] Diese neue Situation wirkt sich auf ihr Selbstbild und Selbstvertrauen aus. Sie muß einen Teil ihrer Persönlichkeit umgestalten, um sich auf die Wünsche, Bedürfnisse und Forderungen ihres Mannes einzustellen. Meist ist es die Frau, die bereit ist, diese Veränderungen auf sich zu nehmen. Die inneren Probleme, die dadurch entstehen, gehören zu den vielen psychischen Belastungen einer jungen Ehefrau.

Sogar intellektuelle, selbständige Frauen versuchen noch, die Erwartungen ihres Mannes zu erfüllen. Jede verliebte Frau bemüht sich unbewußt, seinem Ideal von ihr zu entsprechen. Dieses Verhalten ist jedoch ambivalent. Auch die meisten selbstsicheren Frauen durchleben diese Phase, ob sie es zugeben wollen oder nicht. Sie sind sanft und nachgiebig, reagieren sensibel auf die Stimmungen des Mannes und erfüllen seine ausgesprochenen und unausgesprochenen Wünsche. Fühlen sie sich jedoch sicher, zeigen sie auch ihre bisher unterdrückte, bestimmtere Seite, so können sie damit das Wohlbefinden ihres Mannes beeinträchtigen. Er spürt den Verlust, weiß aber nicht, wie er sich dieses Gefühl erklären soll. Etwas ist aus seinem Leben verschwunden.

Eins der schwersten Zugeständnisse, die Frauen, besonders Hausfrauen machen müssen, betrifft den emotionalen Austausch zwischen ihrem Mann und sich. Dadurch, daß seine Arbeit ihn immer mehr beschäftigt, verringert sich die ursprüngliche Wärme, und im Gefühlsleben spürt sie eine wachsende Enttäuschung.

Ein weiteres Problem besteht darin, daß eine verheiratete Frau, die Mutter wird, eine nahezu geschlechtslose Rolle übernimmt.

Philip Slater schreibt dazu: «Nur jungen, unverheirateten Frauen ist es erlaubt, vollkommen weiblich zu sein ... Sobald sie verheiratet sind, wird von ihnen erwartet, daß sie ihre Sexualität etwas zurücknehmen und wenn sie Mutter werden, steigt diese Tendenz zur Neutralität sogar noch weiter.»[19]

Wendell Berry beschreibt in seinem Buch *The Unsettling of America* eine entscheidende historische Veränderung der Stellung der Frau in der Gesellschaft. Er führt aus, daß die *Unterschiede der Arbeit* von Mann und Frau im Gesamtzusammenhang der Ehe zu einer nunmehrigen *Arbeitsteilung* geworden sind. «Die erste geschlechtliche Trennung entsteht, wenn Fürsorge zur ausschließlichen Aufgabe der Frau wird.»[20] Für ihn bedeutet diese Rollenteilung, daß weder Weiblichkeit noch Fürsorglichkeit für besonders wichtig erachtet werden. (Damit ist, aus heutiger Sicht, ein großer Verlust für die Männer verbunden.) Durch die Einschränkung auf die häuslichen Besorgungen verstärkt sich die Isolation der Frau. Denn wenn sie von der Arbeit ihres Mannes und vom Leben ihrer Kinder ausgeschlossen wird, kann sie schnell zum bloßen Chauffieren und Einkaufen verurteilt werden. Sie ist dann ein willkommenes Opfer der Werbung, die sie mahnt, ein frischer attraktiver Magnet für ihren Mann zu bleiben. Ihre Befürchtungen und Ängste werden weithin bekannt gemacht und ausgenutzt. Diese Kluft wird ein Problem für Mann und Frau. Das häusliche Beisammensein ist nicht mehr der kraftspendende Mittelpunkt ihres gemeinsamen Lebens. Gegenseitige Abhängigkeit führt zu unterschiedlichen Rollen, von denen die eine höher bewertet wird. Der Mann kommt nach der Arbeit nach Hause, fühlt sich aber nicht unbedingt wohl zu Hause, sondern zieht sein Büro oder Treffen in der Nachbarschaft vor. Die Frau ist isoliert und entwickelt somit unrealistische Vorstellungen. Sie schwimmt in romantischen Phantasien und Sentimentalitäten, die durch Schlager und Regenbogenpresse auf sie einströmen. Ihr wird vorgegaukelt, Liebe und körperliche Schönheit gingen Hand in Hand, Liebe sei mit Jugend verbunden, auch wenn von ihr behauptet wird, sie sei ewig, Ehe bedeute das Ende allen Lebens und Liebe bringe alles in Ordnung.[21]

Die junge Ehefrau ist zu Hause und gestaltet ihr Leben um die Bedürfnisse ihres Mannes und Kindes. Ihre Aufgabe besteht darin, ihnen bei der Erfüllung ihrer Träume zu helfen. Sie kümmert sich um das Haus, überwacht notwendige Reparaturen, pflegt die Kinder, wenn sie krank sind, läßt Auto und Haushaltsgeräte reparieren, kauft ein, kümmert sich um das Bankkonto, hat ein Ohr für die Probleme der Menschen, bereitet das Abendessen vor, plant das Wochenende und steht parat für ihren Mann, wenn er nach Hause kommt.

Selten erlebt sie wirkliche Erfüllung, obwohl sie der Mittelpunkt der Aktivitäten ist. Ihre Aufgaben erneuern sich immer wider, die Kleidung wird gewaschen, verschmutzt, wieder gewaschen, dasselbe gilt für Geschirr und Fußboden. Verglichen mit der Arbeit ihres Mannes kann ihre Arbeit erniedrigend sein. Auch wenn seine Arbeit nicht immer bedeutend und befriedigend ist, so bekommt er wenigstens am Ende der Woche sein Geld oder die Möglichkeit der Beförderung. Sie erlebt dieselbe Routine, Tag für Tag. Sogar bei einer Frau, die Hausarbeit sehr genießt, durchläuft die Beziehung zu ihrem Mann eine Veränderung, die nicht unbeachtet bleiben sollte.

Auch wenn Frauen Beschäftigungen annehmen, tun sie es häufig ohne Engagement und betrachten sie nur als Zwischenlösung. Ihre Hauptaufgabe ist die Familie. Andere Frauen sehen ihre Bestimmung darin, einen Mann zu lieben und von ihm geliebt zu werden, unter Vermeidung jeglicher Komplikation. D. h., selbst wenn sie draußen im Leben stehen, hat die Arbeit keine Priorität für sie, und so erleben sie darin nicht dieselbe Befriedigung wie ihr Mann. Wenn ein Mensch seine Arbeit nicht ernst nehmen kann, hat er es auch schwer, sich selbst ernst zu nehmen.

Für die Frauen zu Hause (und oft auch für Frauen bei der Arbeit) schrumpft die Welt zu einer kleinen, nur sie selbst enthaltenden Einheit, besonders, wenn sie früher in einer Gemeinschaft oder im College aktiv waren und sich an ein Leben in der Gruppe gewöhnt hatten. Das gilt besonders für eine junge Karriere-Frau, die heiratet und dann zu Hause bleibt. Ihr Aktionsradius ist eingeschränkt und sie wird von ihrem Mann, der jetzt ihr Hauptbezugspunkt ist, abhängig. Er ist nun zur Hauptquelle aller Anregungen für sie geworden. Ihre Bedürfnisse konzentrieren sich dann auf die Kinder, die sie nicht erfüllen können; es ist dies eine ungerechte, unbewußte Forderung. Diese Isolation führt zum Grübeln und verstärkt sich selbst bis zur Selbstentfremdung. Depressionen gehören zu den häufigsten Frauenkrankheiten, unter denen besonders Hausfrauen leiden. Das Ergebnis zeigt sich oft in realitätsfernen Ansichten.

Jessie Bernard hat sich um eine intensive und sorgfältige Dokumentation des seelischen und geistigen Gesundheitszustands von Ehefrauen und der möglichen Gründe dafür bemüht, um das Thema «über das Niveau der Nörgelei, leichtfertigen Herabsetzung oder Lächerlichkeit zu heben»[22]. Das «Hausfrauensyndrom» wird nicht ernst genommen und doch bringt es viele Frauen um den Verstand. Eine gesunde Persönlichkeit in eine solche Struktur zu zwängen, kann bedeuten, sie in den Wahnsinn zu treiben. Was den Frauen früher genügt haben mag, gilt heute nicht mehr. Vielleicht hatten sie keine andere Wahl oder die Isolation hat heute einen anderen, schärferen Charakter. Das heißt nicht, daß Frauen nicht eine gewisse Zeit zu Hause verbringen sollten, aber Fragen nach dem Gemeinschaftsleben der Menschen und den gegenseitigen Erwartungen der Partner sollten gestellt werden, und vor allem müßten alle Frauen erfahren, daß diese emotional belastenden Gefühle normal sind und angesprochen werden müssen.

Anne Morrow Lindbergh dachte über die Belastungen einer jungen Hausfrau nach. Ihr schöpferisches Talent kam in ihrem Buch *Muscheln in meiner Hand* zum Ausdruck. Über ihre persönliche Erfahrung schreibt sie: «Hier liegt ein seltsamer Widerspruch vor. Instinktiv möchte die Frau geben, doch sie will sich nicht in kleiner Münze verausgaben. Ist das ein grundlegender Widerstreit? Oder ist es die übermäßige Vereinfachung eines vielschichtigen Problems? Ich glaube, die Frau wehrt sich weniger gegen das stückweise Verausgaben als gegen das sinnlose Verausgaben. Wir fürchten nicht so sehr, daß unsere Energie durch kleine Lecks entweichen könnte, als daß sie im Abfluß endet. Wir sehen die Resultate unseres Gebens nicht so deutlich, wie sie der Mann bei seiner Arbeit sieht... Es fällt sogar schwer, ihn (den Haushalt) als eine sinnvolle Tätigkeit anzusehen, denn vieles geschieht rein automatisch. Die Frau fühlt sich allmählich wie eine Fernsprechzentrale oder ein Waschautomat.» [23]

Heute wissen wir, daß diese Fragen nach dem Sinn des Lebens nicht nur an den Frauen nagen. Auch Männer fühlen sich von Einsamkeit und Sinnlosigkeit bedroht. Trotzdem sind Frauen noch immer am stärksten betroffen. Anne Morrow Lindbergh fährt fort: «Nicht mehr vom Bewußtsein der Unentbehrlichkeit oder sinnvollen Daseinsberechtigung gespeist, hungern wir. Und da wir nicht wissen, wonach wir hungern, füllen wir die Leere mit vielfältigen Zerstreuungen, die sich uns immer bieten: mit unnötigen Gängen, eingebildeten Verpflichtungen, gesellschaftlichem Getändel. Und das alles meist ohne tieferen Sinn. Plötzlich ist die Quelle versiegt; der Brunnen ist leer.» [24]

Heute gibt es viele junge Männer, die Bereitschaft zur Fürsorglichkeit und zu einem geteilten Leben mit geteilter Verantwortung zeigen. Die Beteiligung des Mannes an der Geburt, der Ernährung und den Kindern wird vielleicht bisher nur in kleinen Gruppen mit einem alternativen Lebensstil verwirklicht, aber darin liegt eine Hoffnung für die Zukunft. Der Film *Kramer gegen Kramer* vermittelt uns einen Eindruck von den neuen Anforderungen, die sich uns stellen, wenn wir fürsorgliche Eltern sein wollen. Einem fürsorglichen Elternteil, das sich verantwortlich für das Wohlergehen des Kindes fühlt, fällt es schwer, die Arbeit als Hauptaufgabe zu betrachten. Eine neue Wertschätzung des Lebens und direkte Teilnahme daran bietet jungen Menschen eine Möglichkeit, die Symptome der Isolation zu überwinden.

Erstaunlicherweise heiraten noch immer viele Frauen, trotz aller Probleme, die eine Ehe mit sich bringen kann. Etwas wie ein Ideal menschlicher Beziehungen scheint noch immer durch alles Fehlerhafte hindurch. Die Frage nach der Ehe muß erhellt werden, sie darf keine langen dunklen Schatten werfen. Gesellschaftliche Werte suggerierten Frauen, die Ehe sei der Inbegriff des Glücks; diese Vorstellung beeinflußte die Generationen bis heute sehr stark. In älteren Gesellschaftsformen gab es keine Versprechungen, die Ehe war ein wirtschaftlicher und sozialer Vertrag, die Liebe die Frucht des täglichen Füreinandersorgens. In *Fiddler on the Roof* wird Tevya gerade durch ein Gespräch seiner Töchter über das Heiraten veranlaßt, Golda zu fragen, ob sie ihn liebe. «Ob ich was... ?», antwortet sie. Für sie ergibt es sich von selbst, daß sie ihn wohl liebt, nach den 25 Jahren, die sie für ihn gesorgt und mit ihm Haus und Bett geteilt hat.

Die Vorstellung von der Ehe als Weg zum Glück wird von der Wirtschaftswelt durch Werbung und von der Pop-Kultur unterstützt. Trotzdem gibt es heute in der westlichen Welt mehr als je zuvor junge Frauen, die lieber alleine bleiben wollen. Uns bleibt, abzuwarten und zu beobachten, ob dadurch entscheidende gesellschaftliche Veränderungen ausgelöst werden.

Eine Frau erlebt in der Ehe neben Problemen in der Beziehung zu ihrem Mann noch andere Belastungen. Auch die Gesellschaft übt ihren Druck aus. In der Außenwelt werden Stärke und Aktivität sehr hoch bewertet. Frauen haben jedoch gelernt, passiv und abhängig zu sein. Diese widersprüchlichen Werte führen zu Belastungen, die viele Frauen damit beantworten, daß sie sich von der aktiven Teilnahme im gesellschaftlichen Leben zurückziehen. Ende zwanzig verstärkt sich diese Spaltung.

Welche Belastungen erlebt der Mann in der Ehe? Obwohl bewiesen ist, daß verheiratete Männer länger leben, seelisch gesunder sind und sich immer wieder für die Ehe entscheiden würden, verdammen sie sie oft mit Worten. «Die Diskrepanz zwischen dem grauenvollen inneren Bild, das der Ehemann von seiner Ehe in sich trägt und ihre tatsächlichen, beobachtbaren, sein Wohlergehen fördernden Auswirkungen sind ein Maßstab für den vermeidbaren Konflikt, den die Ehe in sich birgt. Die Menschen haben vollkommen entgegengesetzte Wünsche: Sicherheit und Abenteuer, Gewohnheit und Abwechslung, Spannung und Aufregung, aber auch einen sicheren Hafen, in den sie sich zurückziehen können, wenn Spaß und Spiel vorbei sind.»[25]

Die Männer lehnen die Ehe ab, weil sie mit sexueller Einschränkung sowie emotionaler und wirtschaftlicher Verantwortung verbunden ist. Hier ändert sich jedoch einiges zum Vorteil für den Ehemann. Sogar die Gerichte stimmen zu, daß der Mann nicht mehr die gesamte wirtschaftliche Last alleine tragen muß.

Obwohl die Männer insgesamt von der Ehe profitieren, leiden sie auch unter ihren unterschwelligeren Auswirkungen, die in dem Buch *Der verunsicherte Mann* beschrieben werden. Sie liegen hauptsächlich im Bereich der seelischen Abhängigkeit und Ambivalenz den Frauen gegenüber. Männer erleben eine Spaltung, sie sind von jungen, unberührten Frauen fasziniert und fühlen sich von ihren Frauen (und ihren Müttern) unterdrückt. So gibt es in der Ehe ein Auf und Ab im Gefühlsbereich, das die Männer erfahren, aber nicht bewußt begreifen. Trotz dieser Schwierigkeit haben die meisten Männer mehr von der Ehe als die Frauen.

Bei all den Belastungen und Differenzen in der Ehe fordert die Frage, ob die Partner diesen Anforderungen gewachsen sind, daß die beiden sich verstehen und wissen, wie sie auf den anderen eingehen können, um die Beziehung zu vertiefen. Es genügt jedoch nicht, zu erkennen, was getan werden muß; wir müssen es auch tun. Unsere Tendenz, auf der gedanklichen Ebene stehenzubleiben ist heute so groß, daß Erkenntnis allein zur Veränderung nicht ausreicht. Mit unserem Willen müssen wir die Probleme bewältigen, damit wir sie realistisch einschätzen und konstruktiv handeln können.

Das erste Jahr der Ehe ist die entscheidende Zeit, um uns aufeinander einzustellen. Trotzdem ist die Fähigkeit, mit Belastungen umzugehen, etwas, das durch unser gesamtes Eheleben hindurch von uns gefordert wird. Es gibt Erfolge und Mißerfolge. Ein Paar erlebt Höhen und Tiefen, auf beides müssen wir uns einstellen. Wir erleben, wie unser Idealbild vom anderen ins Wanken gerät. Da ein junger Mensch in dieser Phase von

Emotionen (Gefühlen) geleitet wird[26], bleibt das Urteil subjektiv. Jeder der Partner erlebt intensive Gefühle; Freundschaften und Unternehmungen werden davon bestimmt. Sie fragen sich nicht «Wer bin ich?», wie am Ende ihrer Teenager-Zeit, sondern «Was soll ich tun im Leben?», «Wie können wir unsere Träume verwirklichen?» und «Kann ich das Unmögliche erreichen?»

Das junge Paar sieht in den zwanziger Jahren eine Zeit, in der es einen Grundstein für die Zukunft legen und ein stabiles sicheres Leben vorbereiten kann, auch wenn es das jetzt noch nicht verwirklichen möchte. Handlung wird zum Wegweiser. Um das 29./30. Lebensjahr wird von den meisten jungen Menschen erwartet, ihren Weg gefunden zu haben. Vielen Menschen fällt es in dieser Zeit schwer, zwischen Erprobungen und Verpflichtungen das richtige Maß zu finden. In dieser Phase variiert der Lebensstil, je nachdem ob die Frau arbeitet oder zu Hause ist.

Frauen, die arbeiten, fühlen sich nicht so sehr von der Realität entfremdet, sie werden angeregt, weil sie in der Welt stehen. Diese Ehen werden keine leeren Hülsen. Andererseits fragen sich diese Frauen oft, ob ihnen nicht etwas fehlt, wenn sie keine Familie haben. Die arbeitende junge Frau hat zunächst oft dieselben Ziele wie der Mann, nur daß sie am Ende dieser Phase nach dem Mann ihrer Träume sucht, oder beginnt, sich Kinder zu wünschen, wenn sie verheiratet ist. Viele junge Frauen in der Arbeitswelt verhalten sich, wie die Männer es in den letzten Jahrzehnten taten. Sie versuchen, sich selbst zu behaupten, indem sie schnell vorwärtsstreben und sich offensiv und zielorientiert verhalten. Zwischen achtundzwanzig und dreißig durchleben sie eine Krise; sie fragen sich, ob sie diese Lebensstrukturen noch ändern können, wenn sie möchten. Die Angst, daß sie nur Karrierefrauen sein werden, taucht auf. Diese unbewußte Sorge ist das Risiko, das sie mit ihrem intensiven Konkurrenzkampf und Erfolgsstreben eingegangen sind. Haben sie mögliche Freier abgeschreckt? Erstaunlicherweise habe ich diese Sorge sogar von Frauen gehört, die einen lockereren Lebensstil führten als die meisten anderen.

Ehen zwischen achtzehn und dreißig sind nicht unbedingt bewußte Beziehungen. Eine intensive emotionale und physische Anziehung hält das Paar zusammen. Sie sind begeistert davon, wie ähnlich sie einander sind. «Er mag das, was ich auch mag.» Spiegelung des anderen und Eigenliebe treten auf. Die Ideale über die Ehe sind sehr hoch, sogar bei Kindern aus zerbrochenen oder zerrütteten Familien. Ein junger Mensch glaubt oft nicht, daß das, was um ihn herum geschieht, auch ihm widerfahren könnte. Einige Jahre später wiederholt sich dasselbe Muster in der eigenen Ehe. Die Hoffnung, die Versprechungen, das momentane Glücksgefühl macht Paare blind für das Leid, das folgt.

Vor kurzem hatte ich ein Gespräch mit jungen Müttern unter neunzehn. Sie waren alle geschieden und hatten Kinder. Von der Ehe, ja vom gesamten Leben waren sie bitter enttäuscht. Sie fühlten sich gefangen, konnten keine Ausbildung machen (keine von ihnen hatte einen höheren Schulabschluß), sie lebten einsam in ihren Ein-Zimmer-Wohnungen, konnten sich weder einen Babysitter leisten, noch das Baby alleine lassen und spürten nichts als Verzweiflung.

Es ist schwierig, junge, verliebte Menschen mit diesen Bildern zu konfrontieren. Wie kann man wissen, ob ihre Liebe andauern wird, ob es wirkliche Liebe ist? Wie sieht es aus, wenn der Glanz abgetragen ist? Uns wachzurütteln für die Wirklichkeit, für die Schönheit wahrer Liebe und die Verantwortung, diese Liebe zu pflegen, damit sie nicht vergeht, ist eine große Aufgabe.

Der Prozeß des Verliebtseins ist eine Phase, in der beide Partner voll beschäftigt sind. Sie sind verliebt in die Liebe, bereit für ein großartiges Ereignis. Beide bemühen sich, für den anderen attraktiv zu sein, im anderen das höchste zu sehen. Innerlich sind die jungen Menschen von Gefühlen hin- und hergerissen. Auf und nieder, Höhen und Tiefen werden spürbar, wenn die Realität allmählich dem Ideal gegenübertritt. Der innere Reifungsprozeß wird in jungen Ehen oft beschnitten. Das Paar schlüpft in die erwarteten Rollen, ohne nachzudenken. Worin besteht der Höhepunkt am Ende dieser Phase?

Die Kluft zwischen Wirklichkeit und Ideal wird unerträglich. Im Grunde wünscht sich jeder Mensch von der Ehe, daß all seine oder ihre Bedürfnisse erfüllt werden. Weil sie in einer romantischen Tradition leben und verliebt sind, glauben sie, daß ihr Partner ihnen jeden Wunsch von den Augen ablesen kann. Langsam mit vielem Leiden entdecken sie, daß es nicht möglich ist. Sie sind enttäuscht, spüren Ärger und Haß, der andere Mensch verliert den Glanz des Besonderen und die romantischen Gefühle werden unterdrückt. Das ist eine der kritischen Erfahrungen in der Ehe, die am häufigsten zu Mißverständnissen führt. Jeder Partner ist verwirrt und einsam, voller häßlicher Gefühle und Zweifel.

Ehen zwischen zwanzig und dreißig gründen auf Projektionen. Fallen sie weg, empfinden die Partner sich gegenseitig als Fremde. Erst mit der Auflösung der Projektion entsteht die Möglichkeit einer wirklichen Vereinigung. Der Prozeß ist jedoch schmerzvoll. Die tiefe Verwurzelung der westlichen Gesellschaft im Gefühlsbereich erhöht die Probleme dieser Phase. Das Paar fühlt sich verpflichtet, am alten Bild der Ehe und Romantik festzuhalten, denn sonst ist etwas nicht in Ordnung. Das Feinsinnige, Subtile der Liebe hat wenig Platz in der Werbung, mit der junge Menschen berieselt werden. Der Konsumbereich zielt darauf ab, diese Phase zu konservieren.

Wir haben das beunruhigende Gefühl, daß die Dinge sich ändern müssen, doch gleichzeitig erhalten wir von unserer Umwelt wenig Unterstützung für diese Veränderungen. Das Verlangen des Mannes nach Eroberungen muß als fortdauernde Unreife erkannt werden; die Hartnäckigkeit der Frau, die Welt mit romantischen Augen zu betrachten, muß einem tieferen Gefühl der Liebe weichen. Beide müssen die Normalität dieser Veränderung erkennen, ohne unter dem Gefühl zu leiden, es sei ihnen nicht gelungen, die alte Lebensintensität fortzuführen. Diese Zeit ist sehr kritisch, fast so, als ob das Paar gebeten wird, noch einmal zu heiraten, jetzt da sie die Verantwortung kennen, die sie auf sich nehmen wollen. Übersteht ein Paar die ersten sieben Jahre einer

Ehe, hat es die Chance, eine Fähigkeit zur Nähe zu entwickeln, die wachsen kann, wenn sich das Gefühl für die persönliche Identität bei jedem Partner gefestigt hat.

Das Erwachen: Anfang Dreißig

Um das 28. Lebensjahr herum fühlen die Menschen, daß es an der Zeit ist, das Leben ernst zu nehmen und eine Vorstellung von der eigenen Zukunft zu haben. Die Phase des Ausprobierens und Sich-Austobens nähert sich dem Ende; es wird Zeit, dem Leben direkt zu begegnen. Der Zeitpunkt kommt, an dem sich die Unschuld des Lebens verwandelt. Eines Abends, ich war 32 Jahre alt, führte ich mit meinem Mann ein Gespräch über den guten Verlauf unseres bisherigen Lebens. Allen Herausforderungen waren wir gewachsen. Wir fühlten uns wie Kinder, die man nicht geprüft hatte, fast getäuscht. Im darauffolgenden Jahr wurde ich in einen Autounfall verwickelt, es war der Beginn eines von Krisen erschütterten Jahres.

Eine Sensibilität für andere Menschen meldet sich zaghaft in dieser Phase und mildert die Arroganz der zwanziger Jahre. Selbstzweifel werden spürbar, zusammen mit dem Wunsch, Verantwortung zu übernehmen und nicht immer am Rand zu sitzen und zu kritisieren. «Auch ich bin verletzlich»; dieses Gefühl erwacht allmählich mit einer gewissen Deutlichkeit. In meinem eigenen Leben war dieses Erwachen sehr intensiv. Mein Mann und ich hatten einer Freundin Ratschläge gegeben, wie sie ihre Eheprobleme lösen könnte. Einige Wochen später sahen wir uns mit ganz ähnlichen Problemen konfrontiert. Wir waren über die Naivität unserer Ratschläge beschämt und spürten, wie unsensibel wir auf den Schmerz unserer Freundin reagiert hatten.

Diese siebenjährige Phase ist eine Zeit großer Einsamkeit. Der Verstand ist klar und wir erleben ein starkes Gefühl des Getrenntseins, von dem oft das intensive Gemeinsamkeitsgefühl abgelöst wird. Die Partner nehmen Abstand und beobachten einander. Was sie nun sehen, gefällt ihnen nicht immer, besonders, nachdem der Lack abgeplatzt ist. Schuldgefühle tauchen auf; sie fühlt sich schuldig, weil er für sie nicht länger der romantische Held ist. Sie wird kühl, kritisch und objektiv. Seine Schwächen und Fehler sind deutlich erkennbar. Beide stehen sich entblößt gegenüber. Die verurteilende Haltung schlägt auf uns selbst zurück. Wir betrachten uns selber kritischer. Die überwältigende Erfahrung, die eigenen Fehler wahrzunehmen, bringt uns oft aus dem Gleichgewicht; wir ziehen uns in uns selbst zurück, um uns auf weniges zu konzentrieren, aber das gut zu machen. Fragen vom Ende unserer Teenager-Zeit tauchen wieder auf: «Was bin ich?», «Was kann ich erreichen?», «Habe ich meine Aufgabe in der Welt gefunden?» In dieser Zeit entwickelt sich eine bestimmte Struktur, besonders wenn die Frau die ersten Jahre zu Hause verbringt. Der Mann zieht sich zurück, die Frau möchte hinaus in die Welt, um herauszufinden, ob sie dort geschätzt wird. Das Paar ist kritisch gegenüber den eigenen Plänen aus den zwanziger Jahren: sie treffen nicht mehr zu, die Prioritäten haben sich geändert.

Die Ehepartner werden unzufrieden, fühlen sich eingeschränkt und beengt, äußern ihre Kritik und beschuldigen den anderen. Die Vorahnung der drohenden Krise läßt uns fragen: «Ist das mein Partner für das ganze Leben?»

Andererseits wird das Leben nüchterner, geordneter. Streitpunkte werden sachlicher verhandelt, langfristige Entscheidungen getroffen, z. B. «Wo werden wir uns niederlassen?», «Wollen wir ein Haus kaufen?», «In welcher Nachbarschaft wollen wir leben?». Das Bedürfnis, sich niederzulassen, ist stark. Ich erinnere mich an viele Menschen dieses Alters, die sich für eine Arbeit bewarben und sagten: «Wir suchen nach einer Gemeinschaft, in der wir uns niederlassen können. Es ist Zeit, einen Ort zu finden, wo wir bleiben wollen.» Manchmal sehe ich ein Lächeln in den Gesichtern meiner Kollegen. Sie wissen aus Erfahrung, daß es keinen absolut richtigen Platz gibt. Jedenfalls kann man ihn nicht mit dem Verstand wählen; andere Kräfte sind mit am Werk, die mit unserer Bestimmung zu tun haben.

Während sich die äußere Zufriedenheit mit dem Gefühl «Jetzt sind wir auf dem richtigen Weg» stärkt, entgleitet und die Zufriedenheit in der Ehe. Eine zusätzliche Belastung entsteht, weil das soziale Leben sich oft auf die Familie und einige nahe Freunde beschränkt. Das führt zu Langeweile. Besonders gewissenhafte Eltern leiden in dieser Zeit, weil sie ihre Kinder nicht gelegentlich für ein Wochenende allein lassen möchten. Stattdessen vernachlässigen sie ihre Partnerbeziehung, die immer wieder Erneuerung und Vertiefung braucht. Für das Paar ist es äußerst wichtig, einander zu begegnen, frei von häuslichen Verpflichtungen, einen neuen Ort zu entdecken, in einem anderen Schlafzimmer aufzuwachen, zum Frühstück auszugehen. Der Wunsch, die Intimität der Ehe zu erneuern, die Stimmung der ersten Liebe wieder einzufangen ist zwar sehr verlockend, wird aber leider oft in der Geschäftigkeit des täglichen Lebens unterdrückt. Der Mann fühlt sich kompetent und erzählt nun seiner Frau, daß sie hinausgehen soll, um etwas Interessantes zu tun. Er möchte, daß sie sich selbst erweitert, nicht mehr hauptsächlich Mutter, sondern Gefährtin und Mutter zugleich ist. Sie fühlt sich zunächst erschreckt und bedroht. «Ich bin nicht gut genug. Wie werde ich ihn jemals interessieren?» Sie fühlt sich bereits ungeduldig und eingeengt und nun hält auch er sie, in der Weise wie sie ist, für unwert. Sie beginnt zu überlegen, wie es sein würde, die Sicherheit ihres Hauses zu verlassen. Wenn sie über ihr Leben zu Hause nachdenkt, weiß sie, daß ihr Mann sich mit dieser Aufgabe zu Tode langweilen würde und daß er froh ist, ein solches Leben nicht führen zu müssen. Gleichzeitig genießt er die Ergebnisse ihrer Arbeit und fühlt sich wie in der Falle. Weil ihr Leben so begrenzt ist, wird sie davon abhängig, Neuigkeiten von seiner Arbeit zu hören, aber er hat kein besonderes Interesse, darüber mit ihr zu sprechen. Gail Sheehy schreibt in ihrem Buch *Passages* (*In der Mitte des Lebens*) wie auch der Mann sich fürchtet, denn wenn sie sich ernsthaft mit Dingen außerhalb des Hauses beschäftigt, kümmert sie sich vielleicht nicht mehr genügend um ihn. Der Widerspruch zwischen dem, was er sich wünscht und dem, was er befürchtet, verursacht Schuldgefühle. Ein Ziehen und Schieben, ein Jojo-Syndrom, ist während dieser Phase wirksam.[27]

Die Frau spürt das häufig und beginnt, sich zu entziehen. Sie hört auf, die anderen zu stützen, fühlt sich besorgt, verzweifelt und bedroht. Die Partner fehlen einander oft gerade dann, wenn sie sich am meisten brauchen. Sie spürt, daß sie sich verändert. Sie versucht unabhängiger zu werden, damit er sich nicht eingeschränkt fühlt. Um ihm zu helfen, zieht sie sich zurück, jedoch nicht ohne Folgen. Er fühlt, daß sie sich nicht mehr um ihn kümmert und ist enttäuscht, verloren. Oft denken wir, daß nichts so klappt, wie wir es wollen. Er möchte, daß sie interessanter und produktiver wird. Sie begibt sich fieberhaft auf diesen oder jenen Weg, hat jedoch Schwierigkeiten, länger bei einer Sache zu bleiben.

Ich erinnere mich gut an dieses Gefühl. Ich war gerade 28 Jahre alt geworden und entschied mich, meinen Magister zu absolvieren. Ich wußte nicht genau, warum, aber irgendwie hatte ich das Gefühl, etwas «Wichtiges» tun zu müssen und mich außerdem auf die Zukunft vorzubereiten. Also ging ich zur Universität, um mich immatrikulieren zu lassen, stand in einer langen Schlange und ärgerte mich so sehr über das System, daß ich mich umdrehte und nach Hause zurückkehrte. An diesem Tag fühlte ich mich sehr merkwürdig. Irgendwie meinte ich, versagt, d. h. mich den Schwierigkeiten des modernen Lebens nicht gestellt zu haben. Ich hatte mich von etwas einschüchtern lassen, das die meisten 18jährigen, mich selbst eingeschlossen, problemlos bereits in ihrem Alter bewältigen können.

Etwas später sprach ich mit einer Freundin, die, Ende dreißig, an das College zurückgekehrt war. Ich stellte fest, daß viele Frauen diesselbe Angst hatten wie ich an jenem Tag, bis dahin, daß sie nicht fragen mochten, wo die Toiletten seien. Diese Angst vor dem Wiedereintritt in das gesellschaftliche Leben zu einer Zeit, in der das Selbstbewußtsein so gering ist, ist ein ernstes Problem. Mich führte sie zum Nachsinnen über die Veränderungen in meinem Leben und zu einer Neueinschätzung der Entwicklung in der Ehe, besonders der Rolle der Frau. Ich erinnere mich an meine Studentenzeit: damals war ich aktiv, lebendig, begeistert, interessiert. Die Welt war aufregend und ich war glücklich, ein Teil von ihr zu sein. Während der folgenden zwei Jahre in der Arbeitswelt waren mein Mann und ich Gefährten, machten gemeinsame Erfahrungen, hatten das intensive Gefühl, sinnvolle Arbeit zu leisten, entdeckten Karrieremöglichkeiten, waren lebendig und gleichberechtigt in unseren Aufgaben. Dann erinnerte ich mich an meine Gefühle als ich schwanger wurde und aufhörte zu arbeiten. Alles wurde langsamer. Ich war viel alleine, machte lange Spaziergänge, wurde introvertiert, begann zu grübeln, besuchte die Großmutter meines Mannes im Erholungsheim, nähte Partykleidung, war etwas künstlerisch tätig und wartete. Immer wartete ich auf meinen Mann, daß er nach Hause kam und wünschte mir die Anregung, die wir uns gegenseitig geben konnten. Nach der Geburt des Babys war es ähnlich. In meinem Fall zogen wir aufs Land und erlebten so einige Veränderungen, aber die inneren Prozesse blieben im Grunde gleich. Nun beanspruchte das Baby einen großen Teil meiner Aufmerksamkeit, doch der Schwerpunkt des Nachinnenkehrens blieb bestehen. Im Vergleich zu früher führte ich selten anregende Gespräche. Manchmal hörte ich Radio. Ich fühlte mich vom Leben abgetrennt. Ängste tauchten auf, gefolgt von einem Verlust des Selbstvertrauens. Dieses innere Grübeln bildete den Keim für mein Aufbegehren in der Zeit zwischen 28 und 35. Ich hatte ein aufkommendes Unwohlsein, Verlustgefühle und die Angst vor Veränderung erlebt. Der Schreck, der mich durchfuhr, als ich meine Seelenverfassungen vor und nach meiner Hausfrauenzeit verglich, ist kaum zu beschreiben. Die Tatsache, daß «Muttersein» eine sehr wichtige und bedeutungsvolle Aufgabe ist, betont, daß wir viel Unterstützung brauchen, um diese Zeit kreativ zu gestalten. Die Probleme in der Hausfrauenzeit führten häufig zu feindseligen Gefühlen, weil der Mann als Ursache betrachtet wird, bzw. die Frau sich neben ihm unscheinbar fühlt und zugleich all seine Fehler und Schwächen kennt. So fühlt sie sich getäuscht und gekränkt.

In ihrem Buch *The Brothers System for Liberated Love and Marriage* befaßt sich Dr. Joyce Brothers mit diesem Problem. «Die Ehe kann frei genug sein, die Bedürfnisse der Frauen heute zu berücksichtigen, die Liebe, das Füreinandersorgen und die Spannung aufrechtzuerhalten und gleichzeitig einengende und verletzende Seiten der Beziehung zu vermeiden.»[28] Sie beschreibt, daß die Macht der Liebe zu Beginn der Ehe so stark ist, daß die Frauen eine einseitige Meinung von sich selbst akzeptieren, obwohl sie als Verletzung empfunden wird. Wenn eine Gleichheit in der Ehe erzielt werden kann, gewinnen beide Partner viel mehr aus der Gemeinsamkeit. «Die Lösung besteht nicht darin, die Ehe abzuschaffen, sondern sie zu liberalisieren zu einer liebevollen Verbindung, in der jeder Partner bemüht ist, Glück, Wachstum und Erfüllung beim anderen ebenso zu fördern, wie bei sich selbst.» Im fünften Kapitel entwickelt Joyce Brothers Vorschläge, wie eine Frau ihr Selbstverständnis verändern kann, und zwar indem sie selbst ein starkes Interesse entwickelt, eine Teilzeit- oder Vollbeschäftigung annimmt, Selbstachtung zurückgewinnt und so meist für sich und ihren Mann interessanter wird und sich einem größeren Kreis von Menschen und der damit verbundenen Anregung öffnet. Können wir uns so verhalten und gleichzeitig eine gewissenhafte Vollzeitmutter sein? Wenn wir sorgfältig planen, ist das möglich. Es ist nicht leicht, aber es muß geschehen, wenn die Frau das Bedürfnis danach verspürt. Sie kann nicht fünf Jahre warten, um wieder eine Persönlichkeit zu werden. Dabei muß sie jedoch realistisch in der Zeitplanung sein.

Eine Frau sollte vermeiden, sich selbst zu täuschen. Ich habe zuviele «Vollzeitmütter» erlebt, die ihre Kinder Babysittern überließen, um etwas zu erledigen und von sich selbst glaubten, wirklich viel Zeit mit ihren Kindern zu verbringen. Sicher ist es sinnvoller, den Babysitter regelmäßig einzuplanen, damit die

Frau an einem Kurs oder einer Ausbildung teilnehmen oder für eine bestimmte Zeit arbeiten kann.

Die Frage nach der Ganztagsbeschäftigung muß individuell entschieden werden; ich kann darauf keine allgemeine Antwort geben. Sie mag mit finanziellen Gründen, den speziellen Bedürfnissen der Partner oder der Möglichkeit, daß die Eltern sich abwechselnd um das Kind kümmern, zusammenhängen. Der Wert der Mutterschaft kann nicht genügend betont werden, aber auch die Schuldgefühle, die sich einstellen, wenn die Mutter nicht als Vollzeitmutter tätig ist (unabhängig davon wie gut sie es macht) müssen Beachtung finden. Ein weiterer Aspekt, der in diese Überlegungen einbezogen werden sollte, betrifft die Beziehung zu den Großeltern oder älteren Freunden. Der Einsatz als Babysitter kann sowohl für sie, als auch für das Kind sehr sinnvoll sein. Ich erlebte eine herrliche Situation, als meine Kinder sechs Monate, ein Jahr und drei bis vier Jahre alt waren. Die sechzigjährige Mutter einer Freundin und ich trafen eine gegenseitige Vereinbarung. Ich überließ ihr meine Kinder zweimal in der Woche für zwei Stunden, während ich unterrichtete. Das war nicht nur schön für meine Kinder, die ältere Dame genoß es auch, mir eine Tasse Tee zu servieren, wenn ich zurückkehrte. Sie hatte Gesellschaft und wußte gleichzeitig, daß sie mir helfen konnte. Ich denke oft an diese Zeit zurück und an das Gute, das wir alle davon hatten.

Es gibt auch andere Wege, auf denen wir in dieser Zeit Kraft bekommen können. Hilfreich kann es sein, jeden Tag etwas Zeit für sich selber zu haben. Ob wir sie zum Lesen, Nachdenken, Lernen, Meditieren oder für künstlerische Tätigkeiten nutzen ist gleich. Auf jeden Fall sollte sie mit einer inneren Aktivität gefüllt und ein besonderer Augenblick des geschäftigen Alltags sein, indem eine Frau lernt, alleine mit sich selbst etwas zu tun. Die Schönheit der Einsamkeit ist heilsam und hilft ihr, die eigene Sensibilität zu entwickeln.

Die Wahl eines bestimmten Interessengebietes und die Aktivität in diesem Bereich für eine bestimmte Zeit kann auch hilfreich sein, um die Gedanken zu sammeln und so den vielen Ablenkungen des Hausfrauenalltags etwas entgegenzusetzen.

Viele Aufgaben im täglichen Leben einer Hausfrau verhindern Konzentration. Ihre Energien werden selten gebündelt gebraucht, sondern immer auf verschiedene Weise in unterschiedlichen Bereichen gefordert. So wird nicht gerade ihrem Minderwertigkeitsgefühl und ihrer Unfähigkeit, sich zu konzentrieren entgegengewirkt (viele Frauen, die ans College zurückkehren, haben Angst, sich nicht konzentrieren zu können). Oft ist sie später selbst überrascht und stellt fest, daß sie auf einem Gebiet Wissen erwerben und Fachkenntnisse entwickeln konnte.

Die innere Leere, die wir oft in dieser Zeit spüren, bildet einen fruchtbaren Boden für Probleme. Eine dritte Person kann in die Beziehung eintreten. Die «andere Frau» bestärkt den Ehemann in seiner Männlichkeit. Sie bewundert ihn und stärkt sein Selbstbewußtsein. Der Mann, der die vorherige Gefühlsperiode nicht mit einer reifen Urteilsfähigkeit abgeschlossen hat, braucht Anerkennung von anderen. Er kann sich selbst nicht richtig einschätzen und versucht vor dem Nachdenken über sich, das notwendig ist, damit er seine klaren Seelenfähigkeiten nutzen kann, zu fliehen. Während die Frau in dieser heiklen Lage nach einer romantischen Beziehung sucht, schaut der Mann nach einer Frau, bei der er sich besonders männlich fühlt und nicht, seiner wahren Empfindung entsprechend, als unvollkommener Mann. Die leidenschaftliche Liebe der Jugend ist vorbei, er neigt eher dazu, die Frauen für seine egoistische Befriedigung auszunutzen.

Dieses Verhalten ist ihm jedoch nicht bewußt. Er ist über sich selbst verwirrt, wenn er sieht, wie die Frau verzweifelt versucht, ihre Existenz zu rechtfertigen, indem sie ständig etwas Neues ausprobiert. Ihm fehlt die Leidenschaft und Zärtlichkeit der Jugend und er hat noch nicht das richtige Gefühl für den anderen Menschen entwickelt, das in dieser Zeit wachsen sollte. Seine eigenen Bedürfnisse sind ihm sehr bewußt und er sieht im anderen den Erfüller dieser Wünsche. Die Frau ist in diesem Fall häufig bemüht, auch begehrt zu sein und beteiligt sich an dem Dreiecksverhältnis. Ohne es zu bemerken, zerstören die Menschen sich gegenseitig.

Ich erinnere mich an einige beeindruckende Träume während dieser Jahre. Mitten in der Krise träumte ich, daß wir bis jetzt Marionetten waren. Plötzlich ließ uns der Puppenspieler los, und wir brachen zusammen. Nun konnten wir uns frei bewegen. Im Traum schaute der Puppenspieler uns an und sagte: «Jetzt seid ihr dran, und ihr seid nicht besonders gut.» In derselben Nacht träumte ich zunächst von einem großen grünen Tal, dann von trockenen, braunen, ausgedörrten Ebenen und saftigen grünen Hügeln im Hintergrund. Wenn ich zurückblicke, sehe ich wie treffend dieses Bild war. Zu dieser Zeit war das einer der wenigen Hoffnungsschimmer, die ich erlebte.

Die kritische Phase in dieser verlassenen Zeit kann auch anders aussehen. Der Mann mag übertriebenes Interesse zeigen, einem anderen Menschen zu helfen, besonders einer Frau. Er strengt sich ihretwegen sehr an und schwelgt in Selbstaufopferung. Sich selber als Ritter empfindend, schenkt er ihr Zeit, Aufmerksamkeit und Zuwendung in einer Weise, wie er es seiner Frau gegenüber seit ihrer Verlobungszeit nicht mehr getan hat. In Wirklichkeit erweckt er Mitleid mit sich selbst und Selbstzufriedenheit für seine edlen Taten. Er überzeugt sich davon, unersetzlich zu sein. Viele Frauen sehnen sich nach dieser Zuwendung von anderen Männern, weil sie sie nicht von ihren Ehemännern bekommen. Beide bemitleiden sich selbst.

Während der Mann sich mehr auf äußere physische Taten konzentriert, versucht die Frau oft, in sich selbst hineinzuschauen, um herauszufinden, was geschieht. Sie spürt etwas von ihrer Umgebung Unabhängiges, das sich in ihr selbst verändert und zu einer übellaunigen, unzufriedenen, zynischen und einsamen Stimmung führt. Die Aufgabe dieser Phase besteht darin, ein unabhängiges Urteil zu bilden und Verständnis für die Mitmenschen zu entwickeln. Dafür brauchen wir die Einsamkeit. Rudolf Steiner bezeichnet die Phase zwischen 30 und 33 als analog zu den letzten drei Jahren des Lebens Christi. Wir gehen wirklich durch eine Art Todeserfahrung, durch das Tal der Schatten des Todes. In dieser Phase erleben wir wie es ist, ohne Freunde zu sein, und wir lernen die Bedeutung der Freundschaft zwischen gleichstarken Menschen kennen. Entscheidend ist es, in dieser Phase Freunde zu haben und gleichzeitig zu lernen, nicht abhängig von ihnen zu werden. Wir können einem anderen Menschen nicht helfen, bevor wir uns selbst kennen und respektieren. Ein Weg zum inneren Wachsen besteht darin, den anderen anzuerkennen als jemanden, der auf demselben Weg ist wie wir, ebenso fähig zur Freiheit, und nicht in dem Versuch, den anderen abhängig zu machen.

In dieser Lebensphase beginnt ein geschäftsähnliches Verhalten in der Ehe zu regieren. Starke Temperamentsunterschiede tauchen auf. Ansichten und Lebensstil spielen eine wichtigere Rolle als zuvor.

Wenn die früheren Meinungsunterschiede nicht in liebevoller Versöhnung enden, werden Entfremdung und Rückzug immer wirksamer. («Ich muß mich der Beziehung anpassen, indem ich meiner eigenen Tätigkeit nachgehe».) Der Glanz der romantischen Liebe verschwindet langsam. Sex verkommt zur Routine. Etwas tieferes muß entstehen, damit die Beziehung nicht banal wird. Gelingt es dem Paar, das Wichtige vom Unwichtigen zu trennen und die Augen für die Individualität des anderen zu öffnen, entstehen neue Fähigkeiten zu herzlicher Kameradschaft und Vertrauen. Nun kann sich eine tiefere Begegnung mit dem anderen entwickeln, die zu wahrer, auf geistiger Nähe gegründeter Liebe führt.

In dieser Phase gibt es viele Möglichkeiten für eine Zusammenarbeit, besonders wenn die Familie wächst. Gemeinsam die Ferien zu planen oder das Haus umzubauen, wenn die Ehe auseinanderbricht, ist nicht ungewöhnlich.

Die kritische Herausforderung stellt sich uns in den Dreißigern. Entweder kann das Paar sie in eine innere Erweiterung verwandeln oder eine größere Ehekrise meldet sich in den Vierzigern. Diese intellektuelle Phase hat viele positive Folgen, die bei richtiger Verarbeitung inneres Wachstum fördern können. Die

Fähigkeit, die Vor-und Nachteile des andern zu sehen verbunden mit Wirklichkeitssinn, schafft die Basis für die Annahme der Mitmenschen wie sie sind. Ebenso wachsen unsere Möglichkeiten des Verständnisses, des Strebens nach Wahrheit und des Lernens, uns selbst in der Einsamkeit zu begegnen. Die Keime der selbstlosen Liebe entwickeln sich. Jeder von uns hat jedoch seine eigenen Grenzen. Einige weigern sich, die notwendigen Schritte zu unternehmen, um diese Fähigkeiten zu entwickeln. Statt dessen möchten sie in der Vergangenheit leben. Menschen Ende dreißig, die wie Zwanzigjährige leben, erscheinen uns sentimental und albern. Sie halten an romantischen Vorstellungen fest und suchen immerfort nach tiefer leidenschaftlicher Liebe. Der Verlust des Geliebtwerdens, des Reizes des Neuen, der Aufregung und Spannung werden beklagt. Die Menschen erleben diesen Verlust als Tod.

Wenn zwei Menschen lange Ehejahre geteilt haben, ohne sich über ihre Freuden und Sorgen auszutauschen, kann eine vorwurfsvolle Atmosphäre entstehen. Ein Vertrauen, das sich über Jahre der gemeinsamen Arbeit entwickelt hat, kann tiefes Glück bringen. Fehlt dieses Vertrauen, ist es kaum möglich, den anderen wirklich wahrzunehmen. Die Ehe spiegelt die innere Entwicklung der Partner wieder. Nur wenn sie ihre vollkommene Menschlichkeit entfalten, kann die Ehe reifen. Selbsterkenntnis und das Hinnehmen seines Selbst ist die erste Stufe dieser Entwicklung, ohne die sie zum Stillstand verurteilt ist. Zum eigenen Wachsen gehört, daß wir unsere Persönlichkeit stärker entwikkeln und uns somit immer mehr von den anderen unterscheiden. Aber in der Ehe kann einer den anderen stärken. «Ein Miteinander zweier Menschen ist eine Unmöglichkeit... und, wo es doch vorhanden scheint, eine Beschränkung, eine geistige Übereinkunft, welche einen Teil oder beide Teile ihrer vollsten Freiheit und Entwicklung beraubt. Aber das Bewußtsein vorausgesetzt, daß auch zwischen den nächsten Menschen unendliche Fernen bestehen bleiben, kann ihnen ein wundervolles Nebeneinanderwohnen erwachsen, wenn es ihnen gelingt, die Weite zwischen sich zu lieben, die ihnen die Möglichkeit gibt, einander immer in ganzer Gestalt und vor einem großen Himmel zu sehen!»[29]

Ich erinnere mich an ein Gespräch mit einer Freundin, die ich eine zeitlang nicht gesehen hatte. Wir knüpften unser Gespräch dort an, wo wir in unseren Ehen standen. Sie erzählte mir, wie oft sie sich dabei ertappte, sich für ihren Mann zu entschuldigen oder sein Verhalten zu erklären. Sie wußte selbst nicht warum sie all die kleinen Momente wahrnahm, in denen er jemanden verunsicherte oder ärgerte. Schließlich sagte eines Abends eine Freundin zu ihr: «Hör auf, Lyn, du bist seine Frau, nicht sein Psychiater.» Sie war über diese Bemerkung nicht verärgert, sondern erleichtert. Dann war sie über ihre eigene Arroganz erschreckt. Woher nahm sie das Recht, über ihn zu urteilen. Ich glaube, sie ist nicht die einzige, der es so ergeht. Ein Problem, das besonders in nicht mehr ganz jungen Ehe auftaucht, ist das Gefühl, den anderen Menschen sehr gut zu kennen und die Umwelt vor seinen Fehlern schützen zu müssen.

In jeder Beziehung gibt es einen Punkt (das gilt für Ehen wie für enge Freundschaften), an dem man sich vollkommen auf den anderen einläßt. Wir fragen uns nicht länger warum wir mit diesem Menschen zusammen sind, übersehen seine Fehler und notieren nicht alle Ärgernisse in einem unsichtbaren Notizbuch. Es kommt zu dem Punkt, an dem alle diese Zweifel verschwinden und wir anerkennen: dieser Mensch ist mein Mann (oder meine Freundin) und ich mag ihn (oder sie) so wie er (oder sie) ist. Von nun an können wir in einer anderen Weise an der Beziehung arbeiten. Jetzt können wir verstehen, geben, uns binden und neue Kräfte der Wärme und Zuneigung entwickeln.

Eine andere Gefahr in dieser schwierigen Phase droht in der Vermischung geistiger und physischer Realitäten in egoistischer Liebe. Diese Liebe gilt nicht dem Geliebten, sondern dem Liebenden. Dieses Gefühl kann erhebend und schön sein, aber es hat auch einen schalen Geschmack. Eigenwille meldet sich. In der geistigen Welt muß Liebe in der Entwicklung des Menschen entstehen, durchdrungen von innerer Kraft und Selbstverbesserung.

Dieser Prozeß setzt sich nun in kreisförmigen Wellen fort. Wir können nicht wahrhaftig lieben, wenn wir keine Liebesfähigkeit für die Menschheit, die Natur und uns selbst entwickelt haben. Zusammenfassend zeigt sich in dieser Phase das Streben nach Gleichgewicht. Eine Frau, die bisher in der Arbeitswelt stand, sehnt sich häufig danach, sich niederzulassen, Kinder und ein Zuhause zu haben. War eine Frau bisher zu Hause, möchte sie heraustreten. Beide haben Probleme des Übergangs, beide sehnen sich nach einer Erneuerung der Beziehung zu ihrem Partner. Obwohl die Art der Probleme unterschiedlich ist, je nachdem auf welcher Seite die Frau steht, so bleibt doch das innere Wesen gleich. Die Weise, wie wir nach Gleichgewicht streben, mag unbeholfen, schwerfällig und merkwürdig sein. Meist ist es schmerzhaft, doch wie André Lourde so anschaulich schreibt: «Schmerzen werden immer anders oder schwinden.»[30]

Gail Sheehy bezeichnet diese Zeit als Phase der Neubewertung. Ist ein Mensch verheiratet, stellt er die Verbindung in Frage. Ein lediger Mensch beginnt, sich nach der Ehe zu sehnen. Das Innenleben fordert ebensoviel Kraft wie die äußeren Anforderungen. Eine unsichtbare unbekannte Kraft erhebt sich von innen wie ein stiller Vulkan, der unter bestimmten Umständen ausbrechen wird und sich über die schwachen Stellen der anderen ergießt. Eine verzweifelte Erkenntnis dieser Zeit besteht darin, daß unser Intellekt nicht alle Lebensfragen beantworten kann.

Ein Paar, das erst in den Dreißigern heiratet, erlebt eine etwas andere Erfahrung. Ihre Vorstellungen sind geformter, ihre Gewohnheiten stärker, sie haben ihren eigenen Freundeskreis und ihre Karriere. Diese Menschen sind eher geneigt, den Gedankenbereich des anderen zu akzeptieren. Keiner hat die Entwicklung des anderen geprägt. Zwei Persönlichkeiten begegnen einander. Der Wunsch und die Möglichkeit für gegenseitigen Respekt und Freiheit sind leichter zu verwirklichen. Streitfragen können besprochen werden. Zweite Ehen folgen diesem Muster.

Das Tal des Schattens: Mitte des Lebens

Bevor ich diese Phase im Zusammenhang mit der Ehe betrachte, möchte ich gerne auf das 35. Lebensjahr näher eingehen. Wir müssen bedenken, was jeder der Partner in diesem Jahr erfährt. Das 35. Jahr wird als kosmische Mitternacht der Seele bezeichnet, die große Krise im Leben. Gail Sheehy beschreibt das folgendermaßen: «Ich habe in meinem Leben einen gewissen Höhepunkt erreicht. Ich sollte mir einen Überblick über meine Situation verschaffen, meinen bisherigen Standpunkt überprüfen und neu bewerten, wie ich meine Kräfte in Zukunft einsetzen werde. Warum tue ich all dies? Woran glaube ich wirklich? Diesem unbestimmten Gefühl liegt, noch uneingestanden, die Tatsache zugrunde, daß es im Leben von einem bestimmten Punkt an abwärts geht: Vor Einbruch der Dunkelheit bleibt mir nur noch eine bestimmte Zeit, um meine eigene Wahrheit zu finden... Sie (diese Gedanken) leiten ein Jahrzehnt ein, das man im wahrsten Sinne des Wortes das ‹Torschluß-Jahrzehnt› nennen kann. Irgendwann zwischen 35 und 45 geraten die meisten von uns, wenn sie es sich eingestehen, in eine regelrechte Authentizitätskrise.»[31]

Diese Zeit ist eine Zeit des Zweifels. Doch wir müssen durch die Phase hindurch, es gibt kein Zurück. Wir beginnen, an allem zu zweifeln. Der Wille ist paralysiert, wir fühlen uns ungesteuert, Leichtigkeit fehlt uns, das Gedächtnis läßt nach und das innere Leuchten verschwindet. Diese Situation ist sehr schön in dem Gemälde von Thomas Cole «Middle Age» dargestellt. Im Durchschreiten dieser Phase erlebt der Mensch seelische Hilflosigkeit. Diese Erfahrung muß in ihrer Tiefe durchlebt und überwunden werden oder sie taucht immer wieder auf, bis wir uns ihr wirklich stellen. Durchstehen wir sie gut, so spüren wir eine neue Lebenshoffnung. Wir erleben Kraft und Stärke, die verlorenenen Fähigkeiten kehren mit einer neuen Qualität zurück. Das Gedächtnis ist gestärkt und die Persönlichkeit wird intensiver vom Ich kontrolliert.

Steiner beschreibt dieses Phänomen als Geburt der «Bewußtseinsseele». Wir beginnen, das Leben gelassener zu betrachten, wir sind aufnahmebereit für Erkenntnisse, die sich uns enthüllen, statt eifrig und heftig nach Wissenserwerb zu streben. Menschen und Dinge beginnen zu uns zu sprechen. Wir können sie in ihrem wahren Wesen, frei von Egoismus, verstehen. Diese Haltung übt eine starke Wirkung auf Beziehungen aus. Wir sind in der Lage, uns selbst in Gegenwart von anderen so zurückzunehmen, daß das Innere des anderen Menschen sprechen kann. Langsam spüren wir, wer wir sind, welchen Wert und welche Möglichkeiten wir haben. Diese Sicherheit bringt das Geschenk der selbstlosen Liebe. Wir haben selbst alles, was wir brauchen und müssen es nicht von anderen bekommen. Was wir von anderen in einer Beziehung bekommen, ist ein Geschenk, das wir gerne annehmen. Ich betone diese Worte, weil sie ein Wegweiser auf dem Lebensweg sind.

Wir werden immer wieder an diesem Punkt zurückkehren müssen, aber wir wissen wenigstens, daß dort an der Kreuzung ein Wegweiser stand. Den Weg zur Kreuzung müssen wir nur finden und von dort aus dem Wegweiser folgen.

Die Geburt des «Ichs» hängt mit Freiheit zusammen und es ist das «Ich», das die Entwicklung im Leben bestimmt. «Freiheit bedeutet, deine Last selber zu wählen. Du kannst eine Last gegen die andere tauschen, aber eine mußt du tragen. Wenn du keine Last trägst, weißt du nicht, wer du bist.»[32]

Wie ist die 35jährige? Hier stehen wir vor einem Zwiespalt. Oft bittet eine 35jährige Frau immer noch um Taschengeld. Sie verbringt langweilige Tage, an denen sie sich die Zeit vertreibt. Sie weiß nicht mehr, woran sie glauben soll. Sie weiß nicht, ob sie ihre Kinder liebt, weil sie nicht weiß, ob sie sich selber mag.

Gleichzeitig möchte sie an der Welt teilhaben. «Laßt mich hinein. Ich möchte gescheit und wichtig sein. Meine Zeit und Talente sollen geschätzt werden. Kann ich dort weitermachen, wo ich aufhörte, zu lernen? Finden die Männer mich noch ansprechend? Ich wünschte, jemand würde mich ernst nehmen. Ich wünschte, jemand könnte mir helfen, meine Angst zu überwinden.»

Wie steht es mit dem 35jährigen Mann? Die Zeit wird knapp. Er spürt, wenn er nicht bald erfolgreich ist, wird er ein Versager. Er verliert das Vertrauen in seine Ideale, denn er muß Kompromisse machen, um vorwärts zu kommen. Nicht einmal auf seine Sexualität kann er sich noch verlassen. Innerlich fühlt er sich zärtlich, einsam und abhängig, äußerlich eitel, gierig, eifersüchtig und ehrgeizig. Er möchte nocht immer für den starken Mann gehalten werden. Er spürt eine Panik, deren Intensität mit der Angst der Frau vergleichbar ist. Ist es ein Wunder, daß Ehen in dieser Zeit durch ein Chaos gehen?

Die einzige Lösungsmöglichkeit in beiden Fällen ist die Selbstbeobachtung. Wir müssen in uns von fantastischen Projektionen in unseren Partnern trennen. Haben wir unsere Projektionen durch die frühen dreißiger Jahre hindurch aufrecht erhalten, wird es Zeit, uns von ihnen zu trennen und Abstand zu gewinnen. Ein Überlebenstrieb stößt uns oft hinaus in die dunkle Welt, die wir fürchten. Wir müssen in uns selber eine wahre Einheit finden.

In der zweiten Lebenshälfte besitzen wir nur, was wir in der ersten Lebenshälfte entwickelt haben. Jetzt können wir darüber bewußt verfügen, während wir zuvor zu sehr von unseren Gefühlen unterdrückt wurden, um der Ich-Individualität zu gestatten, sie zu durchdringen. Durch unser ganzes Leben hindurch erhalten wir Einblicke in unser Schicksal. Manchmal versuchen wir, diese flüchtigen Einblicke zu bekämpfen, dann wiederum begrüßen wir sie, weil sie unsere eigenen Intuitionen bestätigen. Wenn wir diese Einblicke begreifen, kann sich das Bild von unserem Leben erweitern. Nun wird es uns möglich, die Beziehung zu Freunden oder dem Ehepartner zu akzeptieren, auch wenn sie manchmal unbequem ist. Wir entwickeln ein besseres Verständnis für unsere

Familie, werden verläßlicher gegenüber unseren Freunden und liebevoller zu unserem Partner.

Sind wir uns dessen einmal bewußt, ändert sich die Gesamtperspektive der Beziehung: Du weißt, daß du bleiben wirst – durch Himmel und Hölle hindurch. Wir müssen an der Beziehung arbeiten, aber es gibt eine Schicksalsverbindung und bestimmte Wesenszüge, die verarbeitet werden müssen. Oft entsteht eine neue Form der Geduld; Kleinigkeiten werden wichtig, besinnliche Momente, die nicht aus der Pflicht, sondern aus dem freien Willen heraus entstehen. Hephzibah Menuhin Hauser beschreibt «den enormen Unterschied zwischen der Disziplin von außen und dem reinen intuitiven Willen, der aus der eigenen Entscheidung wächst. Ich lernte, daß wirkliche Verantwortung sich auf Bereiche bezieht, die wir selbst gewählt haben. Du kannst dein ganzes Leben lang die schwierigsten Dinge tun, und sie sind der Mühe wert, nur allein aus dem Grund, weil du sie frei gewählt hast. Du kommst zum falschen Schluß, wenn du glaubst, alles sei in Ordnung, nachdem du dich dessen, was dir unangenehm ist und was du nicht magst entledigt hast. Natürlich müssen wir Unangenehmes loswerden, aber gleichzeitig sollten wir wissen, wofür wir unsere Freiheit gebrauchen wollen.»[33]

Menschen, die in dieser Weise arbeiten, kultivieren die Fähigkeit, Gelegenheiten, in denen sie helfen können, wahrzunehmen und im richtigen Moment handeln zu können. Das Gefühl für den richtigen Augenblick und die Aufnahmebereitschaft werden sensibilisiert. Das Leben wird zum Abenteuer, weil es sich nicht mehr um die eigenen Wünsche und Bedürfnisse zentriert. Die Frage ist, ob wir diese neue Kraft für uns selbst oder für die Welt nutzen wollen.

An dieser Kreuzung erleben wir den Verlust der Jugend. Wir schauen in den Spiegel und sind über die Veränderungen erstaunt. Wenn wir plötzlich Haare auf dem Kinn entdecken oder eine Lokkerung der Nackenhaut, sind wir überrascht, weil wir dachten, das könnte uns nicht passieren. Als unsere Eltern 40 waren, sahen sie so alt aus. Aber hier sind wir nun selbst und erinnern uns, daß wir dachten, jeder über dreißig sei auf dem absteigenden Ast. Nun kommt die Zeit des zweischneidigen Schwertes – Gefahr und Chance. Wir alle erhalten die Chance, die begrenzte Identität, die unsere erste Lebenshälfte bestimmte zu erweitern und so eine innere Läuterung zu erzielen. Um diese Phase durchzustehen, müssen wir unseren Lebenssinn überprüfen und neu über den Umgang mit unserer Kraft und unseren Talenten entscheiden. Egal was wir bis jetzt getan haben, es gibt Seiten in uns, die unterdrückt worden sind und die jetzt ihren Ausdruck finden müssen. Schlechte Gefühle erfordern ebenso Beachtung wie die guten. Auf diesem Weg stellen wir fest, daß wir alleine sind. Wir müssen nicht mehr um Erlaubnis fragen, denn wir sind für unsere eigene Sicherheit verantwortlich. Nun sollten wir lernen, uns selbst etwas zu erlauben. Das ist besonders für Frauen schwierig. Wir stolpern über unsere weiblichen und männlichen Seiten, die bis jetzt verdeckt waren. Wir fürchten, sie offen unserem Partner gegenüber zu zeigen.

Ein weiteres Charakteristikum dieser Phase ist die tiefe Sorge, die sich in Todesträumen äußert, die Empfindung, daß das alte «Ich» verschwindet. Wir träumen zum Beispiel vom Tod unseres Partners und erleben dabei tiefe Schuldgefühle. In Wirklichkeit stirbt jedoch ein Teil von uns selbst. Indem wir unsere unterdrückten und sogar unerwünschten Seiten als Teil von uns miteinbeziehen, bereiten wir uns von elementaren unbewußten Bereichen her auf die Reintegration einer Identität vor, die allein die unsrige ist. Unsere Persönlichkeit wird nun wirklich unser eigen. Wir sind keine Flickenteppiche unserer Kultur, die nur dazu dienen, die Menschen um uns herum zu erfreuen. Wir können wirklich interessante Menschen werden. Aber dieser Prozeß braucht Zeit.

Ein Paar bekommt ernsthafte Probleme, wenn entweder einer von ihnen oder beide in ihrem Leben keine neuen geistigen Inhalte entdecken können. Sehen sie jedoch einen neuen Sinn in ihrer Beziehung und werden sie sich ihres Ringens bewußt, so können sie neue Lebensziele anstreben. Vor der Wirklichkeit des mittleren

Alters gibt es kein Entrinnen, auch nicht mit Hilfe von Drogen, Alkohol oder Liebesabenteuern, mit denen manche Menschen versuchen, den Schmerz zu betäuben. Niemand kann seine Jugend zurückgewinnen, nur eine neue innere Haltung kann weiterhelfen. Wenn diese neue Haltung menschliche Beziehungen unter dem Aspekt eines geistigen Verständnisses betrachtet, entsteht eine bedeutende Aufgabe. Gelingt es uns, unseren Partner als geistige Einheit zu betrachten, machen wir eine erstaunliche Erfahrung. Sie entsteht aus einem religiösen Bild oder einer ideellen Überzeugung von einem tiefverwurzelten Vertrauen in das Ich des anderen Menschen.

Ein weiteres Charakteristikum dieser Phase ist die Auseinandersetzung mit negativen Erfahrungen. Obwohl wir bereits in der vorherigen seelischen Phase die Fehler unseres Partners deutlich wahrnahmen, vertieft sich diese Erfahrung jetzt. Fast erscheint eine Karrikatur vor uns, die positiven Eigenschaften sind entstellt und die negativen ragen heraus. Wir lernen den «Doppelgänger» unseres Partners kennen. Er täuscht uns, und auch wir bemerken, daß wir unbewußt Dinge tun oder sagen, die wir später bereuen oder von denen wir uns kaum vorstellen können, sie wirklich getan zu haben.

Unser eigener Doppelgänger führt uns immer wieder in diese teuflischen und selbstzerstörerischen Situationen, obwohl wir die Auswirkungen dieser Konfrontationen kennen. Wir lernen sogar den Doppelgänger des Partners besser kennen, als den eigenen. Eine bedeutende Veränderung stellt sich ein, wenn wir lernen, unser Verhalten gegenüber anderen Menschen zu beobachten und feststellen, wie unsere eigenen guten Absichten immer wieder mißverstanden werden. Wir gehen nicht richtig auf die anderen Menschen zu und fühlen uns dann abgewiesen. Warum sehen die anderen uns nicht so, wie wir wirklich sind? Warum können sie nicht begreifen, was wir meinen? Wenn wir darüber nachdenken, sehen wir unseren eigenen Doppelgänger und konzentrieren uns nicht mehr auf den unseres Partners, den wir so gut kennen. Der Augenblick, in dem wir uns dessen bewußt werden, ist der

Wendepunkt in unserer individuellen und partnerschaftlichen Entwicklung. Wenn wir diese Phase gut überstehen, werden Vertrauen und Fürsorglichkeit als große heilende Kräfte frei. Wir werden auf die Persönlichkeit des Anderen aufmerksam und lernen, sie zu erkennen und zu lieben.

Häufig spüren Frauen diese innere Weggabelung eher als Männer. Beide Partner möchten sie vermeiden, wann immer sie auch vor ihr stehen. Unbewußt spüren sie die Notwendigkeit einer inneren Verwandlung. Manche Männer reagieren auf diese Veränderung, indem sie sich ganz in die Arbeit oder andere dauerhafte Aktivitäten stürzen. Sie bemerken, daß sie zu sehr bemüht waren, zu gefallen und, daß sie sich bei Kritik zu verletzlich zeigten. Nun möchten sie alles auf ihrem eigenen Schiff in Sicherheit bringen. Sie fühlen sich ruhelos, fade, überbelastet und ungeliebt. Sie distanzieren sich von langanhaltenden Verbindungen, die Ehe eingeschlossen. Vielleicht entscheiden sie sich für eine zweite Karriere oder entwickeln selbstzerstörerische Tendenzen. Zur selben Zeit erwachen liebevolle Gefühle und manchmal auch Interesse an den ethischen Fragen des Lebens.

Eine Frau fragt sich oft an diesem Punkt: «Ich habe es genossen, Mutter und Hausfrau zu sein. Aber ich fühlte mich niemals richtig geliebt. Warum schätzt mich niemand?» Da liegt ihr Problem. Die sich behauptende Frau, die sich selbst gefunden hat, sagt: «Allzulange dauerte es, und allzugroßen psychischen Einsatz kostete es, um dorthin zu gelangen, wo ich jetzt seelisch und beruflich stehe, als daß ich es dies alles von irgend jemandem mir wegnehmen lasse. Dafür ist das Leben zu kurz. So werde ich eine Weile alleine bleiben. Es gibt Schlimmeres, als alleine zu sein.» Aus dieser Haltung heraus fühlt sie eine neue Lebensperspektive und ein neues Selbstbewußtsein entstehen, die sich sehr von der früheren Abhängigkeit unterscheiden.

Emporsteigen aus dem Abgrund: Die Vierziger

Die Zeit der Bewußtseinsseele erstreckt sich vom 35. Lebensjahr bis Mitte 40, eine Zeit, in der das Gleichgewicht wiedergefunden wird. Wenn nicht, kann um die 50 eine größere Krise entstehen, verbunden mit einem Erschrecken. Unabhängig davon, wann das Paar mit dieser Krise konfrontiert wird, kann sie zu einer neuen Einstellung zum Leben führen. Ein neuer Lebenssinn wird erfahrbar: «Ich kann nicht von den anderen erwarten, daß sie mich verstehen. Ich muß erst einmal lernen, mich selbst zu verstehen.» Mit dieser Haltung können wir dem Partner eher verzeihen. Eine neue Wärme und Entspannung wird spürbar. Dadurch, daß der Mann das Weibliche in sich stärker erfährt, lernt er, seine Frau mehr zu schätzen. Die Frau muß diese neue Eigenschaft ihres Mannes begreifen und unterstützen. Obwohl diese Feinfühligkeit Weisheit enthält, kann sie entwaffnend sein, besonders für einen Mann, der vorher hart und offensiv war. In dieser Zeit kann sich eine die Liebe vertiefende Treue entwickeln, die über den Tod hinausreicht und bestehen bleibt, egal, was geschieht. Eine Liebe, die in den Dreißigern geboren wurde ist oft bei langer und liebevoller Pflege in den Fünfzigern reif, als schenkende Liebe.

Freunde werden in Beziehungen sehr wichtig, ebenso wie die Möglichkeit, sich zurückzuziehen. Das Paar weiß, daß die Zeit des Sich-Gegenseitig-Beeindruckens vorüber ist, es möchte offen und direkt miteinander umgehen.

In dieser Zeit entdecken wir diejenigen emotionalen Anteile von uns, die nicht in das vorherige Bild passen und die wir versuchten zu verstecken. Das Erwachen des Mannes zu einer Sanftheit, die er vorher nur in einer Frau lieben konnte, ist eine eindrucksvolle Erfahrung. Er ist oft selber davon fasziniert und beginnt, sie vorsichtig, wie eine junge Frau um die zwanzig, zu erkunden. Er interessiert sich für Haus, Garten und Küche, für Kunst und Musik. Nun möchte er nach seinen Gefühlen leben. Ihm eröffnet sich die wunderbare Möglichkeit des Dialogs mit seiner Frau, besonders, wenn er sich der Geschehnisse bewußt ist. Ihre Beziehung vertieft sich, weil sie das erste Mal eine wirklich gemeinsame emotionale Erfahrung machen. Eine Gefahr in dieser Phase liegt darin, daß die Frau, die nun mit ihrer eigenen männlichen Seite beschäftigt ist, das Weibliche in ihm als zu weich abtut. Er ist wie eine zarte Blume, die sich öffnet und sich selber darüber wundert. Ein Mann, der in den Dreißigern künstlerische Fähigkeiten entwickelt, erlebt nicht einen solchen Kontrast in dieser Phase. Die Männer zwischen 40 und 50 tragen in sich eine liebevolle Verletzlichkeit und ringen darum, Sanftheit und Fürsorge ausdrücken zu können. Diese Verletzlichkeit läßt einige Männer sehr ansprechend wirken. Für eine junge Frau, die eine Beziehung zu einem Mann in diesem Alter beginnt, besteht die Möglichkeit einer tiefen Bindung, die über viele Jahre hin blühen kann, bis die junge Frau selbst in die Dreißiger kommt und Selbstsicherheit entwickelt. Er wird sie abgöttisch lieben und sie wird die Liebe lieben, die sie umgibt. Diese Liebe entstammt seinem innersten Kern und ist nicht egoistisch, im Gegensatz zu ihrer Liebe, die auf ihren Vorteil bedacht ist und sich manchmal über den älteren Mann lustig macht. In Ingmar Bergmanns *Szenen einer Ehe* werden diese Eigenschaften von Johan verkörpert.

Im Falle einer Frau, die Opfer der vorherigen Stärke ihres Mannes war, wird diese Veränderung problematisch. Der Mann hatte ihre Qualitäten nicht geschätzt, sich aggressiv verhalten und seine Erfahrungen nicht mit ihr geteilt. Sie hat sich aufgrund seiner fehlenden Aufmerksamkeit verärgert zurückgezogen. Nun erwacht er zu einem neuen Selbst und möchte es ausdrücken. Er sehnt sich nach Gemeinsamkeit und Zärtlichkeit, die er in seiner Partnerin nicht mehr findet. Nun wird er fordernd und fühlt sich verletzt.

Sie hat eine tiefe Feindschaft aufgebaut. Für sie ist es einfach zu sagen: «Als ich diese Eigenschaften schätzte, hast du mich geschnitten, du warst nicht da. Nun möchtest du diese Erfahrung machen, ich aber bin verbittert und hart. Der Fehler liegt bei dir. Wenn du damals gewußt hättest was du jetzt weißt, wären wir glücklich geworden. Jetzt ist es zu spät.» Das ist keine ungewöhnliche Situation. Für die Frau ist die Versuchung groß, sich in dem Vorwurf «Ich habe dir ja gesagt...» zu verlieren. Aber gerade jetzt muß sie tief in sich selbst hineinblicken um ihren eigenen Einstellungen gegenüberzutreten. Meist empfindet sie eine neue Sicherheit und das Gefühl, daß ihr Mann sie braucht, stärkt sie. Sie muß jedoch vermeiden, stumpf und gedankenlos zu werden und damit eine wunderbare Zeit der Gemeinsamkeit zu verpassen.

In dieser Phase kann das Paar die Ehe als ein Kunstwerk sehen, und zwar als das anspruchsvollste und komplizierteste, das ein Mensch je schaffen kann. Sie entdecken, daß diese Ehe-Gestalt niemals vollendet ist. Jetzt können sie sehen, wie die Ehe von ihrem eigenen Tun gestaltet wird. Sie müssen dafür Verantwortung übernehmen, als Liebestat. Das ist der kritischste Wendepunkt in der Ehe, der nicht genug betont werden kann. Wenn er nicht bewußt ergriffen wird, kann die Ehe gut gewesen sein oder aber ihr natürliches Ende finden. Die Partner sehen nicht, daß alles, was von jetzt an geschieht, von ihrer eigenen Energie und ihren Entschlüssen abhängt. Einige Paare versuchen, die Situation durch Gebete zu verändern. Andere flüchten sich in den Versuch, den Anderen zu wecken und wirken nörgelnd und bohrend. Wenn wir warten, bis der andere sich ändert, entsteht nichts als Bitterkeit. Wir müssen den ersten Schritt tun und uns selber ändern, nicht als Selbstzweck, sondern weil wir erst dann die Wichtigkeit einer Veränderung begreifen. Wir können keine Veränderung durchführen, mit der Erwartung, das Alte wiederzuerkennen. Solange wir uns selbst als Opfer der Ehe sehen, tritt keine Veränderung ein. Wenn wir lernen, alles, was wir zur rechten Zeit von unserem Partner empfangen, Taten oder materielle Dinge, als selbstlose Geschenke zu betrachten, können wir eine lebendige Ehe führen. Wir beginnen, den Schmerz als den Erzieher für neue Fähigkeiten zu schätzen. In dieser Zeit zeigen sich die Unterschiede in den Ehen offen. Eine reife Ehe ist wie das Gesicht eines alten Menschen. Alles ist außen sichtbar, die Narben, die Freuden, die seelische Sanftmut. Diejenigen, die den Anforderungen in einer liebevollen Weise entsprechen konnten, erleben eine höhere Ebene des Verständnisses, eine größere Befriedigung. Bei anderen gab es viele Kompromisse und Anpassungen, die weniger zufriedenstellten. Der Desillusionierung zum Trotz wurde die Ehe weitergeführt. Vielleicht ist das am häufigsten der Fall. Bei anderen kündigten frühere Belastungsphasen den Beginn einer Reihe von Krisen an, die in fortschreitende Verschlechterungen mündeten und schließlich zur Scheidung führten.

Viele Paare überleben eine Reihe von Krisen, bevor sie sich scheiden lassen. Starrheit und Beweglichkeit spielen dabei eine Rolle. Wenn ein Paar nicht besonders beweglich ist, wird die Scheidung als schnelle Lösung gesehen, während ein flexibleres, anpassungsfähiges Paar eher eine Chance für die Lösung des Konfliktes wahrnimmt.

Die vertiefende Erfahrung: Anfang der Fünfziger

Wenn das Paar in das achte Lebensjahrsiebt kommt, ist das mittlere Alter eine Lebenstatsache. Die Menschen haben sich neu eingerichtet und entspannt. Werte werden aus einer anderen Perspektive betrachtet. Der starke Ehrgeiz hat sich abgeschwächt. In dieser Phase entsteht eine große Freiheit, die Freiheit, sich selbst zu läutern, unabhängig in einer Beziehung zu sein und aus den eigenen Werten heraus zu leben, nicht aus den Erwartungen der Gesellschaft. Was müssen wir durchmachen, um diese Phase zu erreichen?

Ziele und äußerer Erfolg im Verhältnis zum eigenen Wohlergehen wurden kritisch geprüft. Diese Neueinschätzung ist besonders für Männer mittleren Alters charakteristisch. Der Berufswechsel ist eine häufige Folge dieser Überlegungen, meist verbunden mit einer Veränderung des gesamten Lebensstils. Ein erfolgreicher Mensch entdeckt, daß Erfolg nicht das Glück im Leben gebracht hat und fragt sich, was im Leben wirklich Wert hat. Das ist wiederum eine eigene Krise. Gelang es einem Menschen hingegen nicht, die Träume seiner Jugend zu verwirklichen, beginnt auch für ihn eine Krise. Ihn beschäftigt die Frage, ob das Leben überhaupt lebenswert sei. Einige Menschen brechen in dieser Zeit Beziehungen ab, weil sie sich entscheiden, in vollen Zügen zu leben, um wenigstens noch etwas Genuß daran zu haben.

Die Welt wird grau. Der erfolgreiche Mensch bemerkt, daß er für seinen Erfolg einen hohen Preis bezahlt hat. Seine Kollegen und seine Familie schätzen ihn vielleicht gar nicht richtig. Er muß sich seinem Verhalten in der Vergangenheit stellen, in der er alles im Namen des Erfolgs rechtfertigte. Vielleicht möchte er die Beziehung zu seinen Kindern wiederaufbauen, den früheren Mangel an Nähe ausgleichen und trifft dabei nicht auf sofortige Unterstützung. Ist der Erfolg plötzlich kein Ziel mehr, entsteht eine große Leere. Im Laufe der Entwicklung entdeckt der Mensch neue Gefühlskräfte, die diese Leere füllen. Zunächst scheinen sie ihm unbekannt und fremd, doch dann spürt er ihre Fülle und erlebt die Freude, für andere Menschen zu sorgen.

Die Bedeutung eines solchen Rollenwechsels kann nicht genug betont werden. Für die Frau ergibt er sich oft auf natürlichem Wege, besonders wenn ihre erste Karriere als Hausfrau beendet wird, weil die Kinder das Haus verlassen. Nachdem sie diese Krise überstanden hat, versucht sie, etwas mit ihrem Leben zu tun. Vielleicht beginnt sie eine zweite Karriere, indem sie zur Schule zurückkehrt, eine Arbeit findet, sich selbständig macht oder freiwillige Gemeindearbeit übernimmt. In den meisten Fällen überwindet sie damit die Befürchtung, von der Gesellschaft nicht akzeptiert zu werden. Trotzdem erleben viele Frauen eine große Belastung, weil sie nach 20 Jahren zu Hause nichts Besonderes vorzuweisen haben. Ihre Kenntnisse sind überholt, die meisten Firmen haben kein Interesse an Frauen um die 50, besonders wenn sie mit Falten, Übergewicht und Gesundheitsproblemen zu kämpfen haben. Wir müssen diesen gesellschaftlichen Aspekt neu einschätzen. Diese Frauen können natürlich nicht mit den Aufsteigern um die Zwanzig konkurrieren, aber sie bringen eine heilsame Stabilität in die Geschäftswelt.

Einem Mann oder einer Frau, die über zwanzig Jahre lang eine Karriere verfolgt haben, mag sie jetzt fad erscheinen. Eine Fülle neuer Ideen führen oft zu tieferen Interessen als Geld und Erfolg, z. B. ein heimliches Hobby, künstlerische Arbeit, Betätigungen außerhalb des Hauses, ein helfender Beruf. Manchmal wird eine Weiterbildung notwendig zu einer Zeit, in der der Mann ein Nachlassen seiner intellektuellen Fähigkeiten spürt. Er hat sich bereits in der Welt bewiesen, und nun muß er es wieder tun, und zwar in einem Bereich, in dem er noch unsicher ist. Er braucht viel Unterstützung, besonders wenn das Risiko mit einem beträchtlichen finanziellen Verlust verbunden ist. Das ist für viele Familien heute eine schwierige Situation. Der Mann, der für einen bestimmten Lebensstandard gesorgt hat, entscheidet sich plötzlich, seinen Beruf zu wechseln. Die Familie macht mit und muß sich nun sehr anpassen. Vielleicht muß das Haus verkauft werden, der Urlaub fällt weg, die Ersparnisse werden für den Lebensunterhalt gebraucht, so daß andere Möglichkeiten begrenzt werden. Wenn die Kinder noch zu Hause leben, sind sie meist am stärksten betroffen. Die Veränderung ihres Vaters verwirrt sie. Zu einer Zeit, in der sie (verständlicherweise) besonders mit ihrem eigenen Leben beschäftigt sind, wird von ihnen gefordert, Verständnis und Unterstützung zu zeigen. Eine starke Frau kann in einer solchen Zeit ihre Familie zusammenhalten, indem sie die Veränderungen ihres Mannes fördert und für die Kinder neue Werte einführt, die vielleicht deren Leben positiv beeinflussen.

Auch das umgekehrte Phänomen ist heutzutage denkbar. Die Frau entscheidet sich, einen neuen Weg zu gehen. Die Familie, besonders der Mann, muß die notwendigen Veränderungen mittragen. Einige Männer müssen jetzt ihren Beruf oder Arbeitsplatz wechseln, um ihre Ehe aufrecht zu erhalten. Die Situation zu Hause verändert sich. Jeder hat mehr Arbeit, weil die Ehefrau und Mutter ihr Leben geändert hat. Eine Frau oder ein Mann hingegen, die den Zusammenbruch einer Familie erlebt haben, lösen sich voller Schrecken von den Tagein-Tagaus-Erfahrungen des Lebens und schauen sich nach ganz neuen Möglichkeiten um.

Es kann geschehen, daß zum Zeitpunkt des Berufswechsels des Mannes auch die Frau ein neues Leben vorbereitet. Diese Dynamik wirkt sich sehr stark auf die Ehe aus. Die Partner können zu einem guten Team werden, das sich in ein neues Gebiet wagt, sie können ihre Ängste teilen und sich gegenseitig unterstützen. Er kann stolz auf ihr Engagement sein, während er seine eigenen Unsicherheiten durchlebt. «Beide Partner verlieren sich im gemeinsamen Meer des Universums, das absorbiert und dennoch befreit, das trennt und dennoch verbindet. Entspricht das nicht dem, was die reifere Beziehung, die Begegnung der beiden Einsamkeiten, sein sollte?»[34]

Das Geschenk der Lebensreife: Um die sechzig und darüber hinaus

Betrachten wir die Ehe in den späteren Jahren, Ende 50 und danach, beginnt eine weitere Eigenschaft herauszuragen: die Hingabe. Tiefe und Reichtum der Hingabe sind eine Metamorphose der früheren Liebe, die bis ins Alter hineinleuchtet. In der Liebe zum Partner besteht in dieser Zeit eine Tiefe, die wir vorher kaum erfahren konnten, weil wir uns zu sehr nach außen orientieren. Achtung und Toleranz sind weitere Eigenschaften, die diese Phase charakterisieren.

Ältere Menschen schauen zurück und gleichzeitig nach vorne. Der Schritt wird langsamer, es bleibt mehr Zeit zum Nachdenken. Sind sie vital und lebendig, interessiert und offen, wachsen sie weiter und regen die Menschen um sich herum an. Konnten sie jedoch frühere Krisen nicht lösen, so sind sie in sich selbst eingesperrt und wiederholen immer wieder bestimmte Verhaltensmuster. Zynismus und Bitterkeit über unerfüllte Hoffnungen und Träume stellen sich ein. Im Ruhestand steht das Paar einer unendlichen Zeit gegenüber, die es miteinander verbringen muß. Ist es wirklich darauf vorbereitet?

Ich kannte alte Leute, die zu den aufregendsten Menschen gehörten, die mir je begegnet sind. Sie leben noch immer mit Interesse und Begeisterung. Viele von ihnen sind um die 70 und im kreativen Bereich tätig. Sie schreiben, halten Vorträge oder unterrichten. Sie schöpfen aus einem reichen Schatz lebenslanger Erfahrungen, Einsichten und Intuitionen. Gemessen an erfolgsorientierten Zielen, gewinnen sie wenig mit ihrer Arbeit. Aber sie geben weiterhin.

In dieser Zeit ist Kameradschaft das stärkste Element in der Ehe. Beziehungen zu alten Freunden, mit denen wir eine Fülle von Gemeinsamkeiten haben, sind eine weitere Kraftquelle im Alter. Freundschaften, unabhängig vom Geschlecht und der ehelichen Situation, sind der Schlüssel zum Alter. Eines Abends saßen wir gemeinsam in einem Café in San Francisco. Hinter uns saßen drei Männer, Ende 60. Ihr Gespräch war faszinierend. Ich konnte bestimmte wohlgeformte Strukturen vernehmen, Sätze, die sich wiederholten. Aber die Männer verstanden sich so gut und stützten einander in einer Weise, die mich tief bewegte. Ihr lebhaftes Gespräch bot einen deutlichen Kontrast zu der Mühe, mit der sie ihre Jacken und Mäntel anzogen, ihre Schals umbanden und die Hüte aufsetzten. Die Geister waren jung und vital, die Körper steif und verbraucht. Die Intensität ihrer Freundschaft war ihnen ein festes Band.

Vor kurzem las ich die gemeinsame Autobiographie von Will und Ariel Durant. Ich war beeindruckt von ihren Gedanken zu ihrer langen und sich sehr gut entwickelnden Beziehung. Hier einige Zitate. Will schrieb nach 40 Jahren Ehe: «Die Atmosphäre hier ermöglicht eine ruhige Tätigkeit, aber deine Abwesenheit läßt mich hier sitzen und minutenlang grübeln; von deinen geschwätzigen Telefonaten werde ich weniger abgelenkt... Komm so schnell du kannst nach Hause.»

Nach 52 Ehejahren: «Ich las in Wills Notizbuch, daß er in Chicago das Thema ‹Die Evolution der Liebe› wählte. Ich kenne diesen Vortrag. Er führt die Entwicklung der Geschlechter zurück in die Tier- und Pflanzenwelt. Er behandelt in historischer Ausschmückung die physischen Beziehungen mit der seelischen Folge des weiblichen Rückzuges und der femininen Bescheidenheit, die männliche Idealisierung des ersehnten und unerreichbaren Wesens, die ästhetischen Gefühle, das romantische Sentiment und schließlich die gegenseitige Sorge und Hingabe, die sich nicht aus erotischen Wünschen, sondern aus einer langen und treuen Kameradschaft entwickeln.»

An ihrem 57. Hochzeitstag schrieb Will: «Heute, am 31. Oktober 1970 ist der 57. Hochzeitstag. Am 5. November werde ich 85 Jahre alt, noch nicht alt genug, um weise zu sein, aber bereit, dieses Buch und mein Leben zu beschließen. Ich spreche nur für mich. Ariel ist noch voller Energie und sprühendem Geist... Mein größter Segen besteht jetzt in ihrer ständigen Gegenwart. Das Geräusch ihrer klappernden Schuhe, die sich rasch im Hause bewegen, ist eine angenehme, dauerhafte Beruhigung. Wenn sie sich zu mir setzt, um zu arbeiten oder mit mir zu sprechen, ist sie ein sprudelnder Quell von Inspirationen und Einsichten... Alles in allem hatte ich ein zufriedenes Leben. Ich bin dafür dankbar und würde es gerne noch einmal erleben.»[35]

Nena O'Neil verglich heutige Ehen zwischen Menschen im jungen und im mittleren Alter mit denen aus der Zeit ihrer Eltern. Sie war überrascht von den traditionellen Werten dieser Ehen, die sich sehr von den heutigen unterscheiden. Sie beschrieb eine Situation, in der die Gesundheit ihrer Mutter ihren Vater von einer lange geplanten Reise abhielt. «Aber sie sagt es ohne Überzeugung. Sie sagt nicht, daß es ihr leid tut, ihn zurückzuhalten. Sie erwartet seine Hingabe und er gibt sie, nicht aus Schuld- oder Pflichtgefühlen, sondern aus Liebe. Sie sorgte für ihn und widmete sich ganz der Familie, durch all ihre mühsamen Jahre hindurch, sie schrubbte, kochte und bügelte wie es sich gehörte, und nun war es an ihm, für sie zu sorgen. Sie haben während der ganzen Ehe füreinander gesorgt, das hat sich auch jetzt nicht geändert. Dieses Verhalten entspricht einfach ihrem Verständnis von Ehe. Die Dinge, die man füreinander tut, die Liebe, die man sich schenkt, sind keine Konten, die jeden Tag ausgeglichen werden müssen; Fürsorge, Liebe und Pflichten gleichen sich in den vielen langen Lebensjahren von selbst aus.»[36]

Ist es unser heutiges Problem, daß wir ein Menschenleben nicht überschauen können? Wir möchten die Belohnung sofort bekommen.

Hier wird das Problem der Dauerhaftigkeit angesprochen, das wie ein schwer zu bearbeitender Klotz unsere Beziehungen belastet. Wir neigen dazu, die Zeit ins Physische zu übertragen, wir wollen, daß alles Gute ewig dauert, wir möchten die Momente einfangen und besitzen. Uns stört, daß romantische Liebe in den späteren Jahren nicht weiterbesteht. Voller Schmerz bemerken wir, daß wir einen Menschen nicht in jedem Augenblick in derselben Weise lieben können und Beziehungen durch Geburt, Tod und Wiedergeburt gehen.

Wir widerstehen der Veränderung. Alles soll in derselben vorhersagbaren Weise weitergehen. Wir bekämpfen die Freiheit in ihrem tiefsten Sinne: der Verwandlung und Entwicklung. Wir versuchen, den glücklichen Augenblick zu halten, aber er schlüpft uns aus den Fingern und verändert sich wie ein Irrlicht. In unserem Sehnen nach Sicherheit müssen wir feststellen, daß es sie nicht gibt. Wir müssen den Wert des Augenblicks schätzen und uns auf die Zukunft vorbereiten. Aber wir können die Zukunft nicht festlegen. Das Leben ist viel zu fließend und abwechslungsreich, um in irgendeine Form zu passen.

Nun haben wir verschiedene Phasen von Beziehungen und Phasen des individuellen Lebens durchschritten. Mit dem Träumer haben auch wir geträumt, voller Sentimentalität und Optimismus. Der Schrecken des Erwachens öffnete uns sanft die Augen und füllte uns mit Urteilen und Zweifeln. Nach kurzer Vorwarnung führte der Weg nach unten, in das Tal der Schatten des Todes, wir stürzten in die Hölle, einige von uns mit dem Kopf zuerst, andere glitten am Rande herunter und wehrten sich den ganzen Weg über. Einmal auf dem Boden angekommen, leuchtet uns ein kleines Licht in der Ferne auf. Einige von uns sehen es, versuchen, es im Blick zu behalten und den Weg nach oben zu finden. Andere bleiben eine lange Zeit in der Hölle. Sind wir erst einmal der Hölle entronnen, hat das Leben sich verändert, es ist tiefer, reicher und wertvoller geworden. Wir sehen den Grund der Unzufriedenheit in uns selbst und, was noch wichtiger ist, unternehmen die ersten Versuche zur Veränderung. Nun beginnen wir eine Wanderung zum Wesenskern des Lebens, zum anderen und zu uns selbst. Wir lernen, uns selbst zu schenken und den anderen als Geschenk anzunehmen. Außerdem lernen wir fragen: «Wie kann ich Dir hilfreich sein?» Mit anderen Worten: wir bieten uns selbst an, in geistiger Kommunion mit dem Leben. Ist das nicht eine wahre Ehe des Geistes? Wir erneuern unser Eheversprechen und unsere Treue gegenüber dem Wesen des Anderen; wir verwirklichen und genießen es, wir akzeptieren die Narben und Lachfalten, weil wir sie mitgeschaffen haben. Unsere Beziehung wird zum freien Geschenk, zur reifenden Frucht und zur Ernte unseres Lebens.

Das Vertrauen zum Anderen ist das Vertrauen zu uns selbst, die Anerkennung der Metamorphose im menschlichen Leben, in der Natur, im Universum. Jede Stufe in der Metamorphose ist die Knospe eines neuen Anfangs, eine Stufe zur Veränderung. Das Sein entsteht auf einer neuen Ebene, Liebe und Entwicklung werden zu einem, das Eine ist die Zweiheit, die Vielfalt. Sich gegenseitig in der Liebe einer Freundschaft und in der Liebe einer Beziehung zu erleben, ist einer der Gründe, weshalb wir geboren werden.

Literaturangaben und Anmerkungen

1. Franklin L. Baumer, *Modern European Thought, Continuity and Change in Ideas 1600–1950*, New York: Macmillan Publishing 1977, S. 20.
2. André Lourde, *Interview with the Muse*, Detroit: Broadside Press 1977, S. 79.
3. Rudolf Steiner, *Esoterische Betrachtungen karmischer Zusammenhänge*, 81 Vorträge gehalten in verschiedenen Städten 1924 in sechs Bänden (Gesamtausgabe Bibliographie-Nr. 235–240 = GA 235-240), Dornach: Rudolf Steiner Verlag.
4. Rollo May, *Man's Search for Himself*, New York: The New American Library Inc. 1967, S. 206.
5. Rudolf Steiner, *Die geistigen Wesenheiten in den Himmelskörpern und Naturreichen*, Elf Vorträge gehalten in Helsingfors vom 3. bis 14. April 1912 (GA 136) Dornach: Rudolf Steiner Verlag 1984, Vortrag vom 5. 4. 1912, S. 59, 60.
6. Bernard Lievegoed, *Dem 21. Jahrhundert entgegen*, 3. Vortrag: Das Gute tun, Frankfurt: Info 3 – Verlag [4]1986.

7. Bemerkung zu den Erzengeln: Neun himmlische Hierarchien haben eine besondere Aufgabe in der Evolution des Kosmos, der Erde und der Menschheit. Die Engel stehen dem Geistigen des Menschen am nächsten, sie sind die Schutzengel einzelner Menschen. Die nächste Hierarchie ist die der Erzengel, die tief mit der Führung eines Volkes, einer Sprache oder einer Nation verbunden sind. Rudolf Steiner nennt sieben Erzengel, die große Entwicklungen der Zivilisation in aufeinanderfolgenden Phasen von ungefähr 320 Jahren leiteten. Jeder Erzengel hat eine andere Aufgabe. Seit 1879 war Michael der führende Erzengel. Er beeinflußte die Menschen, durch ihr Denken, ein Gefühl für eine einzige Menschheit zu entwickeln, das sich über die Grenzen einer Rasse, Nation oder Gesellschaftsschicht

hinaus erstreckt. Vor Michaels Zeiten regierte Gabriel, vom 16. bis zum 19. Jahrhundert. Er beeinflußte die Gefühle der Menschen und somit ihre Beziehung zur Familie oder zur Nation.

8. James Stephans, *The Crock of Gold*, New York: Collier Books 1972, dt. *Der goldene Hort*, Stuttgart: Klett-Cotta 1985, S. 115–119.
9. Ebda. S. 120.
10. Ebda. S. 121.
11. Lesley Hazelton, *Israeli Women, the Reality behind the Myths*, New York: Simon and Schuster 1977.
12. Padraic Colum hat diesen Mythos in seinem Buch *Myths of the World* aufgenommen und nennt ihn einen «Jewish-Post Christian myth». In Hazeltons Literaturangaben steht, daß er aus dem Alpha Beta di Ben Sira kommt, einem alphabetisch geordneten Mishnaischen Kommentar, der vor Beginn des 11. Jahrhunderts geschrieben wurde. Sie schreibt: «Der Autor von Alpha Beta bezog sich auf frühe hebräische Legenden, die aus der Diskrepanz zwischen den Schöpfungsgeschichten in den ersten beiden Kapiteln der Genesis entstanden. Im ersten Kapitel werden Mann und Frau gleichzeitig geschaffen, und zwar am sechsten Tage der Schöpfung. Im zweiten wird die Frau später geschaffen, damit der Mann nicht alleine ist. Die Diskrepanz ist auf ein sorgloses Verweben der frühen judäischen und späteren rabbinischen Tradition zurückzuführen.»
13. Lesley Hazelton, *Israeli Women*, S. 112.
14. Ebda. S. 113–114.
15. Ebda. S. 115, nach Robert Graves und Raphael Patai, *Hebrew Myths, the Book of Genesis*, McGraw-Hill 1966.
16. Herb Goldberg, *The Hazards of being Male, Surviving the Myth of Masculine Privilege*, New York: A signet Book, New American Library 1977, dt. *Der verunsicherte Mann, Wege zu einer neuen Identität aus psychotherapeutischer Sicht*, Hamburg: Rowohlt, 1979.

17. Rudolf Steiner, *Die Philosophie der Freiheit* (GA 4) Dornach: Rudolf Steiner Verlag ^{14}1978, S. 239.
18. William Congreve, *The Way of the World* zitiert nach Jessie Bernard, *The Future of Marriage*, New York: World Publishing Co. 1972, S. 38–39
19. Ebda S. 42, Philip Slater, «What hath Spock wrought?» *Washington Post*, 1 March 1970, zitierend.
20. Wendell Berry, *The Unsettling of America; Culture and Agriculture*, San Francisco: Sierra Club Books 1977, S. 113.
21. Ebda. S. 117.
22. Jessie Bernard, *The Future of Marriage*, S. 48.
23. Anne Morrow Lindbergh, *Gift from the Sea*,, Pantheon Books Inc. 1955, dt. *Muscheln in meiner Hand*, München: R. Piper & Co. 1955, S. 31, 32.
24. Ebda. S. 32
25. Jessie Bernard, *The Future of Marriage*, S. 22.
26. Dieser Bereich der Emotionen, des Instinkts und der Gefühle kann als Phase der «Empfindungsseele» benannt werden. Die spätere Entwicklung der rationalen, denkerischen Eigenschaften kann als Phase der «Verstandesseele» bezeichnet werden. Die Phase der «Bewußtseinsseele» ist die Zeit der «Ich»-Begegnungen im höchsten Sinne jener Zeit, in der wir arbeiten müssen, um einen Beitrag für die Welt zu leisten.
27. Gail Sheehy, *Passages. Predictable Crises of Adult Life*, Bantam Edition 1977, dt. *In der Mitte des Lebens, Die Bewältigung vorhersehbarer Krisen*, München: Kindler 1976.
28. Joyce Brothers, *The Brothers System for Liberated Love and Marriage*, P. H. Weyden 1972.
29. Anne Morrow Lindbergh, Muscheln in meiner Hand, S. 69, 70, Rilke zitierend.
30. André Lourde, *From the Muse*, Detroit: Broadside Press 1973.
31. Gail Sheehy, *In der Mitte des Lebens*, S. 251.
32. Hephzibah Menuhin Hauser, *Interview with the Muse: Remarkable Women Speak on Creativity and Power*, Moon Books.
33. Hauser, *Interview with the Muse*, S. 40.

34. Anne Morrow Lindbergh, *Muscheln in meiner Hand*, S. 78.
35. Will und Ariel Durant, *A Dual Autobiography*, New York: Simon and Schuster 1977, dt. *Unser Leben, eine Autobiographie*. München: Südwest Verlag 1980.
36. Nena O'Neil, *The Marriage Premise*, personal recollections.

Margli Matthews

Frau und Mann – Polarität und Gleichgewicht

An eine Lady

Hier bin ich. Da
draußen ist das Gras
und der weite Himmel

und irgendwie bist du dabei.

Nicht eine Erleuchtung will ich,
nein, viel einfacher: ich möchte
deinen Blick in diesem Grün erfassen.

Gewiß, du bist eine Frau. Ich weiß,
wo du gewesen wärest,
hätt ich früher hingeschaut.

Lady ohne Fußspuren.

Die sanfte Neigung deines Hauptes,
wie die Biegung eines Zweiges –
sie zeigt dich mädchenhaft.

Wie du, lacht das Licht.

Doch manchmal fand ich dich
auf der Schattenseite eines Blattes –
Kummer ohne Augenlider.

Lady, dich nenne ich in Gras und Blume
doch über den Geist – kein Wort.[1]

Paul Matthews

Die Suche nach einer neuen weiblichen Kraft

An einem Streben nach Ausgewogenheit sind heute, Mitte der achtziger Jahre, mehr Männer und Frauen interessiert als vor sieben Jahren. Die Dringlichkeit dieser Frage nimmt zu. Ein wachsendes Verständnis dafür, daß die äußeren Erscheinungen der Unausgewogenheit um uns herum (im Sinne der weiblich-männlichen Polarität) unser eigenes inneres Ungleichgewicht, die Disharmonie in unseren Beziehungen und unserer näheren Umgebung widerspiegeln, ist bemerkbar. Wenn wir die Welt ändern wollen, merken wir, daß wir uns selbst ändern müssen, daß das Persönliche und Kleine das Politische und Universelle bestimmen.

In den letzten Jahren begannen immer mehr Frauen den Kampf um ihre Befreiung mit anderen entscheidenden Themen und Fragen unserer Zeit zu verbinden. Dazu gehören die Friedensfrage, die Ökologie, Arbeitslosigkeit, Medizin und Gesundheit, der Zusammenbruch des Familienlebens, die Ausbeutung der dritten Welt und die wachsende Bedrohung der Menschheit und Erde durch die Atomkraft. Nun, mit der Stellung, die Frauen in der Welt errungen haben und mit dem Gehör, das sie gefunden haben, wird uns die wachsende Verantwortung bewußt, die mit der neugewonnenen Freiheit auf uns zukommt. Wir haben uns um unsere eigene Entwicklung und unser inneres Gleichgewicht bemüht und uns zur selben Zeit um das Wohlbefinden anderer und um die Notwendigkeit sozialer Erneuerungen gesorgt. Wir haben uns an unsere jahrhundertelange Verbindung mit dem Wesen der Erde und an unsere Verantwortung für ihre Pflege und ihren Schutz erinnert.

Diese Bewußtseinsveränderung der Frauen und der Frauenbewegung entstand aus der Erkenntnis, daß nicht nur die Frauen vom Leben der letzten Jahrhunderte ausgeschlossen wurden, sondern, daß das weibliche Prinzip in allen Menschen unterschätzt und verbannt wurde und daß es ebenso wie die Frauen selber neuer Anerkennung und Würde, neuer Schätzung und Ausdrucksmöglichkeiten bedarf. Das Bedürfnis und die Suche, ein neu erwachtes und verändertes weibliches Prinzip in das Leben unserer Zeit hereinzutragen, war eines der grundlegenden Ziele der Frauenbewegung seit dem Beginn dieses Jahrhunderts. Diese umfassende Bestrebung kam jedoch nicht immer zum Tragen.

Stattdessen lernten wir, daß unsere Herzen, unser inneres Erleben, keine Bedeutung für die Außenwelt und die Wissenschaft haben, daß unsere Phantasie und alle Mythen und Märchen zur Kindheit gehören, aus der wir herauswachsen, daß der Gedanke vom Wesenhaften in Stein und Blume, ja sogar in unseren Haushaltsgegenständen «verrückt», «kindisch» sei. Als meine Tochter, damals zweieinhalbjährig, mir voller Ehrfurcht und Überzeugung erzählte, daß ihre neugeborene Schwester von der Mondfrau käme, wurde ich kritisiert, weil ich ihr nicht die Wahrheit erzählt hätte – als ob ihr Bild keine Tatsachen des Lebens enthalten würde. Wir interessieren uns für Verhalten, schämen uns aber der Gefühle.

Nicht nur von der Natur und von uns selbst haben wir uns entfremdet, sondern auch voneinander. Wir sind eingesperrt in uns selbst, gehen unzählige Beziehungen ein und sind doch allein. Wir sehnen uns nach Freundschaften, können aber keine lang anhaltenden Verpflichtungen eingehen, unfähig wie wir sind, aus uns selbst herauszukommen, um uns kennenzulernen und einander anzuvertrauen. Die Scheidungen nehmen zu, es wird immer schwieriger, eine Familie zusammenzuhalten. Die Menschen haben nicht mehr das Gefühl, sich auf die Liebe, Zuwendung und Unterstützung ihrer engsten Familienangehörigen verlassen zu können. Kinder und Eltern, Brüder und Schwestern verstehen einander nicht mehr unbedingt. Wir haben die alten Rollen in

Frage gestellt und können uns nicht mehr auf die Sicherheit und Stabilität verlassen, mit der sie früher unsere Beziehungen prägten. In zunehmendem Maße begegnen wir einander als Individuen, unabhängig von Regeln und Rollen ohne ein instinktives Verständnis, das uns zusammenführt. Unser wachsendes Selbstbewußtsein führt rasch zu einer vertieften Beschäftigung mit der individuellen Persönlichkeit, zu übermäßigem Konkurrenzkampf, zu Manipulation und Ausbeutung. Anstelle der sozialen Bande, die früher die Menschen zusammenhielten, treten heute antisoziale Kräfte, die Unabhängigkeit und Selbständigkeit fördern. Die Zahl der alleinlebenden Menschen nimmt zu. Heute entscheiden sich viele Frauen und Männer dafür, alleine zu bleiben, um sich nicht mit einer Beziehung zu belasten. Sie meinen, ohne Bindungen und komplexe Verpflichtungen, erfolgreicher, unabhängiger und produktiver sein zu können. Doch gerade unsere Angst vor dem Verlust der Unabhängigkeit kann uns einsperren. Ohne unsere Beziehungen zu anderen Menschen können wir uns nicht selber erkennen und weiterentwickeln.

Wir erwachen jedoch durch diese Trennungserfahrung und suchen nach neuen Wegen des gegenseitigen Interesses und der Verbindung mit der Erde und dem Geistigen. Wir sind jetzt gefordert, ein Bewußtsein zu entwickeln, das uns zu einer Ganzheit und einem volleren Verständnis des Lebens und der Menschen führen kann.

Die Keime für dieses neue Verständnis können wir überall finden, verstreut in der Dunkelheit und den Schwierigkeiten unserer Zeit. Mit dem Zusammenbruch des traditionellen Familienlebens haben die Menschen die Freiheit erlangt, neue Formen des Zusammenlebens zu entwickeln, die sich nicht nach festgelegten Idealen richten, sondern nach individuellen Fähigkeiten und Bedürfnissen. Auf verschiedenen Wegen und unter unterschiedlichen Bedingungen erweitert sich das alte Konzept der Familienzusammengehörigkeit aufgrund von Blutsbanden, um Freundschaften miteinzuschließen, die nicht auf physischen, sondern auf seelischen Banden beruhen. Als die Vernichtung und Verwüstung unserer natürlichen Umgebung unübersehbar wurden, erwachte in vielen Menschen der Wunsch, die Erde als lebendiges Wesen, als alles nährende Mutter zu erleben und ihr hingebungsvolle Zuwendung und Achtung entgegenzubringen. Die heutigen Entwicklungen in Naturwissenschaft und Technik führen uns allmählich über die physische, sinnlich wahrnehmbare Realität hinaus, obwohl sie von einem mechanistischen Weltbild ausgehen. Immer mehr Menschen, die mit Hilfe des medizinischen Fortschrittes wieder zum Leben erweckt wurden, berichten von ihren Erfahrungen in einem körperlosen Zustand. Ihre Berichte bestätigen die Existenz eines menschlichen Geistes. Sie erinnern uns daran, daß wir mehr sind als unsere physischen Körper, daß der Tod nicht ein Ende, sondern ein neuer Anfang ist, eine Art neuer Geburt. Die detaillierten Kenntnisse, die unsere heutige Wissenschaft über Geburt und embryonale Entwicklung gesammelt hat, erwecken in vielen Menschen ein Gefühl der Ehrfurcht und Bewunderung für das Geheimnis des menschlichen Lebens. In vielen Bereichen der Wissenschaft ist die Schwelle zwischen dem Beobachter und dem zu Beobachtenden niedriger geworden, denn immer mehr Wissenschaftlern wird bewußt, daß alles was wir sind, denken und fühlen die Wirklichkeit unserer Wahrnehmungen und Entdeckungen beeinflußt.

Der Zusammenbruch alter Schwellen oder Grenzen, die Begegnung mit dem, was früher versteckt oder zugänglich war ist Teil eines allgemeinen Erwachens in unserer Zeit. Wir möchten unsere Blicke nach innen richten, tiefer als auf unsere physische Natur und unsere äußere Persönlichkeit, um unsere versteckten Qualitäten zu erkennen, auszudrücken und zur Harmonie zu führen. Wir wollen das Göttliche in uns selbst erkennen und ausdrükken, das unerreichbar für alle äußeren Festschreibungen ist. Außerdem wollen wir die Schwellen, die uns voneinander trennen überschreiten, um der wahren Individualität des anderen begegnen zu können, unabhängig von alten Stereotypen und Erwartungen. Wir suchen nach einem Sinn, nach Innerlichkeit in uns und in der Welt. Uns verlangt danach, die Welt wieder zu beseelen, und aufzuwachen, um das Leben der Seele zu erforschen. Diese Suche drückt etwas aus, etwas, das Rudolf Steiner als das «Überschreiten der Schwelle» bezeichnet hat, das Durchsichtigerwerden des Schleiers, der die Menschen über tausende von Jahren von der Erfahrung des Geistigen getrennt hat. Seit dem Ende des letzten Jahrhunderts hebt sich dieser Schleier, und bewußt oder unbewußt begeben wir uns wieder auf die Suche nach einem Weg zu einem lebendigen und ausgeglichenen Bewußtsein.

In der Sage von Theseus, die Signe Schaefer in ihrem Kapitel erzählt, überreicht Ariadne dem Helden einen Knäuel Garn, einen Anhaltspunkt, der es ihm ermöglicht, nach dem Töten des Minotaurus, den Weg aus dem Labyrinth wieder hinauszufinden. Dieser Faden des essentiellen Lebens, des lebendigen, des phantasievollen Denkens ist es, den wir jetzt in unserer Zeit finden und ergreifen müssen. Der Faden der Ariadne, des weiblichen Wesens, das wir suchen, beginnt an uns zu ziehen. Wenn wir ihn ergreifen, kann er uns auf den Weg zur Selbsterkenntnis, zur Wahrheit und zur Geburt eines neuen Lebensverständnisses führen. Es ist der Faden des lebendigen, herzenswarmen Bewußtseins, das unser Leben auf der Erde wieder mit den Sternen in Verbindung bringen kann, wenn wir ihm folgen. Über diesen Faden, denke ich, spricht William Blake in der folgenden Strophe seiner Dichtung *Jerusalem*:

> Ich reiche dir das Ende der goldnen Schnur,
> Winde sie nur zu einem Ball:
> Zum Himmelstore weist sie dir die Spur,
> Gefügt in Jerusalems Wall.[2]

In unserem Jahrhundert ist die Frauenbewegung eine der wichtigsten Kräfte, die eine alte Ordnung herausfordern und uns aufrufen, die Schwelle zu neuen Bewußtseinsebenen zu überschreiten. Sie war am Kampf um die Anerkennung der menschlichen

Seele beteiligt, an der Suche nach Gleichberechtigung des Seelischen und nach der einigenden Kraft der Menschheit, die uns wirklich zu Brüdern und Schwestern macht. Sicher ist dieses Ziel, im ursprünglichen Kampf der Frauen um Würde und Bewußtsein, um das Recht auf Selbstbestimmung und Mitsprache, manchmal aus den Augen verloren worden. Die weiblichen Eigenschaften der Frauen und ihre Bedeutung für die Welt blieben verborgen oder wurden sogar unterdrückt und geleugnet. Noch heute vernachlässigen oder vergessen Frauen ihre wahren Wurzeln und Ziele. Und doch gibt es bereits Veränderungen, und die tiefgreifenderen Ziele der Frauenbewegung kommen an die Oberfläche.

Vor zwei Jahren fragte mich eine Studentin: «Wo ist die Frauenbewegung heute? In den 60er Jahren setzten sich Frauen mit politischen Aktionen für Chancengleichheit ein, um mit den Männern auf einer Stufe zu stehen. In den 70ern fühlten wir uns den Männern überlegen. Wenn man sich umschaute, begegnete man vielen starken Frauen. Aber wo bleibt die Bewegung jetzt, in den 80er Jahren? Es sieht aus, als ob nichts mehr geschieht. Haben sich die Frauen zurückgezogen?»

Was diese Frau als Rückzug empfand, scheint mir wie ein Schauen nach Innen zu sein, ein Vertiefen der Fragen, die sich die Bewegung heute stellt. Die Frauen sind einer rein materiellen Sichtweise ihrer Probleme überdrüssig; sie versuchen, die geistige Ebene ihres Befreiungskampfes zu verstehen. Sie möchten entdecken, was wirklich aus den politischen und gesetzlichen Veränderungen, aus dem Erwachen der Frauen heute, geboren werden will. Sie möchten ihrem geistigen Sehnen gegenüber ehrlich sein und ihre tiefen Impulse und Intuitionen mit verantwortungsbewußter Aktivität in der Welt verbinden. Indem Frauen sich auf die Suche nach dem Seelischen begeben, ohne sich zurückzuziehen, nehmen sie ihre wahre Aufgabe an, nämlich der Menschheit zu helfen, ihre Seele wiederzufinden.

Betty Friedan's Buch *The Second Stage*, das auf wirkliche Veränderungen in der Frauenbewegung hinweist, unterstützt diesen

Gedanken. Sie betrachtet die erreichten Ziele, die Mißerfolge und die Verantwortung der Bewegung, sie ruft Frauen und Männer auf, sich zusammenzuschließen, unabhängig von alten Einschränkungen und Rollen und ohne feste Vorstellungen von Ehe, Beziehungen, Familienleben oder Arbeit. Sie fordert Frauen auf, sich für eine neue Beweglichkeit, eine seelische Einheit in sich selbst und in der Gesellschaft und einen neuen Lebenssinn einzusetzen. Sie schreibt, daß es an der Zeit für Frauen sei, über die geschlechtsspezifische Politik hinauszusehen und ihre Fähigkeiten wie Wärme, Einfühlungsvermögen, Beweglichkeit und Fürsorge zu erneuern und zu pflegen. Wenn sie eine wirkliche Kraft für soziale Veränderungen sein will, sollte die zweite Stufe (*The second Stage*) der Frauenbewegung dem Familienleben, der Entscheidung Kinder zu haben, neuen Formen des Zusammenlebens, neuen Arbeitsmöglichkeiten und anderen entscheidenden Lebensfragen viel mehr Aufmerksamkeit widmen.

Immer mehr Frauen beginnen ja ihre Energie Fragen des Friedens und der Ökologie zuzuwenden. Ihre Aktivitäten führen bereits zu einigen Veränderungen. Das Friedenslager der Frauen in Greenham Common, dem Cruise missiles-Stützpunkt in Newbury, in England, ist ein andauerndes Beispiel und ein Ansporn für die Friedensbewegung in der ganzen Welt.[3] Die Frauen, die dort leben, protestieren nicht nur gegen die Entwicklung von Cruise missiles oder die Bedrohung durch einen nuklearen Krieg. Vielmehr zeigen sie, daß Frieden für sie mehr bedeutet; er ist mit unserer Lebensweise verbunden, mit unseren Werten und Gesinnungen, mit Gesundheitsfragen, Bildung, Geld, Ökologie usw. verbunden. Aus diesem Grund haben die Greenham-Frauen viel getan, um die Friedensfrage zu erweitern. Sie betrachten den Frieden nicht als Endprodukt, sondern als einen Weg, verantwortlich und respektvoll mit anderen Menschen und mit der Erde zu leben. Dadurch haben sich mehr Frauen mit Friedensfragen beschäftigt, als es sonst der Fall gewesen wäre. Und so hat die Frauenbewegung eine breitere Basis gefunden.

Wichtig ist auch *wie* nicht nur *was* Frauen gearbeitet haben. Ihre Arbeit wurde nicht von einer hierarchischen Ordnung oder von Führungskräften bestimmt und sämtliche Verantwortung wurde geteilt. Sie entwickelten neue Protestmöglichkeiten, die sich von dem mehr reagierenden, militanten Slogan-Singen der 60er unterscheiden. Mit dem Einsatz von Symbolik, Kunst und Liedern, dem Pflanzen von Blumen und dem Anzünden von Kerzen haben Frauen liebe- und phantasievolle Wege gefunden, «ja» zu sagen zum Leben und zur Schöpfung. Mit dieser neuen Arbeit scheinen die Frauen der Welt etwas zu schenken, das sie in der Hausarbeit entwickelt und gewonnen haben, mit der sie das Gefühlsleben ihrer kleinen häuslichen Kreise pflegen. Diese unsichtbare, ruhige Arbeit über Jahrhunderte fließt jetzt in die Welt als Quelle der Kraft und Inspiration für uns alle, als ein Angebot für die gesamte Menschheit und für die Fortdauer des Lebens auf der Erde.

Mir scheint, daß die Frauen in Greenham Common, wie häßlich und schwierig es dort auch wirken mag, das neue Weibliche, die neue Maria, die in dieser Zeit auf der Erde geboren werden will, erkennen und ihr dienen. Das Bild der Frauen, die sich an den Händen halten und den Stützpunkt mit Liebe und mit Dingen aus ihrem Leben umschließen (Spielzeug, Kinderkleidung, Fotos, Blumen, Bänder, Kerzenlicht) ist ein Bild, in dem sich Hoffnung und Leben, Tod und Verzweiflung entschlossen gegenüber stehen. Es erinnert an ein Bild in der *Apokalypse* des Johannes auf dem eine Frau zu sehen ist, «mit der Sonne bekleidet, dem Mond unter den Füßen und auf ihrem Kopf eine Krone mit zwölf Sternen.» Sie gebärt ein Kind und wird von einem Drachen bedroht. In der *Apokalypse* wurde die Schlange auf die Erde verbannt. Für mich ist es die Schlange, die jetzt von den Frauen in Greenham umschlossen wird und der sie mit Mut und Verantwortung dem Leben gegenüber begegnen.

In Greenham wird der Kampf der Geburt des Weiblichen sichtbar, der Geburt der Mutter des Friedens und der Mutter der Erde. Im Neuen Testament wird sie Maria genannt. Heute eine Maria zu finden oder eine Maria zu werden heißt, sich auf einen

Entwicklungsweg zu begeben, der die Sehenskraft des Herzens weckt; es bedeutet «in Frieden zu gehen». Von diesem Ziel mögen die Frauen in Greenham Common noch weit entfernt sein. Wenn auch noch etwas unzureichend, haben sie doch begonnen, dem Weiblichen zu lauschen und etwas davon wiederzuentdekken, das für unser Bedürfnis nach Wärme von großer Bedeutung ist.

Eine Freundin von mir schrieb ein Gedicht über ihr Erlebnis der Maria im Lager von Greenham. Ich möchte dieses Gedicht hier einfügen, weil es etwas von der Suche nach diesem neuen Weiblichen, nach der Stimme der neuen Maria enthält, die heute viele Menschen beschäftigt.

Sollen Zeiten kommen,
wo ein Kind mich fragt, warum? ... wie?
werde ich antworten:
Eine neue Maria stieg auf die Erde herab,
Sie sang Lieder.
Sie webte ein Netz,
Sie wuchs wie eine Blume im Licht
ihrer Wahrheit und Schwesterlichkeit.
Sie war die Maria der Freuden und Sorgen,
in ihr strömten die Flüsse zusammen,
sie war der Mond, die Gezeiten des Ozeans
  und des Blutes
sie war die Wunde und sie war weise.
Ich traf sie, als ich tanzte,
als ich den Wolf in meiner Seele heulen hörte,
seine stillen Qualen in den Augen anderer sah.
Sie war bei mir...
Ich fand meine Tränen auf ihrem Gesicht,
dem Gesicht des lebendigen Gottes...
Ich fand sie weinend im Holocaust
auf der Suche nach Millionen verlorener Kinder.
Ich hörte, sie schrie, als sie ihre Gesichter sah.

Ich war bei ihr...
Ich fand meine Kraft in ihr,
die schweigend am Zaune stand.
Ich rang mit Zorn und Furcht,
da sagte sie mir: Wir sind die Weberinnen
des Neuen Tages.
Sie hielt mich... diese neue Maria.
Wir sind der Sinn, sagte sie,
die Vision sind wir.

Mir offenbart sich in diesem Gedicht eine zeitgemäße Vorstellung von der Maria. Können wir andere Bilder von ihr, wie sie heute lebt, finden? In welcher Beziehung stehen wir zu ihr? Was bedeutet sie uns? Das Bild des Weiblichen als Madonna ist eines der ältesten Bilder, die wir kennen. Ihre Entwicklung und Veränderung können wir verfolgen, angefangen bei den frühen Steinfiguren von 19000 v. Chr. über ihre auf der ganzen Welt unterschiedlichen Gesichter als Große Göttin und Urmutter, bishin zu den Darstellungen in moderner Literatur und Kunst oder zuletzt in den Gesichtern und Gesten, in der Arbeit und in den Zielen der Frauen in Greenham.

Durch die von ihr geforderte Bewußtseinserweiterung und entsprechende historische Studien hat die Frauenbewegung in den letzten zwanzig Jahren insbesondere dazu beigetragen, eine Imagination des Weiblichen zu erwecken. Das Weibliche ist nicht nur Teil unserer Vergangenheit und unseres gegenwärtigen Menschseins, sondern hat auch viel mit unserer Zukunft zu tun. Dies wurde mir deutlich, als ich über eine Frauengruppe in Rußland las, die sich «Marienklub» nannte. Sie bestand aus Frauen, die die Bedeutung der Maria als Urbild des Weiblichen für sich zu entdecken versuchten. Sie meinten, die russischen Frauen sollten einen Sinn für Freiheit und Gleichheit bekommen – diese Frauen, die schwer arbeiten, ihre Kinder in Kindertagesstätten abgeben müssen, in einer Gesellschaft, in der weibliche Werte untergraben werden. Ihr Hauptziel war es, sich angesichts ihres entfremdeten, menschenunwürdigen Daseins für die Anerkennung des individuell Seelischen, als dem menschlich Vermittelnden, einzusetzen.

Dies ist ein Beispiel dafür, wie Frauen arbeiten, um eine lebendige und zeitgemäße Beziehung zum Weiblichen herzustellen. Andere Gruppierungen der Frauenbewegung allerdings scheinen den Blick zurückwenden zu wollen, sie pflegen eine Art Auferstehung der Göttinnen-Verehrung, der Kommunionsrituale mit der Mutter Erde. Das ist mir unbehaglich, denn ich denke nicht, daß wir das alte, instinktive Weibliche der Vergangenheit wieder aufwecken sollten. Ebensowenig streben wir eine weitere Form der Abstraktion an. Das Weibliche, nach dem wir heute suchen, muß durch das Nadelöhr unseres heutigen individuellen, analytischen Bewußtseins gegangen sein. Es entsteht aus dem Zusammenbruch der alten Ordnung, am Rande des Abgrunds. Wenn wir es suchen, wird das Weibliche den Weg einer Entwicklung und einer neuen Blüte unserer Menschlichkeit erschließen, denn es fordert uns auf, uns selbst und unsere Phantasie zu erneuern.

In einer Vortragsreihe, *Die Suche nach der neuen Isis, der göttlichen Sophia*[4] aus dem Jahre 1920, apelliert Rudolf Steiner an die Menschen, die neue Isis zu suchen, jene Kraft, die es uns ermöglicht, durch die Sinneswelt hindurch die Innerlichkeit und moralische Bedeutung der Welt zu schauen. Mit der Entwicklung jener abstrakten Weltbetrachtung, bei der die Sterne sich bloß nach mechanischen Gesetzmäßigkeiten bewegen, ging das geistige Wesen der Welt, die göttliche Weisheit oder Sophia des Weltalls verloren. Um die Welt wieder zu beseelen, um wahre Einsichten und Verständnis für den Kosmos und das Wesen des Menschen zu entwikkeln, müssen wir uns neue lebendige Imaginationen der Isis, der Mutter der Welt, der Königin von Himmel und Erde bilden – Imaginationen, die sich nicht nur auf die Vergangenheit beziehen, sondern unserer Zeit entsprechen. Nach Steiner ist die neue Isis, die Isis des neuen Zeitalters, ein verschleiertes Wesen, das unter den Menschen schläft, und unsere Aufgabe heute ist es, diesen Schleier zu lüften. Sie ist nicht nur ein erstarrtes Urbild außerhalb von uns, sondern eine lebendige Kraft, die in jedem von uns schläft und darauf wartet, wiedererweckt zu werden. Obwohl Steiners Appell an uns, dieses Marienwesen neu zu entdecken, eine vielschichtige Bedeutung hat, denke ich, daß die heutige Frauenbewegung ein Ort ist, an dem diese Suche aufgenommen wird.

Polarität und Ausgewogenheit

Wollen wir die weiblichen Wesenszüge in uns selbst und in der Welt finden, um ein vollständigeres Bild von uns zu erlangen, dürfen wir die männlichen Qualitäten, die ebenfalls Teil dieses Bildes sind, nicht ignorieren oder verringern. Das Männliche und das Weibliche sind zwei Seiten einer Polarität, sie gehören zusammen; das eine kann ohne das andere nicht erkannt werden.

Signe Schaefer verfolgt in ihrem Kapitel das Zusammenwirken zwischen männlichen und weiblichen Kräften durch historische und prähistorische Zeiten hindurch. Sie betrachtet die Bedeutung der Inkarnation in die Polarität für die Evolution. Dabei entwikkelt sie den Gedanken, daß sich durch das Zusammenspiel und Ringen dieser beiden Kräfte und durch das Zunehmen des männlichen und Abnehmen des weiblichen Einflusses unser individuelles Selbstbewußtsein gebildet hat. Sie verdeutlicht, daß die Entwicklung des Männlichen in Frauen und Männern der gesamten westlichen Zivilisation wichtig und notwendig war. Individuelle Verantwortung konnte entstehen und daraus Heldentum, Moral, Freundschaft und Liebe. Aber ohne die ausgleichende Kraft des Weiblichen wird das Männliche engstirnig und zerstörend, es entfremdet uns von uns selbst, von einander, von der Erde und vom Geistigen im Kosmos. Um auf das Ideal der Ausgewogenheit hinzuarbeiten, müssen wir das Weibliche und das Männliche schätzen und ihren positiven und negativen Erscheinungsformen kennen. Erst dann können wir versuchen, in uns die Kraft zu entwickeln, die diese Fähigkeiten kontrollieren und leiten kann und die zu einem bewußten und kreativen Zusammenwirken führt.

Um das Weibliche und das Männliche charakterisieren zu können wird es wichtig, sich die wechselnden, ineinandergreifenden Ebenen dieser Polarität zu verdeutlichen und den Unterschied zwischen den Gegensätzen Frau / Mann und weiblich / männlich kennenzulernen. Dieses Verständnis nimmt zu in unserer Zeit. Menschen, die über sich selbst nachdenken, bemerken ja bald, daß sie, ob als Frau oder als Mann, sowohl weibliche wie männliche Eigenschaften in sich tragen. Auch wenn Frauen das Weibliche und Männer das Männliche verkörpern und somit einen direkteren Bezug zu der entsprechenden Eigenschaft haben, sind diese nicht ausschließlich an das Geschlecht gebunden. Eher handelt es sich um urbildliche Kräfte, die in allen Individuen, allen Beziehungen und der gesamten Gesellschaft wirksam sind. Sie sind zentrale Kräfte in der Evolution des menschlichen Bewußtseins und in der Entwicklung und dem Ausdruck des menschlichen Geistes. Oft geraten diese Kräfte im Einzelnen und Gesellschaftlichen aus dem Gleichgewicht oder in einen Konflikt miteinander. Unsere heutige Aufgabe besteht darin, eine innere seelische Stärke auszubilden, um diese Polarität zu einer dynamischen Einheit zusammenzuführen, die zugleich Bewegung und Ausdruck eines inneren Friedens ist.

Im Folgenden möchte ich das Weibliche und das Männliche näher beschreiben, ohne diese Wesenzüge direkt auf Frauen oder Männer zu beziehen. Diese Beschreibungen dürfen nicht zu stark festgelegt werden. Die weiblich-männliche Polarität ist eines der Grundgeheimnisse der menschlichen Existenz. Wenn wir sie verstehen wollen, müssen wir das Paradoxe verstehen und damit arbeiten. Die Polarität bleibt nicht unverändert. Wenn wir etwas sagen, ist das Gegenteil oft ebenso richtig. Das Weibliche, das Frauen nach außen hin ausdrücken, unterscheidet sich von dem in der Seele des Mannes wirkenden Weiblichen. Schwer ist es, diesen subtilen Gegensatz zu begreifen, aber es ist wichtig, das Subtile daran überhaupt zu erkennen. Sonst bleiben wir wieder in alten oder neuen Stereotypen stecken, anstatt kreativ eine neue Harmonie zu erarbeiten.

Das Weibliche

Die Gebärde des Weiblichen ist die des Runden: ein Kreis, ein Gefäß, das umfassende, vereinende, verbindende, fördernde und umsorgende Element. Das weibliche Bewußtsein ist umherschweifend, peripher; es tritt nicht unmittelbar an eine Sache heran, sondern nähert sich ihr aus einzelnen Orten des Umkreises. Unsere Fähigkeit liegt darin, das Ganze zu sehen und zu tragen. Das Weibliche ist offen und verwundbar, intuitiv und rhythmisch. Es vertraut, nimmt an, wartet und lauscht und ist mit dem Gefühlsleben und der Phantasie verbunden.

Diese Fähigkeiten haben ihre negativen Formen, ebenso wie die männlichen Eigenschaften, die ich im folgenden Abschnitt näher beschreiben werde. Warten kann aktiv sein, aber auch untätig, bis hin zum Vegetieren. Beim Schützenden, Pflegenden, Umhüllenden besteht die Gefahr erstickend, verstrickend zu werden. Ebenso kann das Umherschweifende zum Unklaren, Vagen und das Weiche zum Schwachen degenerieren. Das Weibliche kann beweglich oder zerstreut, phantasievoll oder phantastisch, reich an Empfindungen oder an chaotischen, undisziplinierten Gefühlsausbrüchen sein. Offen und geduldig ist das weiche Runde, aber wir können darin einschlafen und den Kontakt mit der Außenwelt verlieren. Die Intimität und Wärme des Weiblichen sind in der Gefahr, beengend und besitzergreifend zu werden. Manchmal habe ich das selbst erfahren, wenn ich mit meinen beiden Töchtern am Tisch saß und mein Mann nach Hause kam. Wir lachen und spielen und bilden dabei eine Runde, die ihn ausschließt. Er fühlt sich dann wie ein Fremder in einer unbekannten

Welt. Marie Louise van Franz betrachtet das Märchen «Schneeweißchen und Rosenrot» aus dieser Perspektive.[5] Sie beschreibt, wie der Anfang des Märchens eine Stimmung aus Harmonie, Ausgewogenheit und Vollendung schafft. Die beiden Mädchen und ihre Mutter, die mit einem Lamm und einer Taube am Feuer sitzen, erwecken eine Empfindung des Paradieses vor dem Sündenfall. Güte, Reinheit und Unschuld bestimmen das Bild. Diese Welt bleibt unverändert, bis der Bär, das männliche Element, auftaucht. Er bringt Bewegung und Abenteuer, Weite und Objektivität.

Das Runde des Weiblichen steht am Anfang der Zeit. Es ist der Leib unserer Mutter und der allumfaßende Weltenmutterleib. Dort war der Ursprung der Menschheit, alles war ewig und göttlich, Gegensätze schloßen sich ein und Möglichkeiten blieben noch unverwirklicht. Der Mutterleib ist auch ein Schleier, hinter dem sich ein neuer Mensch entwickelt.

Das Weibliche ist das Prinzip der Einheit und der innigen Verbindung. Die Große Göttin, in der die Menschen die Ganzheit des Lebens verehrten, wurde oft als jungfräuliche Mondgöttin dargestellt.

In einer Zeit, in der ein traumähnliches, dunkles, weibliches Bewußtsein vorherrschte und die Schlaf-und Traumerlebnisse klarer und wirklicher empfunden wurden als die Ereignisse des Tages, regierten die Mondgöttinnen die Erde. Rudolf Steiner schreibt über diese längst vergangenen Zeiten, daß die Menschen damals aufnahmebereit für die einströmende göttliche Weisheit waren und eine direkte Einsicht in die schöpferischen Kräfte hatten, die über dem Weltgeschehen walteten. Die Nacht war die Zeit der Geburt und der Tag die Zeit des Todes. Im Laufe der menschlichen Entwicklung schwand dieses hellseherische Bewußtsein langsam dahin. Die Welt der Nacht verdunkelte sich für die Menschen, und das Tageslicht, und damit die sinnlich wahrnehmbare Welt, rückte in den Mittelpunkt. Heute herrscht unser waches, auf der sinnlichen Wahrnehmung beruhendes Bewußtsein vor. Manche Menschen empfinden sogar die im Schlaf und

Traum verbrachte Zeit als vergeudete Zeit. Empfindungen und Vorstellungen werden als persönlich, subjektiv und somit unwirklich betrachtet. Vielleicht müssen wir jetzt, beim Wiedererwecken des Weiblichen, «das Auge der Nacht öffnen, das während unserer Tageserlebnisse schläft»[6], um so eine bewußte und individuelle Erkenntnis über das Wesen des Lebens zu erlangen.

Das weibliche Denken erfaßt die Gegenwart, den inneren Ausdruck der Dinge und ihre Beziehungen zueinander. Somit umfaßt es die lebendige Einheit des Weltgeschehens. Es trennt nicht Geist und Materie, Seele und Leib, Sein und Schein. Es ist für Atmosphäre, für Stimmungen, für das, was sich im Schweigen ausdrückt und was zwischen den Menschen und Dingen geschieht sensibel; das Ungesagte nimmt es ebenso wahr wie das Gesagte, den Charakter eines Menschen erfaßt es ebenso wie seine Tätigkeit. Das Weibliche ist das beziehungsfördernde Prinzip, es möchte verschmelzen und vereinen, zusammenwirken und teilnehmen lassen.

Das neu erwachende Weibliche fördert selbstbewußte, individuelle, soziale Kräfte und ein neues Interesse an anderen Menschen. Es motiviert uns, mit anderen Menschen zusammenzuleben und zu arbeiten. Jetzt haben wir Unabhängigkeit und eigene Stärke gewonnen und damit die Möglichkeit, einander wirklich etwas zu geben. Bewußte, selbstlose Liebe wird zur Entdeckung.

Das Weibliche im Bild der Maria, der Mutter Jesu, ist ein Ausdruck der Unschuld und der Hingabe, der lauschenden und doch innerlich aktiven Empfänglichkeit des Herzens. Im Lukas-Evangelium reagiert Maria auf die Ereignisse im Leben ihres Sohnes, indem sie diese in ihrem Herzen trägt und darüber nachsinnt. So wird Maria als Urbild einer meditierenden Seele dargestellt. Sie empfängt die Worte, die zu ihr gesprochen werden, bewahrt und behütet sie und ermöglicht ihnen das Reifen. Emil Bock schreibt: «indem Maria die Worte der Engel, von den Hirten berichtet, und die Worte des zwölfjährigen Jesus in ihr Herz aufnimmt, in meditierendem Sinne, läßt sie den Sinn derselben wie geistige Bilder und Gestalten aus ihnen hervorquellen. In der Marienseele geht aus jedem Wort wie ein Schmetterling ein Geistig-Wesenhaftes hervor.»[7]

Diese Art des Zuhörens ist Teil eines Erkenntnisweges, den Steiner in seinem Buch *Wie erlangt man Erkenntnisse der höheren Welten?* beschreibt. Er nennt eine Übung, mit der wir die Fähigkeit des seelischen Lauschens erarbeiten können. Wir müssen das Zuhören in einer Weise üben, die unser inneres Selbst schweigen läßt.

Dazu müssen wir uns von Zustimmung und Ablehnung, rationalem Urteilen, Gefühlen von Sympathie und Antipathie, Vorurteilen und Empfindungen des eigenen Selbst befreien. «So bringt es der Mensch dazu, die Worte des anderen ganz *selbstlos* zu hören, mit vollkommener Ausschaltung seiner eigenen Person, deren Meinung und Gefühlsweise. Wenn er sich so übt, kritiklos zuzuhören, auch dann, wenn die völlig entgegengesetzte Meinung hervorgebracht wird, wenn das ‹Verkehrteste› sich vor ihm abspielt, dann lernt er nach und nach mit dem Wesen eines anderen vollständig zu verschmelzen, ganz in dasselbe aufzugehen. Er hört dann durch die Worte hindurch in des anderen Seele hinein.»[8]

Ich entdeckte das Urbild für diese Art des Zuhörens in Rudolf Steiners Beschreibungen des Gespräches zwischen Jesus und seiner Mutter vor der Taufe im Jordan.[9] Jesus suchte das Gespräch mit seiner Mutter, voller Sorge und Zweifel an der Menschheit. Marias tiefes, ruhiges Zuhören ermöglichte ihm, sich auszusprechen. Er konnte sich der Sorgen und Nöte entledigen, und es machte den nächsten Schritt in seinem großen Schicksal möglich. Durch Marias Kraft des Zuhörens erkannte er seine wahre Aufgabe, den Christus, das höhere Wesen, zu empfangen. Steiner beschreibt, daß auch Maria in diesem Augenblick eine Veränderung ihres Wesens erfuhr, weil sie die Last ihres Sohnes und der Menschheit auf sich nahm. In ihr inkarnierte sich die Göttliche Sophia, die allumfassende göttliche Weisheit und Mutter.

Das ist das Bild der Maria, des Weiblichen, dem Ursprung allen Verständnisses. Nun stellen sich uns die Fragen: Können wir Maria in uns finden? Sind wir in der Lage, diese Kraft des Zuhörens auszubilden, die anderen Menschen erlaubt, den nächsten Schritt zu tun? Können wir der Ursprung des Verständnisses für einen anderen Menschen sein und ihm damit weiterhelfen? Können wir lernen, die Schicksale von anderen in unseren Herzen zu tragen? Maria ist das Bild für die Seele, die mitfühlendes Verständnis für das Schicksal eines anderen Menschen unserer Zeit oder der gesamten Menschheit hegen kann. Maria ist der Teil in uns, der eine neue Imagination des Menschen empfangen kann.

Vielleicht ist diese Fähigkeit des Zuhörens selten, aber wenn wir sie jemals für einen Moment lang selbst erfahren haben, entweder über eigene innere Bemühungen oder durch Gnade, verlieren wir niemals die Liebe und das Vertrauen in das Wesen des anderen, dem wir in diesem Augenblick begegnet sind. Wir tragen das Geheimnis seines Daseins für immer in uns. Die Menschen suchen nach neuen Wegen, zusammenzuarbeiten und ihre Beziehungen zu pflegen. Sie möchten die Einsamkeit der Geburt ihres «Ichs» besser überwinden und einander mit Ichstärke begegnen und geben. Wir wollen einander unabhängig von Sympathien und Antipathien, Vorlieben und Abneigungen, Vorurteilen und Meinungen, Nationalität, Rasse, Geschlecht oder Familie kennenlernen, um das wahre Wesen des anderen zu erkennen. Diese Art und Weise, einander zu begegnen, erfordert innere Aktivität, intensive Seelenarbeit. In unseren Begegnungen müssen wir aufwachen und Bewußtsein, Willensaktivität, Herzenswärme und ein wahres Interesse für den anderen hineintragen. Das bedeutet ein Wiedererwachen des Weiblichen, eine Wiederbelebung der Kraft des Herzens zum Zuhören.

Das Männliche

Während das Ohr, als aufnehmendes, lauschendes und ausgleichendes Organ eher weiblich ist, gilt das Auge seit jeher als Symbol für das Männliche, für eine klare Vorstellungskraft, für objektives und konzentriertes Denken. Im Englischen bezeichnet der Ausdruck *I see* («ich sehe»), die Ein*sicht* in etwas, das kurz zuvor noch unverständlich erschien. Das Auge symbolisiert das Erwachen und das Licht des Bewußtseins. Wollen wir jemanden bewußt begegnen, schauen wir ihm direkt in die Augen. Ein Teil des Wesens, der Individualität, eines Menschen, enthüllt sich in seinen Augen. Wenn ein Mensch «geistesabwesend», also nicht wachen Bewußsteins ist, wirkt sein Blick leer, glasig und fern. Zwischen «Ich» und Auge (im Englischen sogar gleichlautend: *I* und *eye*), das heißt zwischen unserem Sehvermögen und der Wahrnehmung unseres eigenen Selbstes besteht also eine Verbindung. Durch den Blick unserer beiden Augen wird aus einer Dualität eine Einheit. Mit dieser Tätigkeit entfaltet sich das menschliche Bewußtsein.

Wenn das ursprüngliche, unbewußte Runde des Daseins weiblich ist, dann ist die Spaltung dieser frühen Einheit und die damit verbundene Entstehung gegensätzlicher Kräfte männlich. Viele Mythen erzählen von der Teilung der ursprünglichen, weiblichen Ganzheit, durch die Licht freigesetzt und unsere Welt enthüllt wurde. Das Formlose, Unbestimmte nahm Form an, wurde fest und sichtbar. Zeit, Raum und Begrenztheit wurden damit geschaffen.

Unsere individuelle Entwicklung folgt nun dem männlichen

Weg. Aus der Einheit mit unserer näheren Umgebung, dem Gefühl der frühen Kindheit, wachsen wir heraus. Wir stehen aufrecht und sagen: «Ich.» Allmählich unterscheiden wir zwischen uns und der Welt um uns herum. Wir lernen die Namen von Gegenständen und die Unterschiede zwischen ihnen kennen. Die Kreisspiele der frühen Kindheit, in denen Kinder ihre Erfahrung der Einheitlichkeit des Lebens darstellen, werden durch Reihenspiele, wie «Ziehe durch», «1, 2, 3 Berliner Schritt», «Wer hat Angst vorm bösen Wolf?» usw. ersetzt, die ein gewisses Maß an Selbständigkeit und individuellem Geschick verlangen. Es wird den Kindern zunehmend bewußt, daß es Grenzen, Regeln, Autoritäten und Gegensätze gibt; gleichzeitig wächst ihr Empfinden, ein individuelles Wesen zu sein.

Wenn die weibliche Gebärde rund ist, dann ist die männliche gradlinig, lenkend, durchdringend, zielstrebig und erkennend. Das Männliche unterscheidet, definiert, trennt, analysiert und kennzeichnet, ist bestimmt und konzentriert, objektiv und rational. Es ist mit dem Willen und dem Intellekt verbunden. Ebenso wie das Weibliche, ist auch das Männliche wertvoll und notwendig für das Leben und die Kreativität. Beide Kräfte gehören zusammen und befruchten sich gegenseitig. Auch das Männliche ist in der Gefahr, aus dem Gleichgewicht zu geraten und sich negativ zu entwickeln. Männliche Klarheit kann kalt sein, Direktheit zerstören, Disziplin sich in Gewalt verwandeln. Selbständigkeit kann Isolation bedeuten, Individualität zu Egoismus degenerieren, Objektivität zu Gleichgültigkeit. Der Intellekt kann spröde und theoretisch werden und sich von der Lebensrealität entfernen. Ebenso kann Beherrschung zur Manipulation mißbraucht werden und Konzentration kann zur Gleichgültigkeit gegenüber der Umgebung führen. Beim Urteilen besteht die Gefahr zu verurteilen, der starke Wille kann zu Gewalttätigkeiten und zu Machtgier degenerieren.

Ohne das Männliche, Teilende, könnte es keine Individualität geben. Unser Selbstbewußtsein, unser Sinn für Einzigartigkeit, ist männlich. Durch ihn gewinnen wir Unabhängigkeit und Einsamkeit. Unser männliches Bewußtsein zerreißt die Bande, die uns mit den anderen Menschen, der Natur und dem Kosmos verbinden. Es trennt uns von den kosmischen und irdischen Rhythmen und unseren eigenen Körpern. Der Impuls, uns selbst kennenzulernen und die Welt zu verstehen, trennt uns vom Leben. Wir isolieren uns von den anderen, wenn wir allein im Leben stehen, uns auf uns selbst verlassen und uns hauptsächlich mit unserer eigenen Entwicklung beschäftigen. Aber diese Eigenständigkeit kann eine Grundlage für aufrichtige Beziehungen werden. Liebe als freies Geschenk, selbstlose Liebe, ist nur möglich, wenn wir ein «Selbst» zu verschenken haben. Wir müssen uns selbst weiterentwickeln, um innerlich daran arbeiten zu können, ein bewußtes und ehrliches Interesse an den anderen Menschen in uns zu wecken. So ermöglicht das männliche Selbstbewußtsein letztlich Freiheit, soziale Verantwortung und Liebe.

Die wachsende männliche Entwicklung, die sich als entscheidende Kraft zu Beginn der uns bekannten Geschichte durchzusetzen begann, kann als Übergang von einem eher weiblichen, phantasievollen Nachtbewußtsein zu einem eher intellektuellen Tagesbewußtsein beschrieben werden. Rudolf Steiner beschreibt diese Bewußtseinsveränderung mit folgenden Worten: «Im Wachen sah der Mensch dann stumpf dasjenige, was physisch war, aber wie in Nebel gehüllt und wie mit einer Lichtaura umgeben. Im Schlaf aber erhob sich der Mensch zu den geistigen Welten und den göttlich-geistigen Wesenheiten. Sein Bewußtseinszustand wechselte ab zwischen einem Hellseherbewußtsein, das immer schwächer und schwächer wurde, und dem Tagesbewußtsein, dem immer heller und heller werdenden Gegenstandsbewußtsein, welches das Hauptbewußtsein heute ist. Damals verlor sich nach und nach die Fähigkeit, die Götter im Schlafe zu sehen. Und in demselben Maß trat die Klarheit des Tagesbewußtseins ein, und immer stärker wurde damit das Selbstbewußtsein, das Ich-Gefühl, das Ich-Wahrnehmen.»[10]

Mit dem Schwinden des Nachtbewußtseins verloren die Urmütter, die die Kindheit der Menschen beherrschten, die Macht an ihre Söhne, die aufsteigenden Helden, die das alte matriarchalische System stürzten und neue patriarchalische Staaten gründeten. Das waren die Sonnenhelden, die mit individuellem Geschick und Schlauheit, mit Charakterfestigkeit und Willensstärke die Drachen und Monster der alten dunklen Ordnung bekämpften. Sie verkündeten ein neues Zeitalter des Lichtes und Verstandes, der Klarheit und Bewußtheit. Aufmerksam mußten sie sein, wachsam und lebhaft; Prüfungen hatten sie zu bestehen, in denen sie wach bleiben mußten, um ihre Feinde zu besiegen, einen Schatz zu finden oder die Prinzessin zu gewinnen. Diese Fähigkeiten wurden besonders in den Männervereinigungen und Geheimgesellschaften der Vergangenheit gefördert und erprobt. Das Ziel dieser alten Bruderschaften bestand anscheinend darin, das höhere Männliche zu entwickeln, der älteren weiblichen Weisheit etwas entgegenzusetzen und schließlich ihre Macht zu übernehmen.

Auf verschiedene Weise hingen alle ihre Mysterien mit der Geburt des «Ichs» und der Einweihung des Einzelnen zusammen. In ihren Einweihungszeremonien waren, ebenso wie in vielen Mythen und Märchen, die Sonne, das Licht, das Auge und der Kopf Symbole für das aufblühende männliche Bewußtsein.

Während die ewigen weiblichen Qualitäten im Bild der Sophia oder Maria enthalten sind, enthüllt sich das archetypische Männliche im Charakter und in den Handlungen der vielen Helden der Mythen und Legenden. Das sumerisch-babylonische Epos von Gilgamesch ist eine der ersten Heldengeschichten, in denen männliches Streben und das Gefühl eines erwachenden Ichbewußtseins behandelt werden. In dieser Geschichte erhebt sich das Männliche als herrschende Kraft, die das Weibliche und die alte Verbindung mit dem Kosmos herausfordert und schließlich ersetzt. Gilgamesch ist ein neuer Held, der nach Erkenntnis strebt und eine Erinnerung an sein persönliches Wirken hinterlassen will. Er möchte sich einen Namen machen; dieser soll auf einen Stein gestempelt werden als Denkmal seiner Persönlichkeit. Ihm genügt es nicht, im Moment zu leben; er wünscht sich die Zukunft mitzugestalten. Gilgamesch ist nicht mehr eins mit der Welt der Natur und der Sterne. Sogar seine Stadt ist mit Mauern umgeben; sie ist abgeriegelt, begrenzt und von der Umwelt abgeschnitten.

Obwohl das ein Verlust ist, verkörpert Gilgamesch die positive Gestalt der männlichen Kraft, die unsere westliche Zivilisation und die Entwicklung unseres individuellen Bewußtseins geprägt hat. Im Sammeln, Kombinieren, Studieren, Untersuchen, Zergliedern und Teilen der Dinge der Welt versucht das Männliche, Erkenntnisse über die Welt zu gewinnen. Es möchte herausfinden, aus was ein Gegenstand ist, wie er funktioniert und worin seine Bedeutung besteht.

Die Figur des Autodidakten in Jean-Paul Sartres Roman *La Nausée* (*Der Ekel*[11]) enthält etwas von der männlichen Leidenschaft für das Sammeln von Informationen und dem Streben nach Wissen und Gelehrtheit. Der Autodidakt ist ein einsamer, sehr gut organisierter und systematischer Gelehrter, der sich selbst in alphabetischer Reihenfolge weiterbildet. Zielstrebig, ohne sich ablenken zu lassen, plant er, alle Bücher in der Bibliothek zu lesen. Er beginnt bei A und bewegt sich resolut auf Z zu. Sein Weg ist logisch, gerade und erscheint als direktes Gegenteil zum eher weitschweifenden, intuitiven weiblichen Ansatz, der auf der Beziehung zwischen allen Dingen beruht. Der Autodidakt entwirft einen Plan und arbeitet schrittweise auf die Verwirklichung seines Zieles – alles zu wissen – hin.

Das Männliche möchte die Zukunft gestalten und alle Antworten kennen, während das Weibliche akzeptiert, daß nicht alles rational erklärbar ist. Während das Weibliche am Prozeß interessiert ist, sucht das Männliche nach Ergebnissen und Schlußfolgerungen.

Im Folgenden möchte ich genauer betrachten, inwiefern wir in unserem physisch einseitigen Leib und unserem Seelenleben, ein Zusammenwirken und eine gegenseitige Abhängigkeit dieser beiden Prinzipien entdecken können. Wenn wir uns selber besser kennenlernen, erleben wir die Gegensätzlichkeit zwischen dem

Weiblichen und dem Männlichen und wir erfahren, daß diese Polarität eine Einheit bildet. Natürlich müssen diese Wesenszüge bei allem, was wir tun, zusammenwirken können.

Um ein Kind zu gebären, ist die Vereinigung des Männlichen mit dem Weiblichen notwendig. Wollen wir ein inneres Kind zeugen, ein Kind des menschlichen Geistes, dann wird eine bewußte Vereinigung dieser Kräfte in uns notwendig. Heute beginnen wir zu unserer inneren Androgynie zu erwachen, zu einer möglichen inneren Vereinigung dieser Kräfte.

Das Ideal der Androgynie

Das Ideal der Androgynie, der Vereinigung zweier Kräfte in einem Menschen, stand am Beginn unserer Entwicklung. Es kennzeichnet Anfang und Ende der Zeit. Dazwischen teilt sich das einst Vereinte in eine Zweiheit, um sich weiterzuentwickeln, aber schließlich wird sich diese Zweiheit wiedervereinigen und ein Ganzes bilden. Die meisten Schöpfungsmythen, die von einer Zeit jenseits unserer historischen Kenntnisse berichten, geben uns einen Einblick in unsere Ursprünge und eine Ahnung von unserer Zukunft. Sie lassen ein Bild der göttlichen Einheit, der in sich selbst ruhenden Perfektion, vor uns entstehen.

Die Einheit des Männlichen und des Weiblichen wird nicht nur in Abschnitten des Alten und Neuen Testaments, sondern häufig auch sehr schön in den Schriften der frühen christlichen Gnostiker ausgedrückt. In ihren Texten (geheimen Evangelien, Offenbarungen und mystischen Schriften, die als ketzerisch verdammt und deshalb nicht in das Neue Testament aufgenommen wurden) erscheint Gott häufig androgyn, Vater und Mutter in einem, das Göttliche wird als dynamische Beziehung zwischen Gegensätzen gesehen. Das weibliche Prinzip des Kosmischen ist gemeinsam mit dem männlichen Prinzip schöpferisch tätig, ebenso wie Männer und Frauen in den frühen christlichen Gottesdiensten gleichberechtigt zusammen arbeiteten (Frauen konnten wie Männer Gottesdienste durchführen und als Propheten, Lehrer oder Wanderprediger tätig sein). In der Dreieinigkeit von Vater, Sohn und Heiligem Geist wurde der Heilige Geist oft als das Weibliche, die göttliche Sophia, die Mutter der Welt betrachtet. Wie die frühen

Christen Christus in Jesus fanden, fanden sie den Heiligen Geist in Maria. Die Ungeteiltheit Christi und seines Reiches ist ebenfalls ein wiederkehrendes Motiv der christlichen Gnosis, wie dies im Thomas-Evangelium zum Ausdruck kommt:

«Jesus sah Kinder, die gestillt wurden, Er sagte zu seinen Jüngern: ‹Diese Kinder, die gestillt werden, sind denen gleich, die das Himmelreich betreten werden.› Sie antworteten: ‹Sollen wir denn als Kinder das Himmelreich betreten?› Jesus sprach zu ihnen: ‹Wenn ihr aus den beiden eins macht, und aus dem Inneren das Äußere und aus dem Äußeren das Innere, aus oben unten, und wenn ihr das Männliche und das Weibliche vereint, so daß das Männliche nicht männlich und das Weibliche nicht weiblich ist... dann sollt ihr das Himmelreich betreten.›»[12]

Ein anderer Ort der Vergangenheit, an dem das Ideal der Androgynie lebendig gehalten wurde, bildeten die alten Mysterienschulen. Dort mußten die Schüler sich strengen inneren und äußeren Übungen unterziehen, auf einem Weg, der sie zum Verständnis der Bedeutung und Geheimnisse des Lebens führen sollte. Rudolf Steiner beschreibt die Rituale vieler dieser Schulen. Für mich war es interessant festzustellen, daß ein Verständnis des Geheimnisses der männlich-weiblichen Polarität im Kosmischen und im einzelnen Menschen oft der bedeutsamste Einweihungsweg war. Dies gilt besonders für die Hybernischen Mysterien, die von Steiner beschrieben werden.[13] Dort wurden die Schüler nach geeigneter Vorbereitung vor zwei große Statuen geführt; die eine war männlich, die andere weiblich. Diese Erfahrung hinterließ einen tiefen und mächtigen Eindruck bei den Schülern und gab Anlaß für viele Fragen zu diesem fundamentalen Gegensatz in der menschlichen Existenz.

Die männliche Statue war von gewaltiger Größe und wirkte dadurch majestätisch; es schien, als ob ihr Kopf von den Strahlen einer im Hintergrund dargestellten Sonne geformt worden sei. «Der ganze Kopf war so, daß man sah, er sollte eigentlich ganz sein wie ein seelisches Auge; er sollte wie ein seelisches Auge mikrokosmisch darstellen den Inhalt des ganzen Makrokosmos.»[14]

Der Schüler wurde dazu veranlaßt, die Statue an jeder Stelle einzudrücken. Da sie aus elastischem Material bestand, gewann sie nach jeder Berührung ihre ursprüngliche Form zurück. Nach mehrmaligem Anblick der Statue vernahm der Schüler folgende Worte:

> «Ich bin das Bild der Welt,
> sieh, wie das Sein mir fehlt.
> Ich lebe in deiner Erkenntnis,
> ich werde in dir nun Bekenntnis.»[15]

Die weibliche Statue war so, «daß man den Eindruck bekam: sie steht ganz unter dem Einfluß von Mondenkräften, die den Organismus durchdringen und die aus dem Organismus das Haupt hervorwachsen lassen.»[16] Das Haupt hatte auch etwas Undeutliches an sich. Diese Statue bestand aus einem weichen, formbaren Material, so daß, wenn sie entsprechend eingedrückt wurde, der Eindruck zurückblieb und die ursprüngliche Form der Statue verunstaltet wurde. Wenn die Schüler jedoch später wiederkehrten, war ihre alte Form wiederhergestellt. Dann kam auch die Zeit, wo der Schüler folgende Worte, als von der Statue kommend, vernehmen konnte:

> «Ich bin das Bild der Welt,
> Sieh, wie Wahrheit mir fehlt.
> Willst du mit mir zu leben wagen,
> So werd' ich dir zum Behagen.»[17]

Durch das Erleben dieser Statuen – in männlicher und weiblicher Gestalt – wurden die Schüler an die Erfahrung der Weltgeheimnisse, an die makrokosmischen und mikrokosmischen Gegensätze herangeführt; sie erlebten zuerst die Extreme der einen, dann die der anderen Seite. Sie konnten empfinden, was Wissen ohne Leben, Phantasie ohne Wahrheit, Wissenschaft ohne Kunst, bedeutet. Die Extreme des Lebens erlebten sie in vollkommener Hingebung an die Sinneswelt: die Vergangenheit, eine strenge, kalte, gefrorene Winterlandschaft und das Gegenteil, die Hitze einer Sommerlandschaft, die innere Wärme, das Leben von Traum und Phantasie, das sich immer in der Zukunft abspielt.[18]

Natürlich war für die Schüler der Mysterienschulen der wirkliche Einweihungsweg viel komplizierter und fundierter, als ich ihn hier beschreiben kann. Doch eins steht fest, nachdem die Schüler lange Zeit extremen Polaritäten ausgesetzt waren, entwickelten sie das Bedürfnis und die Möglichkeit, ein Mittelmaß zu finden, ein Gefühl des inneren Gleichgewichts, eine androgyne Einheit ihrer Seelen. Die letzte Erfahrung für die Schüler war die Begegnung mit dem Christus, der noch kommen sollte, mit dem Einen, der Wissenschaft und Kunst, das Männliche und das Weibliche, Vergangenheit und Zukunft, Traumerfahrung und sinnliche Erfahrung verbinden kann, der der gesamten Menschheit ermöglicht, eine Friedenskraft in sich selbst zu finden.

In mancherlei Hinsicht ist die Gesamtheit unseres Daseins auf Erden eine kontinuierliche Bewegung, ein Fließen, eine Spannung zwischen Gegensätzen. Das ist unsere fundamentalste Lebenserfahrung, denn unser Selbstgefühl entsteht nur aus dem Zusammenspiel und der Wechselwirkung von Polaritäten: Tag und Nacht, Innen und Außen, hell und dunkel, Schlafen und Wachen, Ein- und Ausatmen, Leben und Tod, Sommer und Winter, heiß und kalt. Dazwischen wachen wir auf und werden uns selbst und der Welt bewußt. Wir erwachen zu einem Gefühl des eigenen Ichs, das harmonisierend und ausgleichend wirken kann. Durch unsere Inkarnation in Gegensätze gewinnen wir die Fähigkeit des Ich-Bewußtseins, mit dem wir einen Weg zu einer neuen Ganzheit finden können.

Angeregt durch Diskussionen, die sich aus der Frauenbewegung entwickelt haben, wächst bei vielen Menschen das Bedürfnis nach Selbsterkenntnis. Sie können etwas in ihre Persönlichkeit miteinbeziehen, das bisher ausgeschlossen war: das Unkonventionelle, das Tabu, das Weibliche im Mann und das Männliche in einer Frau. In der Hoffnung, enge Rollenbestimmungen und stereotype Erwartungen an das andere Geschlecht zu durchbrechen, wird mit den Rollen experimentiert. Im Grunde sehnen sich

Menschen danach, ihre Menschlichkeit vollständiger auszudrükken und sich einander zu öffnen. Sie möchten einander als Individualitäten begegnen und die Ebene geistiger Gleichheit finden, auf der sie Ausgewogenheit ernsthaft erarbeiten und bewußt vereinen können, was in Individuen und Gesellschaft aufgeteilt wurde.

Rudolf Steiner wies auf die entscheidende Notwendigkeit dieser inneren Arbeit hin. Wenn wir an unserem eigenen inneren Gleichgewicht arbeiten, statt uns auf die äußere Gegensätzlichkeit zu konzentrieren, werden wir den Bestrebungen der äußeren Welt eine andere Richtung geben können, und aus uns heraus wird Liebe und Harmonie in die Welt fließen. Dieser Gedanke war die Idealvorstellung in früheren Zeiten.

«Vater in sich und Mutter in sich in das richtige Verhältnis zu bringen, das mußte als ein Ideal erscheinen, als ein großes Ideal. Geschieht es nicht, daß der Mensch Vater und Mutter in sich zur Harmonisierung bringt, so muß sich die Disharmonie zwischen dem väterlichen und dem mütterlichen Element fortpflanzen von dem Menschen auf den physischen Plan hinaus und draußen Verheerungen anrichten. Also sagte der alte Weise: Der Mensch hat die Aufgabe, in sich eine Harmonie herzustellen zwischen dem väterlichen und dem mütterlichen Element. Gelingt das nicht, so tritt das in die Welt heraus, was uns als das Furchtbarste erscheinen muß.»[19]

Sobald wir in der Disharmonie um uns herum eine Widerspiegelung unserer eigenen inneren Unausgewogenheit bemerken können, sollten wir beginnen, zielstrebig an einer inneren und äußeren Harmonie zu arbeiten. Obwohl wir dadurch scheinbar verletzlicher werden, befreien wir uns und nähern uns der Möglichkeit, unser gesamtes Potential als Frau oder Mann auszuschöpfen.

Frau und Mann – Gemeinsamkeiten und Unterschiede

Die Verbindung oder innere Androgynie, nach der wir suchen, ist kein Verwischen des Weiblichen und Männlichen oder der wirklichen Unterschiede zwischen Frau und Mann. Wichtig ist es, weder die prinzipielle Gegensätzlichkeit der Geschlechter zu verleugnen, noch ihre zukünftige Vereinigung vorwegzunehmen. Sicher sollten wir heute nicht im Physischen danach suchen, obwohl die Androgynie auch in diesen Bereich durchsickert – etwa durch die Tendenz einer einheitlichen Mode in der Bekleidung. Außerdem tendieren einige Menschen dazu, die physischen Unterschiede zu verringern oder sogar zu verleugnen. Aber ich denke, daß die meisten Menschen heute ein intuitives Wissen von alten Mysterienweisheiten haben, wie beispielsweise den Mysterien Hiberniens. Dieses Wissen beinhaltet, daß wirkliche Harmonie nur möglich ist, wenn wir Bedeutung und Wert des Unterschiedes zwischen Frau und Mann kennen. Wir müssen diese Gegensätzlichkeit erlebt haben, um wirkliche Ausgewogenheit erfahren zu können. Wir streben danach, eine Würdigung unserer Inkarnation in Gegensätze mit dem wachsenden Gefühl zu verbinden, daß unser wahres Wesen unabhängig von dieser Unterscheidung ist. Dieses zweifache Bestreben möchte ich im Folgenden näher betrachten: zuerst möchte ich versuchen herauszufinden, wie wir die Unterschiede zwischen Frauen und Männern verstehen können und wie der männlich-weibliche Gegensatz in uns allen, vom Physischen bis zum inneren Seelenleben, wirkt.

Im Physischen ist der Unterschied zwischen Frauen und Männern offensichtlich. Frauen verkörpern den weiblichen und Männer den männlichen Pol; sie ergänzen sich und brauchen einander, um die Menschheit fortzupflanzen. In einer Vortragsreihe mit dem Titel «Embryologie und Weltevolution» beschreibt Karl König, der Gründer der Camphill Bewegung, wie die Fortpflanzungsorgane von Frau und Mann die beiden Pole der menschlichen Existenz beinhalten und widerspiegeln.

«Das Ovarium ist ein mehr oder weniger beständiges Organ. Die Testis, der Hoden, ist ein von einem bestimmten Zeitpunkt an, nämlich von der Pubertät an unendlich lebendiges Organ. Das heißt, das, was der Hoden produziert, ist immer neu. Millionen und Abermillionen Samenzellen werden darin, man könnte sagen, unentwegt gezeugt und erzeugt. Es ist ein Brunnen von dauernder und immerwährender Lebendigkeit. Dagegen trägt das Ovarium schon mit der Geburt des Mädchens an sich die Anzahl jener Keime, die schrittweise (und nur wenige davon) im Laufe des Lebens sich ausbilden werden und von denen das eine oder andere befruchtet wird. (...) Die Ovarien liegen im *Innern* des Leibes, sie sind sozusagen am Ende der Bauchhöhle mehr oder weniger aufgespannt, dennoch aber in einem Schwebezustand sich erhaltend. Das ist die Geste des weiblichen Poles. Der Hoden hingegen tritt *aus dem Leib heraus*, er durchbricht die äußere Form der Bauchhöhle und senkt sich hinunter, muß sich, wenn der Mann reif wird, hinunterschieben. Dadurch kommt ... der Hoden unter den Einfluß der *Schwere*. Er wird im Grunde genommen eine, wenn auch verstümmelte, aber dennoch vorhandene Gliedmaße. (...) Da ist etwas Schwebendes, Erhaltendes, Tragendes, Bewahrendes im weiblichen Organismus vorhanden, und da liegt etwas Sprudelndes und dennoch unter dem Einfluß der Schwere Stehendes, etwas sich dem Leib Entrungenes beim männlichen Zeugungsorgan vor.»[20]

König schildert weiter den Zusammenhang zwischen dem Eifollikel (Graaf-Follikel), der sich im Eierstock zur Ernährung des Eis während der Oogenese entwickelt und dem Aufbau der Ohren und Gleichgewichtsorgane der niederen Tierarten. Das Ei ist eine Art Ohr, das sich in der Dunkelheit bewegt, lauscht und den richtigen Augenblick für die Empfängnis erwartet. So wirken die weiblichen Wesenszüge, wie Lauschen, Ausgleichen und Empfangen, in den Formen und Prozessen des weiblichen physischen Leibes. König weist auf die bemerkenswerte Ähnlichkeit zwischen der Eustachischen Röhre (der Verbindung zwischen Rachenraum und Mittelohr) und dem Eileiter (der Verbindung zwischen Gebärmutter und Eierstock) hin. Beide wurden sogar in aufeinander folgenden Jahren entdeckt (von Eustachi 1524 und Fallopio 1523). Eine deutliche Übereinstimmung zwischen dem Weiblichen und dem Ohr, zwischen Hören und Empfängnis wird bemerkbar.

Das Lauschen, als weiblicher Wesenszug, umfaßt mehr als nur das physische Hören. Forschungen haben bestätigt, daß bereits auf der physischen Ebene ein Zusammenhang zwischen Weiblichkeit und Hörvermögen besteht. «Frauen hören auch besser als Männer: ihre auditive Unterscheidungs- und Lokalisierungsfähigkeit ist in jedem Alter überlegen. Männer, hingegen, sehen besser. Diese geschlechtsspezifischen Vorteile im sensorischen Bereich sind weder erlernt, noch durch besondere Erfahrungen erworben. Sie zeigen sich bereits in der Kindheit. Schon im Alter von wenigen Wochen sind Jungen mehr an sichtbaren Mustern interessiert, während Mädchen sich eher Tonfolgen zuwenden.»[21]

Auch König betont den Zusammenhang zwischen dem Männlichen und dem Auge:

«auch vergleichend anatomisch, auch pathologisch anatomisch ist es so, daß das *Ohr* und das *Ovarium*, das *Auge* und der *Hoden* tief miteinander verwandt sind. Es gibt bestimmte Augenerkrankungen, die nur bei Männern auftreten, zum Beispiel Farbenblindheit, aber manches andere auch, weil eben das Auge ein männlich bestimmtes, das Ohr ein durch und durch weiblich bestimmtes Organ ist.»[22]

Frauen sind in der Lage, ein Kind zu empfangen und zu gebären; sie können Leben nähren, stärken und erhalten. Durch ihren Menstruationszyklus hat eine Frau eine direkte Verbindung zum

Rhythmischen, die sie immer an die Beziehung des Menschen zum kosmischen Rhythmus erinnert. Der Menstruationszyklus ist ein verinnerlichter Mondrhythmus, der zwar nicht mehr direkt von den Mondphasen abhängig ist, aber noch immer mit ihnen im Zusammenhang steht. (Die durchschnittliche Länge des Menstruationszyklus beträgt 29,5 Tage; das entspricht der Zeit von Neumond zu Neumond.) In diesen fundamentalen, lebenserhaltenden Rhythmus wird in unserer Zeit besonders durch die Pille eingegriffen. Glücklicherweise wird diese Gefahr von mehr und mehr Frauen erkannt. Sie wünschen sich, eine bessere Beziehung zu ihrem Körper herzustellen und eine neue Form der Achtung für ihn zu erwecken. Daraus entstanden unterschiedliche Studien, die sich mit der tieferen Bedeutung der Menstruation befaßten. Festgestellt wurde, daß Frauen sich über diesen Zyklus freuen können, weil sie durch ihn die Verbindung zu ihren Körpern, der Erde und den Sternen erfahren. Die Menstruation ist keine Belästigung oder gar ein Fluch, sondern eine unentdeckte weibliche Quelle für Geist, Seele und Körper, die wichtig ist, um eine Beziehung zu unserem tiefsten innersten Wesenskern aufzubauen. Durch unseren Zyklus erleben wir kosmische Zusammenhänge und sogar unsere weiblichen und männlichen Wesenszüge. Im Laufe eines Monats durchleben viele Frauen Zeiten eines unklaren Bewußtseins, Phasen erhöhter Aufnahmebereitschaft, Offenheit und Erwartung und wiederum Zeiten der Spannung, Selbstsicherheit, Klarheit und Schnelligkeit. Befinden wir uns im Einklang mit unserem Zyklus, können wir uns einer möglichen Ganzheit öffnen.

Karl Königs Vorträge über Embryologie und Weltevolution leisten einen wichtigen Beitrag zum Verständnis der Bedeutung des Menstruationszyklus. Er stellt einen Zusammenhang her zwischen diesem Zyklus, der biblischen Schöpfungsgeschichte und Steiners Gedanken zur Evolution der Erde und des Kosmos. In der Bewegung der weiblichen Eizelle und ihrer Vorbereitung auf die Befruchtung sieht er eine kurze Wiederholung der Entstehungsgeschichte von Erde und Menschheit. Unser Menstruationszyklus bewahrt eine Art kosmischer Erinnerung, ein Zeugnis vergangener Erdgeschichte. Sich in diesen Rhythmus einzumischen, kann bedeuten, eine physische Verbindung zu einem geistigen Wirken zu durchtrennen, zu einer Zeit, in der es besonders wichtig ist, wieder eine starke und klare Beziehung zum Geistigen herzustellen.

Das Männliche trägt die individualisierende Kraft. Wenn Frauen sich selbst fortpflanzen könnten, wären ihre Nachkommen alle weiblich und äußerlich gleich. Ist in einem Kind das Weibliche angelegt, folgt es bereits in der frühen embryonalen Entwicklung einem ziemlich direkten Weg. Es entfaltet seine natürliche Tendenz, weiblich zu sein. Soll ein Kind jedoch männlich werden, muß Differenzierung stattfinden, um die dem Embryo und der mütterlichen Umgebung innewohnende Weiblichkeit zu überwinden. Der männliche Embryo muß sich unterscheiden und kämpfen, um männlich zu werden.

«Nur beim männlichen Embryo findet eine Differenzierung und Veränderung der Geschlechtsmerkmale statt: ... Die weibliche Entwicklung verfolgt einen geraden Weg; die Fortpflanzungsorgane unterliegen keiner hormonellen Veränderung. Die fötalen und mütterlichen Östrogene vermehren sich nur und wirken später langsam, in relativ geringem Maße, an der sich bereits entfaltenden weiblichen Gestaltbildung mit. Andererseits ist eine starke Aktivität des fötalen Androgens notwendig um die weibliche Gestaltbildung in eine männliche zu verwandeln.»[23]

Es gibt noch eine andere Möglichkeit, diesen fundamentalen Unterschied zwischen der physischen Natur eines Mannes und der einer Frau zu betrachten. Rudolf Steiner beschreibt, wie die weibliche Natur zur Zeit der Geschlechtertrennung einen Leib für sich wählte, der nicht zu tief ins Materielle herabstieg, sondern eine frühere, eher geistige Form behielt. Natürlich wurde er physisch, aber er war beweglicher; er war nicht so irdisch, nicht so komprimiert und kräftig wie der männliche Leib, der zu weit, zu tief in die Materie herabstieg, «... so daß in Wahrheit das wahre Menschentum zwischen Mann und Weib liegt.»[24]

Nach Steiner beeinflußt dieser Unterschied unser gesamtes Denken und die Art und Weise, in der wir den Ereignissen und Erfahrungen unseres Lebens begegnen und mit ihnen arbeiten. Da sich das männliche Gehirn so tief im Materiellen gestaltet, ist es unnachgiebiger und schwerer zu beeinflussen, als die beweglichere Form des weiblichen Gehirns. Das männliche Gehirn ist ein Instrument des Intellekts und ist stärker mit dem Willen als mit dem phantasievollen Gefühlsleben verbunden. Es ist besonders für das materialistische Denken geschaffen; es kann sehr gut die Oberfläche der Dinge behandeln, den physischen Plan, aber es hat Schwierigkeiten, subtilere Wege des Denkens zu verfolgen. «Man könnte dabei von einem gewissen Grade von ‹Eingefrorenheit› des Gehirns sprechen»,[25] denn es kann sich nicht so leicht von festgelegten Gedankenstrukturen trennen. Männer haben im allgemeinen die Fähigkeit, präzise, exakt und konzentriert zu denken. Sie können sich intensiv mit einem Gedanken beschäftigen und gut formulieren. Gleichzeitig besteht die Gefahr, daß ihr Denken abstrakt und leblos wird: «Und wer Mann ist, der weiß, was für ein schwieriges Instrument das Mannesgehirn oftmals ist. Es bildet furchtbare Hindernisse, wenn man es für biegsamere Gedankengänge brauchen will. Da will es nicht mitgehen. Es muß erst mit allen möglichen Mitteln herangebildet werden, um sich aus der Steifigkeit zu lösen. Das kann durchaus ein eigenes Erlebnis der Manneserfahrung sein.»[26] An anderer Stelle trägt Steiner vor: «Wenn man nur einmal im kleinsten Maße den Begriff davon bekommen hat, was es heißt, im Geiste denken, im Geiste leben und den physischen Leib als ein bloßes Werkzeug benutzen, wenn man sich nicht so darinnen stecken fühlt, daß man sich mit ihm identifiziert, dann kann man ein Lied singen gerade von der Misere, einen männlichen Leib, der natürlich auch sein Gehirn infiltriert, in einer Inkarnation benutzen zu müssen. ... Es ist in der Tat eine schwierigere Sache, wenn man in die höheren Welten hinaufsteigen muß, sich ein männliches Gehirn zu trainieren, um die Wahrheiten in Gedanken umzusetzen, als ein weibliches Gehirn.»[27]

Das weibliche Gehirn ist flexibler und biegsamer. Sein Denken ist wärmer, weicher, geistig offener und frei. Es steht der Weisheit durch Inspiration näher. Deshalb sind Frauen oft empfänglicher für neue oder revolutionäre Ideen. Sie fassen geistige Ideen schnell auf und sind oft die ersten, die neue Ideen akzeptieren (z. B. das frühe Christentum, den psychologischen Ansatz von Jung, die Anthroposophie). Sie haben eine Fähigkeit, das Ungewöhnliche zu akzeptieren und zu verstehen. Steiner führt aus, daß dies einer der Gründe sei, warum Maria Magdalena die erste war, die den auferstandenen Christus sah.

Eine Frau lebt stärker als ein Mann in ihrem Gefühls- und Seelenleben. Erfahrungen und Erlebnisse hinterlassen einen tiefen Eindruck in ihrem Inneren. Sie ist sich aller Bedeutungsnuancen bewußt und sie nimmt die unausgesprochenen Dinge ebenso wahr wie die ausgesprochenen. Ihre Beziehung zur äußeren Welt und der Welt der Ideen ist freier als die des Mannes. Wir sollten nur nicht vergessen, daß diese Unterschiede sich auf die männliche und die weibliche Natur *im allgemeinen* beziehen und nicht notwendig auf das Individuum.

Flexibilität ist weder eine ausschließlich weibliche Eigenschaft, noch ist materialistisches Denken ausschließlich männlich. Wir alle haben die Möglichkeit, sowohl ein willensstärkeres, intellektuelles Denken als auch ein eher flüssiges, bildhaftes Denken zu entwickeln. Unsere schöpferische Entfaltung hängt davon ab, eine Synthese zwischen diesen beiden Denkmöglichkeiten zu finden. Frauen und Männer haben heute beiderseits ein eher trockenes, abstraktes Denken ausgebildet aufgrund ihres mehr intellektuellen, an der Oberfläche der Dinge haftenden Bewußtseins. Das Weibliche schmiegt sich an, weiß, wie man dem Lauf der Dinge folgen kann und führt uns so zum Geistigen zurück. Unseren Gefühlsbereich kann es beleben und unser Denken mit Beweglichkeit, Wärme und Tiefe erfüllen. Wenn wir eine Synthese zwischen dem Weiblichen und dem Männlichen bilden können, eine kreative Ausgewogenheit zwischen Intellekt und Phantasie, beginnen wir etwas zu erarbeiten, das Steiner als Verwandlung der Weisheit des Kopfes durch das Herz bezeichnete, das Zusammenführen von Kopf und Herz, um eine Brücke zu bilden zwischen unserem Denken und unserem Handeln.

Bevor ich zum Thema der Ausgewogenheit zurückkehre, möchte ich noch etwas mehr auf die Unterschiede (und Ähnlichkeiten) zwischen Frauen und Männern eingehen. Trotzdem ist es wichtig, an dieser Stelle zu erwähnen, daß sogar im physischen Bereich eine kontinuierliche Integration und Harmonie zwischen den Geschlechtern sichtbar wird, obwohl sich dort Unterschiede in der Gestalt nicht leugnen lassen. Das Zusammenwirken zwischen rechter und linker Hand und der rechten und linken Gehirnhälfte kann als mögliches Bild der Ausgewogenheit des Männlichen und Weiblichen gesehen werden. Diese Erscheinung ist auch im Gesicht eines Menschen beobachtbar. Oft ist die linke Seite weicher, weniger bestimmt, stärker nach innen gerichtet und weiblicher, während die rechte Seite klarer, schärfer, willensstärker und männlicher aussieht.

Im menschlichen Körper sind die Drüsen paarweise angeordnet. Sie regeln komplementäre Vorgänge und gleichen sich gegenseitig aus. Die Hypophyse, zum Beispiel, hat zwei Lappen: die hintere und die vordere Hypophyse. Der hintere Lappen kontrolliert die unwillkürlichen Muskeln des inneren, instinktiven Teils des Körpers, besonders der Gedärme, der Blase und der Gebärmutter. Außerdem reguliert er die Milchproduktion und ist allgemein die Drüse der weiblichen Körpervorgänge. Die vordere Hypophyse, andererseits, unterstützt die eher männlichen Anteile. Sie ist eng verbunden mit dem Skelett, dem abstrakten Denken und dem Verstand.

Frauen und Männer produzieren sowohl männliche als auch weibliche Hormone; der Hauptanteil besteht jedoch immer aus den geschlechtsspezifischen Hormonen. Der genetische Code für Menschen erfordert einen bestimmten Anteil von jedem dieser Hormone, mit der Folge, daß Männer und Frauen gar nicht so unterschiedlich sind. Bei einigen Tierarten hingegen ist der Unterschied so groß, daß die männlichen und weiblichen Exemplare verschiedenen Gattungen anzugehören scheinen. Das Verhältnis der Hormone in unseren Körpern ist nicht festgelegt, sondern ändert sich im Laufe des Lebens. Beispielsweise in der Pubertät beginnen die Mädchen mehr weibliche und die Jungen mehr männliche Hormone zu produzieren; mit zunehmendem Alter verringert sich jedoch dieser Unterschied wieder. In der dazwischenliegenden Zeit können Änderungen des Hormonspiegels viele Ursachen haben, die sowohl im seelischen als auch im physischen Bereich liegen. So wird zum Beispiel der innere Zustand einer Frau von ihrem Menstruationszyklus und den damit verbundenen hormonellen Veränderungen beeinflußt. Andererseits können ihre Gefühle wiederum ihren Zyklus beeinflussen. Ist sie angesichts eines kommenden Ereignisses nervös oder aufgeregt, kann ihre Menstruation früher als erwartet eintreten. Furcht, Angst oder ein zu intellektueller Lebensstil können die Menstruation unterbinden. Forschungsergebnisse zeigen, daß Frauen, die eng zusammen arbeiten oder zusammen leben häufig ihre Menstruation um die gleiche Zeit haben, also sich mit ihren Rhythmen aufeinander einstellen.

Das männlich-weibliche Gleichgewicht ist natürlich nicht nur eine Frage des Hormonspiegels. In seinem Buch *Lebenskrisen – Lebenschancen* schreibt Bernard Lievegoed über dieses Gleichgewicht in allen Individuen:

«In biologischer Hinsicht ist jeder Mensch zunächst doppelgeschlechtlich. Die Urniere, in der in der frühen Embryonalphase das ganze Urogenitalsystem angelegt ist, entwickelt lange beide Organsysteme nebeneinander, bis sich in einem bestimmten Moment das männliche oder das weibliche System durchsetzt und das andere System in der Entwicklung zurückbleibt. Beim erwachsenen Mann und der erwachsenen Frau finden sich noch Reste der Organe des anderen Geschlechts. Auch die Brustdrüsen sind bei Mann und Frau gleichermaßen angelegt, jedoch werden sie nur bei der Frau voll entwickelt.»[28]

Biologisch gesehen sind wir alle bisexuell veranlagt und die Kräfte, die sich nicht physisch entfalten, beeinflussen uns aus dem

Unbewußten. Das Bewußtsein dieser Zweiheit, der Entwicklung unserer einen Seite und dem Zurückhalten der anderen führt zu unterschiedlichen Lebenserfahrungen. Wir alle befinden uns irgendwo auf einem Kontinuum zwischen reiner Weiblichkeit und reiner Männlichkeit, zwischen dem maskulinen «Macho»-Mann und der zarten, blütenhaften, femininen Frau. Dazwischen gibt es verschiedene Grade. Jeder von uns hat seinen eigenen besonderen Platz, der sich im Laufe unseres Lebens verändern und verschieben kann. Bei sehr einseitigen Menschen, die entweder zum extrem Männlichen oder zum extrem Weiblichen neigen, besteht die Gefahr, in ihren inneren Erfahrungen begrenzt zu werden und die Welt durch eine verengende Linse zu betrachten. Für sie kann es schwierig werden, die Andersartigkeit des anderen Geschlechts zu verstehen, denn wir verstehen die anderen dadurch, daß wir sie in uns selbst wiedererkennen. Wenn Menschen nicht die anderen in sich selbst akzeptieren und tragen können, bleibt ihnen ein Teil der Welt unverständlich. Dadurch kann es für sie schwer werden, ein wahres Selbstgefühl zu entwickeln, das unabhängig von ihrem Geschlecht ist. Sie werden von anderen Menschen hauptsächlich als Frau oder Mann behandelt. Deshalb ist es für sehr einseitige Menschen meist schwerer ein inneres Gleichgewicht zu entwickeln als für Menschen mit einem ausgewogeneren Sinn für das Männlich-Weibliche in sich (der jedoch nicht die sexuelle Identität in Frage stellt), denn sie haben die Möglichkeit eines volleren, reicheren Innenlebens und eines tieferen Verständnisses für Andere.

Rudolf Steiner fügt zu diesem Bild der Ausgewogenheit noch eine weitere Dimension hinzu. Er beschreibt, daß die Menschen nicht nur einen physischen Leib, sondern auch einen Ätherleib, einen Lebensleib, haben, der den physischen Leib stärkt und erhält. Der Ätherleib ist der Gestalter des physischen Leibes, er formt ihn und erfüllt ihn mit Leben. Im Ätherleib sind lebendige, bewegliche und fließende Kräfte wirksam. «Im übrigen erscheint er wie eine Lichtgestalt und ragt überall, in allen Teilen etwas, aber nur wenig, über den physischen Körper hinaus. Diesen Ätherleib hat der Mensch mit der Pflanzenwelt gemeinsam.»[29]

Steiner schildert, wie in unserem Ätherleib Überreste unserer früheren Doppelgeschlechtlichkeit wahrnehmbar sind, denn der Ätherleib eines Mannes ist weiblich und der einer Frau ist männlich; wir tragen das Bild des anderen Geschlechts in uns. Es lebt verborgen in jedem Menschen.

«Wenn Sie sich den physischen Leib wegdenken könnten, würden Sie den Ätherleib, namentlich in den oberen Partien, ziemlich ähnlich dem physischen Leib sehen. Diese Ähnlichkeit geht aber nur bis zur Mitte des Körpers, denn der Ätherleib weist doch eine große Verschiedenheit gegenüber dem physischen Leib auf. Das werden Sie begreifen, wenn ich Ihnen sage, daß der Ätherleib beim Mann weiblich und beim Weibe männlich ist. Ohne diese Erkenntnis wird einem im praktischen Leben vieles unbegreiflich bleiben.»[30]

Dieses Bild des Gleichgewichts verdeutlicht, warum wir nicht nur von Frau und Mann, sondern von männlichen und weiblichen Wesenszügen sprechen sollten, die entweder innen oder außen wirksam sind. In der Frau ist der weibliche Pol nach außen wirksam, während der männliche Pol stärker nach innen tätig ist. Beim Mann ist es umgekehrt: das Männliche wirkt nach außen in die Welt hinein, ins Physische, das Weibliche arbeitet nach innen. Steiner beschreibt dieses Phänomen noch in einer anderen Weise und bezieht sich dabei auf den Einfluß von Sonne und Mond auf Frau und Mann. Er führt aus, daß der physische Leib einer Frau stärker vom Mond beeinflußt wird, während die Sonnenkräfte eher in ihrem Ätherleib wirken. Das Gegenteil gilt für den Mann: bei ihm sind die Mondkräfte intensiv im Ätherleib tätig, während die Sonnenkräfte einen direkteren Einfluß auf den physischen Leib haben.

Dieses Bild der menschlichen Natur als eines Zusammenwirkens von Gegensätzen hilft uns zu verstehen, warum der Versuch, die charakteristischen Wesenszüge von Frauen und Männern oder sogar die weiblich-männliche Polarität zu bestimmen, häufig mißlingt oder in die Irre führt. Wenn wir eine Frau als dies oder jenes definieren wollen, sehen wir dann das Weibliche in ihr oder ihr männliches Gegenstück? Unterscheidet sich das innerlich wirksame Männliche in der Frau vom äußerlich tätigen Männlichen im Mann? Wie drückt sich das Weibliche im Mann aus? Worin unterscheidet es sich vom Weiblichen der Frau? Diese Fragen sind nicht leicht zu beantworten, aber es ist wichtig, sie im Sinn zu behalten, um Vereinfachungen zu vermeiden. Rudolf Steiner behandelt diesen Punkt in einigen Vorträgen zu diesem Thema:

«Bei einem sehr bedeutenden Naturforscher des 19. Jahrhunderts ist als Grundeigenschaft der Frau angegeben das Gefühl der Demut. Ein anderer, der auch ein Recht hat, mitzusprechen, findet als weibliche Grundqualität die Zornmütigkeit. Ein anderer Naturforscher, der viel Aufsehen erregt hat, kommt zu dem Ergebnis, daß das Grundwesen einer Frau am besten sich ausdrükken lasse mit Ergebenheitsgefühl; ein anderer mit Herrschsucht, ein anderer mit konservativem Sinn, und wieder ein anderer findet, die Frau sei das eigentlich revolutionierende Element in der Welt.»

«Man könnte diese Blütenlese beliebig vermehren, herausbekommen würde man am Schlusse nur, daß das äußerliche Anschauen gescheite Menschen zu den entgegengesetzten Urteilen bringt. Wer tiefer auf die Sache eingehen will, der müßte sagen: Diese Betrachter gehen vielleicht von ganz falschen Voraussetzungen aus; nicht das Äußerliche bloß sollte man ansehen, sondern das ganze Wesen.»

«Solange man jedoch nur den physischen Leib anerkennt, kann etwas Vernünftiges nicht herauskommen. Man muß das Geistige anerkennen, das dahinter ist. Durch das Männliche erscheint uns im Manne seine innere Weiblichkeit, und durch das Weibliche in der Frau ihre innere Männlichkeit. Nun begreift man auch, wie so viele Beurteiler, die Mann und Weib äußerlich anschauen, in die Irre gehen; es kommt eben ganz darauf an, ob man auf das Innere oder auf das Äußere blickt. Ganz dem Zufall ist derjenige unterworfen, der nur die eine Seite des menschlichen Wesens kennt. Wenn zum Beispiel der eine Forscher als Haupteigenschaft der

Frau die Demut findet und ein anderer den Zorn, so hat jeder eben nur eine Seite derselben Wesenheit betrachtet. Der Irrtum muß bei dieser Art des Ansehens auftreten. Um die volle Wahrheit zu erkennen, müssen wir auch den vollen Menschen ansehen.»[31]

Beim Versuch, den Geschlechtsunterschied zwischen unserem physischen Leib und unserem Ätherleib zu verstehen, hilft es uns, zu bedenken, daß der Ätherleib an sich eine Ganzheit bildet. Er ist männlich und weiblich zugleich: die eine Hälfte stärkt und gestaltet den physischen Leib, die andere Hälfte, das Weibliche im Mann und das Männliche in der Frau, ist freier. Sie trägt mehr zum inneren Seelenleben und Gedankenleben bei. Im Physischen sind Frauen empfangend, offen und verletzlicher als Männer. Ihre Stärke ist innerlich, in der Aufopferung, im Pflegenden und in der Hingabe. Ihr Vorstellungsleben und ihre Phantasie sind in einem inneren Sinne stark. Männer haben aufgrund ihres physischen Leibes äußere Stärke und äußeren Mut. Ihre Ideen und ihre Kreativität sind mit der äußeren Welt beschäftigt. Durch ihren weiblichen Ätherleib sind sie jedoch innerlich sensibel und verletzlich.[32]

Betrachten wir das Wirken der weiblich-männlichen Polarität in uns, sollten wir bedenken, daß unser physischer Leib und unser Ätherleib unsere äußeren Hüllen darstellen. Durch sie werden wir Mann oder Frau. Diese äußere Festlegung hat jedoch mit unserem innersten geistigen Wesen nichts zu tun. Es ist dieses innere Wesen, diese Individualität, der wir begegnen möchten, die wir mehr und mehr ausdrücken wollen und die in zunehmendem Maße unseren Lebensweg bestimmt. Und doch beeinflußt, auf der anderen Seite, der äußere Stoff, den wir tragen, den Ausdruck unseres Geistigen, unsere Lebenserfahrungen und die Art und Weise, in der wir ihnen begegnen. Unsere Physis beeinflußt unser Seelenleben.

Viele Menschen kämpfen heute mit der Spannung zwischen ihrem wachsenden Individualitätsbewußtsein und dem Wunsch, ihr besonderes Geschlecht ganz zu erleben. Ich kenne mich selbst als Frau in verschiedenen Rollen, als Tochter, Schwester, Ehefrau und Mutter. Aber ich habe noch ein anderes Gefühl von mir selbst, unabhängig von diesen Rollen, meinem Geschlecht und meinem Körper, den ich fast wie Kleidung trage, wie ein «geschlechtliches Gewand». Viele Menschen fragen sich: Warum bin ich eine Frau? Warum bin ich ein Mann? Was tue ich jetzt in diesem Körper? Was bedeutet das für meine Entwicklung? Worin bestehen meine Aufgaben als Frau oder als Mann? Diese Fragen weisen auf unser Bedürfnis hin, einen Weg zu finden, um einen Individualitätssinn mit dem Verständnis für den Unterschied zwischen Frauen und Männern zu verbinden.

Für mich bieten Rudolf Steiners Darstellungen des individuellen menschlichen Ichs und seine Gedanken zu Reinkarnation und Karma einen Weg, um unseren Individualitätssinn zu verstehen und mit unserem Selbstgefühl als moderne Frauen und Männer zu verbinden. Unser Ich, unsere geistige Individualität, steht über dem Bereich der Geschlechtlichkeit und ist der Ausdruck des wahren menschlichen Wesens von Frauen und Männern. Dieser Wesenskern in uns reinkarniert sich im Laufe der Erdevolution. Manchmal wählt er den Körper eines Mannes, manchmal den einer Frau, weil die unterschiedlichen Erfahrungen eines jeden Geschlechts wichtig sind für Wachstum und vollständigen Ausdruck des sich entwickelnden Individuums und für die gesamte Erfahrung der irdischen Bedingungen.

«Ungefähr die Zeit, die die Sonne braucht, um durch ein solches Tierkreiszeichen durchzugehen, ist die Zeit, in der der Mensch zweimal inkarniert ist, einmal männlich und einmal weiblich. Denn die Erfahrungen und Erlebnisse, die der Mensch durchmachen kann in einem männlichen oder weiblichen Organismus, sind für das geistige Leben so grundverschieden, daß er in demselben Antlitz der Erde sich einmal weiblich und einmal männlich inkarniert.» ... «... es ist in der Regel abwechselnd. Diese Regel wird oft durchbrochen, so daß manchmal drei bis fünf, aber nie mehr als sieben gleichgeschlechtliche Inkarnationen aufeinanderfolgen.»[33]

Das ist ein wundervolles Bild unseres Strebens nach Ausgewogenheit, ein Bild des Menschen als geistiges Wesen, das sich über die Zeit hin entwickelt und männliche und weibliche Weisheit in Einklang bringt. Viele Menschen könnten für dieses Bild empfänglich sein und es als eine Wahrheit anerkennen, die ihnen tief im Inneren schon bekannt ist, nämlich daß unsere wahre Menschlichkeit zwischen dem Männlichen und dem Weiblichen liegt. Ein solches Bild kann uns befreien und uns helfen, weder uns, noch andere durch geschlechtliche Stereotypen einzuschränken. Es ermöglicht uns ein Einleben in die Unterschiede zwischen Frauen und Männern, ohne daß wir uns gefangen oder verurteilt fühlen. Sind wir jetzt Frauen, wissen wir, daß wir zuvor Männer waren und wieder sein werden und umgekehrt. All das gehört zu unserem Streben nach Ausgewogenheit über die Zeit hinweg, zu unserem allmählichen Lernprozeß, unsere volle Menschlichkeit zum Ausdruck zu bringen. Das Verantwortungsgefühl kann gestärkt werden, weil ich vielleicht die Dinge, die mir jetzt in meinem Leben als Mann oder als Frau begegnen, selbst geschaffen habe. Vielleicht waren die Frauen, die heute darum ringen, unsere männlich-geprägte Kultur zu erwärmen und zu harmonisieren, in der Zeit Männer, in der diese männliche Kultur errichtet wurde und müssen nun das wieder ausgleichen, was sie einst geschaffen haben.

Erfahrungen und Ereignisse des Lebens hinterlassen tiefere Spuren in der Seele der Frau, als in der Seele des Mannes, beschreibt Rudolf Steiner. Eine Frau ist von allem, was um sie herum geschieht, tief beeindruckt. Diese Neigung in ihr schafft ein Verlangen sich noch vollständiger in der physischen Welt zu inkarnieren. Eine solche Sehnsucht trägt dazu bei, im nächsten Leben einen männlichen Körper zu gestalten. Ein Mann, hingegen, dringt im Allgemeinen nicht allzu tief in die Dinge ein. Diese Neigung bewirkt die Gestaltung eines weiblichen Körpers im nächsten Leben und damit eine weniger tiefe Inkarnation. Auf diese Weise formen unsere Erfahrungen als Frau oder Mann in dem einen Leben unsere physischen Leiber für das nächste Leben. «Der Mann ist das Karma der Frau» und «Das Weib ist das Karma des Mannes!»[34]

In gewisser Hinsicht scheint die Polarität zwischen Frau und

Mann (und weiblich und männlich) bei einem linearen Zeitverständnis illusorisch, denn wenn wir unsere Leben unter dem Gesichtspunkt der Entwicklung über die Zeit betrachten, bemerken wir, daß sich das eine beständig auf das andere zu bewegt, in es hineinfließt und das andere umfaßt. Wir gelangen vielleicht schließlich an einen Punkt der Evolution, an dem die Wesenskerne von Frau und Mann vollständiger und damit weniger einseitig werden, wenn wir an unserer inneren Harmonie über zeitliche Zyklen hinweg arbeiten. Aber solange wir Frauen und Männer sind, legt dieses Bild der Reinkarnation nahe, daß wir entweder einen weiblichen oder einen männlichen Körper für bestimmte Erfahrungen und Möglichkeiten wählen. Nun entstehen folgende Fragen: Was bedeutet es für ein Individuum, eine Frau oder ein Mann zu sein? Was möchte ich erfahren, lernen und entwickeln, das mir als Mann nicht möglich wäre? Worin bestehen meine Möglichkeiten, Beschränkungen, meine Verantwortung? Im Folgenden möchte ich einige allgemeine Antworten auf diese Fragen näher betrachten.

Die Bedeutung, ein Mann oder eine Frau zu sein

In unserer Zeit fragen sich immer mehr Männer: «Warum bin ich ein Mann?» Viele erleben eine Krise in ihrer Identität als Mann und in ihrer Beziehung zum Männlichen. Diese Krise hat verschiedene Ursachen. Durch die Frauenbewegung, das wachsende Selbstvertrauen und die zunehmende Stärke der Frauen fühlen sich einige Männer bedroht. Sie wissen nicht mehr, was sie der Welt und ihren Mitmenschen geben können. Ihr tief verwurzelter Materialismus wird eine Last in einer Zeit, in der Menschen nach Wegen suchen, sich vom Materialismus zu befreien und nach einer geistigen Dimension der Realität verlangen.

Frauen haben heute eine stärkere Verbindung zur Erde als früher. Sie gehen arbeiten, sind erfolgreich und können sich und andere ernähren. In der physischen Welt finden sie sich gut zurecht. Die Arbeit an sich, die für Männer lange Zeit Ausdruck ihrer Männlichkeit war, bietet ihnen keine sichere Identität mehr. Dadurch, daß körperliche Arbeit weniger gefragt ist und an Ansehen verloren hat, verstärkt sich das Problem. Außerdem hat die wachsende Arbeitslosigkeit zur Folge, daß viele Männer überhaupt keine Arbeit finden können. Obwohl diese Situation auch positive Seiten hat, auf die ich später noch eingehen möchte, kann sie dazu führen, daß Männer ängstlicher und verletzlicher werden, besonders dann, wenn man sie für alle Probleme in der Welt verantwortlich macht. Männer sind sehr verwirrt: das «New Age» und das Weibliche werden als aufregend und positiv betrachtet, während alles, was mit dem Männlichen zusammenhängt, schlecht und problematisch erscheint. Sie entwickeln die

Neigung aufzugeben, ihre Männlichkeit zu verleugnen und das Weibliche in sich zu verstärken. Dieses Bedürfnis ist natürlich wichtig und positiv für die Entwicklung des Mannes, es ist Teil seines Strebens nach Ganzheit. Allerdings entstehen auch Probleme, wenn Männer sich von der Welt abwenden, unwillig, den Tatsachen ins Auge zu sehen, Entscheidungen zu fällen und Initiative zu ergreifen. Was bedeutet es, als Mann geboren zu werden?

Rudolf Steiner beschreibt, daß Männer zum Physischen und zum Ich eine stärkere Beziehung haben und daß eine männliche Inkarnation «physisch-göttlich» sei. Wir können diesen Gedanken verstehen, wenn wir die Entwicklung von Jungen betrachten und sehen, wie sie durch ihren Intellekt und Willen, ihr Denken und Handeln erwachen, während ihr Gefühlsleben unerkannt bleibt. Viele Jungen und Männer lieben den Sport und die Prüfungen der Ringkämpfe. In der materiellen Welt sind sie zu Hause, es bereitet ihnen Freude, sich mit ihrem Willen in die Dinge hineinzuarbeiten und beispielsweise an Gegenständen oder Maschinen zu basteln. Männerfreunde genießen es, zusammen spazieren zu gehen, Ball zu spielen und Ideen auszutauschen. Steiner beschreibt auch, wie Kinder ihre Väter als Führer in die irdischen Bedingungen wählen. Die Väter zeigen ihnen, wie das Ich oder die Individualität sich auf der Erde entwickeln kann.

Obwohl sich diese Hinweise nicht auf Individuen, sondern auf Männer im Allgemeinen beziehen, deuten sie darauf hin, daß eine Inkarnation als Mann dazu dient, eine starke und klare Beziehung zum Männlichen zu entwickeln und zu erfahren, wie die Kraft des Geistigen auf das Physische und durch es hindurch wirkt, ohne Gewalt oder Anarchie. Ein Mann zu sein bedeutet die Herausforderung, ein klares Bewußtsein vom eigenen Selbst und von der Welt zu entwickeln, mit den Dingen der Welt zu arbeiten, mit Gedankenklarheit die physische Welt zu durchdringen und zu verändern.

Robert Bly spricht in einem Interview zum Thema «Was Männer wirklich wollen» über die Notwendigkeit für Männer in dieser Zeit, eine Beziehung zu ihren männlichen Eigenschaften zu entwickeln. Auf die Frage «Was geschieht mit den Männern in dieser Zeit?» antwortet er:

«Niemand weiß es! Historisch gesehen hat sich der Mann in den letzten 30 Jahren sehr verändert. Der Mann aus den 50er Jahren arbeitete hart, war verantwortungsbewußt und diszipliniert; er sah nicht die Seelen der Frauen, aber dafür ihre Körper. Reagan ist noch eine solche Persönlichkeit. Der Mann der 50er Jahre reagierte sensibel auf die Meinung der anderen. Als Mann mußtest du dich für Fußball interessieren, aggressiv sein, für Amerika durchs Feuer gehen, niemals weinen, immer verdienen. Aber diesem Bild des Mannes fehlten weibliche Elemente, ein Gefühl für das Fließende, sich Verändernde und Mitgefühl.

In den 60ern erschien ein neuer Typ des Mannes. Die Sinnlosigkeit und Qual des Vietnam-Krieges ließ Männer danach fragen, was einen erwachsenen Mann tatsächlich ausmacht. Die Frauenbewegung forderte Männer auf, Frauen wirklich wahrzunehmen und sich über Tatsachen bewußt zu werden, die der Mann der 50er nicht sehen wollte. Je mehr die Männer begannen, Frauen und ihre Sorgen zu sehen, desto stärker wurden sie auf ihre eigenen weiblichen Wesenszüge aufmerksam. Dieser Prozeß dauert bis heute an und betrifft, nach meiner Ansicht, die meisten jungen Männer in irgendeiner Weise.

Das alles hat etwas Wunderbares – der Schritt des Mannes hin zu seinem eigenen weiblichen Bewußtsein ist ein wichtiger – und doch habe ich das Gefühl, daß etwas nicht stimmt...»

«Das Phänomen des ‹Softies› (des Weichlings) erlebe ich heute überall in diesem Land. Wenn ich manchmal meine Zuhörer betrachte, würde ich die Hälfte der jungen Männer als ‹soft› bezeichnen. Es sind liebenswürdige, wertvolle Menschen, die weder daran interessiert sind, die Erde zu verletzen, Kriege zu beginnen noch für Konzerne zu arbeiten. In ihrer Gesamtstimmung und ihrem Lebensstil zeigt sich eine lebensbejahende Einstellung.

Aber etwas stimmt nicht. Viele dieser Männer sind unglücklich. Sie haben keine Energie. Sie sind lebensbewahrend, aber nicht lebensspendend. Und warum sieht man diese Männer oft zusammen mit starken Frauen, die eine positive Energie ausstrahlen? Hier haben wir einen fein gesinnten jungen Mann, von der ökologischen Einstellung her seinem Vater überlegen, im Einvernehmen mit der Harmonie des Universums und doch mit wenig eigener Energie, die er in die Welt tragen kann.»[35]

Bly fährt fort, nach Gründen für den Verlust der männlichen Identität des heutigen Mannes zu suchen. Einen Grund sieht er im Mangel an starken Vaterfiguren. Viele Jungen wachsen heute ohne Vater auf oder sie haben einen, der außerhalb des Hauses einer Arbeit nachgeht, die der Junge nicht selbst nachahmen und verstehen kann. Die starke Vater-Sohn Beziehung der vorindustriellen Zeiten, in der beide Seite an Seite arbeiteten, zerbrach und damit fiel die Einweihung in die Bedeutung des «Mannseins» weg. Aus diesem Grunde schlägt Bly vor, daß die Männer heute die Aufgabe haben, eine neue Beziehung zum Männlichen herzustellen und zwar nicht durch die brutale Gewalt des oberflächlichen «Macho»-Mannes, sondern über die tief stärkende, geistsprühende Energie eines Männlichen, das ein kraftvolles, resolutes, durch ehrliches Mitgefühl geprägtes Handeln in der Welt ermöglicht.

Oberflächlich betrachtet, scheinen Frauen heute eher mit ihrem Geschlecht zufrieden zu sein. Durch die Frauenbewegung haben wir eine Stimme in der Welt und gegenseitige Unterstützung gefunden. Dazu haben wir Stärke und Selbstvertrauen gewonnen. Anfang der siebziger Jahre stellten sich viele Frauen folgende Fragen: «Warum bin ich eine Frau?» «Worin bestehen meine Aufgaben in einem weiblichen Körper?» Häufig fühlten sie sich fremd in einem weiblichen Körper, sie wußten nichts damit anzufangen. Heute scheinen sich Männer diese Fragen mit derselben Dringlichkeit zu stellen, während die Frauen darüber mehr Klarheit gewonnen haben.

Trotzdem gibt es noch immer Fragen und Verwirrungen. Viele Frauen werden von widersprüchlichen Erwartungen bedrängt. Wir haben gelernt, klar, konzentriert und unabhängig zu sein. Von uns wird erwartet, eine Karriere zu verfolgen und mit den

Männern auf gleicher Ebene (wenn nicht sogar auf einer höheren) zu konkurrieren. Gleichzeitig wird an uns der Anspruch gestellt, (nicht zuletzt von uns selbst) weiche, warme, sensible, stärkende, aufopfernde, ständig verfügbare Ehefrauen, Geliebte und Mütter zu sein.

Nun tauchen Probleme auf, die aus den neuen Formen der Freiheit entstehen. In der ersten Zeit der Frauenbewegung wurde viel Energie darauf verwandt, die alten Beschränkungen und Erwartungen der traditionellen Frauenrolle zu durchbrechen. Die freiwillige Pflege der Kinder, der Familie, der gesellschaftlichen Institutionen und Traditionen – eine Rolle in der Frauen schlafend und versklavt zu sein schienen – wurde von der Gesellschaft in wachsendem Maße unterschätzt. Mit dem Versuch, Mut zur Individualität und damit zum Kampf für gleiche politische und wirtschaftliche Rechte zu erwecken, unterstützte die Frauenbewegung das Untergraben und Unterschätzen der traditionellen Frauenrolle, besonders der Mutterschaft, und der weiblichen Eigenschaften, wie Pflegen, Nähren, Versorgen und Freilassen. In bestimmten Phasen schien die Frauenbewegung von der Ansicht beherrscht zu werden, daß Mutterschaft eine Fessel und eine Plage sei, unbefriedigend und geisttötend und daß Befreiung sich von Haus und Kindererziehung zu befreien, bedeutet. Freiheit, Eigenentwicklung, Kreativität und Anerkennung wurde nicht zu Hause mit den Kindern erreicht, sondern nur durch «wirkliche» Arbeit in der «wirklichen» Welt außerhalb des Hauses. «Muttersein» bedeutete unausgefüllt und unfrei zu sein, man mußte sich dafür entschuldigen.

Die Frauenbewegung unterschätzte nicht nur die Mutterschaft, sondern äußerte sich auch oft mit einer harten, schneidenden Stimme. Sie rief Frauen dazu auf, die harten, verstandes-orientierten, materialistischen Werte zu übernehmen, die sie eigentlich auf einer viel tieferen Ebene überwinden wollte und förderte damit die Gegensätzlichkeit und Isolation, die sie durch ihr Engagement lindern wollte. Durch die Betonung von Wettbewerb, Aggression und materiellem Gewinn, durch die scheinbare Hervorhebung derjenigen Fähigkeiten, die zu Geld, Ansehen und Macht führen, ermutigte die Bewegung Frauen, in ein männliches Gewand zu schlüpfen und es Emanzipation zu nennen. Diese Haltung befremdete viele Frauen, die darum rangen, Sinn und Bedeutung ihrer Arbeit als Mutter wiederzuentdecken. Bei anderen bewirkte sie eine defensive Reaktion, einen Rückzug von Befreiung und Bewußtheit in eine sentimentale, instinktive Weiblichkeit. Deshalb gibt es heute einige Frauen, die danach suchen, die Sicherheit der alten Stereotypen, Rollen und Werte wiederzufinden und sich wieder auf die Autoritäten und Moralvorstellungen der Vergangenheit verlassen möchten. Sie würden Frauen am liebsten moralisch verpflichten, zu Hause zu bleiben und auf die Entscheidungsmöglichkeiten und Freiheiten zu verzichten, die sie bereits gewonnen haben.

Dieser besondere Schwerpunkt der Frauenbewegung hat bei vielen Frauen, zusammen mit den männlich-orientierten Werten und Erziehungszielen unserer Zeit, Verwirrung über die Bedeutung der Existenz als Frau geschaffen. Unterschiede zwischen Frauen und Männern wurden verwischt oder gar geleugnet. Das heißt jedoch nicht, daß die männliche Entwicklung in den Frauen oder in der Gesellschaft negativ sei. Ebenso wie die Entwicklung des Weiblichen im Mann, ist auch der Ausdruck des Männlichen in der Frau ein positives Element, ein Teil unseres Strebens vollkommenere, ausgeglichenere Individuen zu werden. Sicher sollen und können wir die männlichen Eigenschaften der Frauen nicht bedauern oder aus der Gesellschaft entfernen. Trotzdem bedeutete für viele Frauen die männliche Orientierung unserer Zeit, zusammen mit dem Kampf der Frauen um Gleichberechtigung und Anerkennung, ein Verdecken oder Verleugnen realer Seiten ihrer selbst. Sie übernahmen männliche Werte als ihre eigenen und verleugneten ihre tieferen, wesentlichen weiblichen Eigenschaften.

Dieses Problem wurde deutlich angesprochen in einem Interview der renommierten englischen Tageszeitung *The Guardian* aus dem Jahre 1978 mit dem Titel: «Die Ketten der Befreiung». Es war ein Interview mit einer Frau, die zu Beginn der Frauenbewegung in einem radikalen Flügel aktiv war. Nach ihrer zweiten Abtreibung wurde ihr «befreites Leben immer verzweifelter und deprimierender». Nachdem sie vergeblich «akzeptable Gründe» (auf der Grundlage ihrer feministischen Prinzipien) für ihr Unglück gesucht hatte, mußte sie sich schließlich selbst eingestehen, daß sie mit einer Lüge lebte.

«Ich trauerte um mein verlorenes Kind. Mir wurde schmerzlich bewußt, daß die von mir geschaffene Frau eine befreite Mißgestalt meines wahren Selbst war. Mit einer Mischung aus Erleichterung und Entsetzen wurde mir deutlich, daß ich Wesenszüge entwickelt hatte, die ich vor zehn Jahren von ganzem Herzen verachtete. Ich sehnte mich danach, ganze Tage mit einem Baby zu plaudern, statt mit intelligenten und sprachgewandten Zeitgenossen zu diskutieren... mein Herzenswunsch bestand in einer Einbauküche mit gestreiften Vorhängen und einem großen Kalender an der Wand, in dem Pferderennen und Elternabende eingetragen sind. Gott helfe mir, ich wollte einen Mann... Das Absurde an all dem, was ich jetzt sage, ist, daß ich gar nichts sinnvolles gegen die Frauenbewegung anführen kann, aber auch zu keinen naiven Vorstellungen von der wahren Natur der Frau zurückkehren möchte. Alles, was ich sagen will ist, daß ich von Anfang an den ganzen Sinn der Frauenbewegung mißverstanden habe. Ich schlug den falschen Weg ein, verstrickte mich in einem unsichtbaren Netz, wurde neurotisch... Bis zu meinem dreißigsten Geburtstag benahm ich mich wie eine hysterische Pubertierende und ließ Überreste meiner eigenen Kindheitsängste und Eifersüchteleien in das Ringen um Befreiung einfließen. Wen wundert es dann, daß eine derartige ‹Unterstützung› der Bewegung nur Gegner herausfordert.

Ich hoffe sehr, daß es mir jetzt gelungen ist, mich von extremen Illusionen und Mißverständnissen zu lösen. Ich glaube, daß Frauen noch immer unterdrückt und ausgebeutet werden und daß man in der Erziehung ihre kreativen Fähigkeiten nicht genügend fördert. Noch immer bin ich überzeugt, daß andere Frauen reiche

Quellen voller Liebe und Leben in sich bergen. Außerdem sollte noch eine Menge gesunder und gerechter Ärger über die Rolle, in die Frauen gedrängt werden, geäußert werden.

Mir wurde klar, daß ich (und da bin ich sicher nicht die einzige) den Feminismus als Schutz vor Realitäten über mich selbst benutzte, die ich nicht wahrhaben wollte... Hat man jedoch das weibliche Bewußtsein einmal erlebt, gibt es kein Zurück. Meine einzige Hoffnung besteht darin, den Weg hin zur Befreiung und zum Selbstvertrauen noch einmal zu gehen, wenn ich mich weniger schäme, mein eigenes Geschlecht zu akzeptieren.»[36]

Diese Erkenntnis der Frauen über die zunehmende Verwirrung des Verhältnisses zu ihrem Geschlecht, die Unterschätzung der traditionellen weiblichen Rollen und die wachsenden Belastungen und Krankheiten im Zusammenhang mit ihrer Übernahme eher männlicher Rollen, bewogen Betty Friedan das Buch *The Second Stage* zu schreiben. Ihre Befragung junger Frauen ergab, daß viele von ihnen weder dauerhafte Beziehungen noch Kinder haben wollten, aus Angst, die Freiheit und das Selbstwertgefühl zu verlieren, die sie durch ihre Karriere gewonnen hatten. Sie empfanden es als Verrat an ihren freiheitlichen Prinzipien, eine Familie zu haben; sie befürchteten wie ihre Mütter zu werden, unzufriedene unterschätzte Hausfrauen. Diese Frauen finden sich in den Dreißigern mit einer erfolgreichen Karriere, aber ohne wirklich dauerhafte Beziehungen und empfinden nun eine ganz andere Form der Versklavung. Sie beginnen sich zu fragen, ob sie im Leben etwas verpaßt haben. Folgendes Zitat aus Betty Friedans Buch verdeutlicht diese Situation:

«Sogar in der ‹New Girls›-Gruppe von Frauen, denen der Durchbruch in die Chefetage gelang und die die Merkmale beruflicher und politischer Gleichberechtigung genossen, bemerke ich, daß die anfängliche Begeisterung, eine Superfrau zu sein, Müdigkeit und einer gewissen gereizten Enttäuschung weicht, der Desillusionierung über das Selbstsicherheitstraining und die Belohnung durch die Macht. Martina Horner, die einflußreiche Präsidentin von Radcliffe, spricht von einer ‹Vertrauenskrise›.

Eine ältere Frau in Ohio überlegt: ‹Ich war hier die erste Frau im Management. Ich habe alles für meinen Beruf gegeben. Nun ist es die vernichtende Einsamkeit, unter der ich leide. Ich kann es nicht ertragen, jeden Abend allein in die Wohnung zurückzukehren. Ich wünsche mir ein Haus, vielleicht sogar einen Garten. Vielleicht sollte ich ein Kind haben, auch ohne Vater. Wenigstens hätte ich dann eine Familie. Es muß eine bessere Lebensweise geben. Eine Frau alleine...›

Eine Frau, die in einer Bank in Chicago arbeitet, sagt: ‹Mein Mann ist momentan stärker für die Kinder verantwortlich als ich. Außerdem kocht er auch für uns alle. Ich habe dabei keine Schuldgefühle. Ich finde es nur schade, daß ich die Kinder nicht öfter sehe. Ein Beruf ist nicht das Ende. Larry verdiente viel mehr Geld als ich, aber er haßte seine Tätigkeit. Ich sah nicht ein, warum immer er zuständig sein sollte. Für mich war es aufregend, meinen Job zu bekommen. Viel schlimmer ist es, in einem Beruf zu bleiben, von dem du entdeckst, daß du ihn nicht richtig magst.›»[37]

Wahrscheinlich sind diese Erlebnisse keine Ausnahme. In Anbetracht der wachsenden Unzufriedenheit der Frauen und der Unausgewogenheit und Unterschätzung des Weiblichen in unserer Gesellschaft, ermutigt Betty Friedan Frauen, nach Wegen zu suchen, die keine Entweder-oder-Lösungen sind (entweder allein und unabhängig oder verheiratet und abhängig, Kind oder Karriere, Arbeit oder Familie). Nach ihrer Meinung können Frauen ihre eigenen Werte ausleben, ohne das Bewußtsein und die Würde aufzugeben, die sie zuvor gewonnen hatten.

Im Unterschied zu Männern sind Frauen, nach Steiner, eher «seelisch-göttlich». Sie haben eine stärkere Beziehung zu ihrem Inneren, zu ihrem Bildekräfteleib (Äther- oder Lebensleib) und zu ihrem Astralleib mit seinem vielgestaltigen Begehren und Gemütsbewegungen von Sympathie und Antipathie. Steiner beschreibt, wie ein Kind seine Mutter besonders aufgrund ihrer seelischen Qualitäten und ihres inneren Phantasielebens wählt. Die starke Verbindung einer Frau zu ihrem Seelenleben zeigt sich in der Pubertät, besonders wenn wir die Unterschiede zwischen

Jungen und Mädchen während dieser Zeit beobachten. Während die Individualität eines Jungen eher verborgen, unabhängig und getrennt von der Entwicklung seines Seelenlebens bleibt, ist das Ich-Gefühl eines Mädchens sehr stark damit verbunden. Es erwacht in seinem Gefühlsleben und ist schon früh in der Lage, seine Gedanken und Gefühle, ja sogar sich selbst der Welt gegenüber in einer direkten und offenen Weise zu äußern. Stunden kann ein Mädchen damit verbringen, über seine Gefühle zu sprechen. Diese tiefe Beziehung zum Seelenleben (und die Fähigkeit, es zu erforschen) bleibt bei den meisten Frauen in intensiver Weise bestehen. Der Bereich der Beziehungen, der Atmosphäre und der Stimmungen ist ihr Element. Herzensfragen haben Priorität. Zum Rhythmischen, Pflegenden und Heilenden besteht eine tiefe Verbindung.

Heute haben viele Frauen einen starken Willen und Intellekt ausgebildet. Sie sind selbstbewußt, klar im Denken, ausdrucksfähig, präzise, kritisch und gut im Organisieren; sie haben ihre männlichen Eigenschaften entwickelt und gelernt, sie auszudrükken. Die Frage, warum sie Frauen seien, fordert sie auf, die weiblichen Eigenschaften in sich neu zu entdecken, bewußt werden zu lassen und zum Ausdruck zu bringen. Sie müßten wieder lernen, sanfter zu urteilen, ihre Bewegungen abgerundeter werden zu lassen, ihre Verbindung zum Rhythmischen neu zu entdecken und aus einem stark entwickelten Selbstgefühl heraus zu geben.

Das Anwachsen des männlichen Anteils in der Frau kann der Erneuerung ihrer weiblichen Qualitäten dienen. Natürlich bietet das alte instinktive Weibliche keine Lösungen für unsere heutigen Probleme. Frauen müssen aufwachen, um Richtungen und Ziele zu finden. Wir müssen unsere Beobachtungsgabe schärfen, um mehr Objektivität und Klarheit in unser inneres intuitives Vorstellungsleben und Gestalt und Kontrolle in unser Gefühlsleben zu bringen. Unsere Liebe zur Phantasie müssen wir mit Wahrheitsliebe verbinden. Wenn wir uns auf unsere neu entwickelten männlichen Fähigkeiten verlassen, die uns helfen, das Weibliche in uns aufzudecken und zu veredeln, werden wir lernen, das wahrhaft erwachte Weibliche in die vielen Situationen hineinzutragen, in denen wir es heute brauchen.

Diese Entwicklung wurde durch die wachsende Anzahl von Frauengruppen und Frauenfreundschaften vorangetrieben. Im Laufe ihrer gemeinsamen Erfahrungen schufen Frauen neue Herausforderungen und Verantwortungen. Auf der Suche nach neuen Wegen der Zusammenarbeit, im Zuhören und gegenseitigen Unterstützen fanden Frauen neues Zutrauen zum Weiblichen in sich und in anderen. Sie entdeckten Möglichkeiten, Bewußtsein mit Zuwendung, Klarheit mit Zuneigung und Ehrlichkeit mit Wärme zu verbinden.

Zu erkennen welchen Sinn es hat in einem weiblichen Leib zu leben, bleibt der persönlichen Suche der einzelnen Frau überlassen. Trotzdem sind sich die Frauen heute ihrer gemeinsamen Verantwortung und ihrer Aufgaben bewußt, die aus ihren neu gewonnenen Rechten entstanden. Für viele Frauen wächst der Wunsch, ihr erwachendes politisches Bewußtsein mit dem Einsatz für ihre wahren geistigen Werte und Sehnsüchte zu vereinen. Sie wollen die Frauenfrage auf Problembereiche erweitern, die sich auf die gesamte Menschheit beziehen. Meiner Ansicht nach beginnen Frauen unter diesem Gesichtspunkt zu ihrer entscheidenden Aufgabe für die zukünftige Erdentwicklung zu erwachen. Wenn wir eine tiefe Beziehung zu den weiblichen Eigenschaften entwickeln, die heute in der Welt gebraucht werden (heilende, stärkende und rhythmische Fähigkeiten), wenn wir mit dem Gefühls- und Vorstellungsleben wacher umgehen und eine höhere Sensibilität für den seelischen Bereich entwickeln, wird vielleicht von uns gefordert, diese Fähigkeiten in das Leben unserer Zeit hereinzutragen. Breite und schmale Wege können wir gehen, um den Gefühlsbereich zu beleben und das Denken um uns herum zu erwärmen. Wenn wir uns einander wirklich zuwenden und unsere Beziehungen zueinander, zur Natur und zum Kosmos stärken, können wir das Erwachen der heutigen Menschheit zum Geistigen unterstützen.

Der Dichter Rainer Maria Rilke, der dieses Erwachen der

Frauen miterlebte, sah darin die große Aufgabe der Vergeistigung der Liebe. In einem seiner Briefe an einen jungen Dichter schrieb er:

«Wir kommen ja doch eben erst dazu, das Verhältnis eines einzelnen Menschen zu einem zweiten Einzelnen vorurteilslos und sachlich zu betrachten, und unsere Versuche, solche Beziehung zu leben, haben kein Vorbild vor sich. Und doch ist in dem Wandel der Zeit schon manches, das unserer zaghaften Anfängerschaft helfen will.

Das Mädchen und die Frau, in ihrer neuen, eigenen Entfaltung, werden nur vorübergehend Nachahmer männlicher Unart und Art und Wiederholer männlicher Berufe sein. Nach der Unsicherheit solcher Übergänge wird sich zeigen, daß die Frauen durch die Fülle und den Wechsel jener (oft lächerlichen) Verkleidungen nur gegangen sind, um ihr eigenstes Wesen von den entstellenden Einflüssen des anderen Geschlechtes zu reinigen. Die Frauen, in denen unmittelbarer, fruchtbarer und vertrauensvoller das Leben verweilt und wohnt, müssen ja im Grunde reifere Menschen geworden sein, menschlichere Menschen, als der leichte, durch die Schwere keiner leiblichen Frucht unter die Oberfläche des Lebens herabgezogene Mann, der, dünkelhaft und hastig, unterschätzt, was er zu lieben meint. Dieses in Schmerzen und Erniedrigungen ausgetragene Menschentum der Frau wird dann, wenn sie die Konventionen der Nur-Weiblichkeit in den Verwandlungen ihres äußeren Standes abgestreift haben wird, zutage treten, und die Männer, die es heute noch nicht kommen fühlen, werden davon überrascht und geschlagen werden. Eines Tages (wofür jetzt, zumal in den nordischen Ländern, schon zuverlässige Zeichen sprechen und leuchten), eines Tages wird das Mädchen da sein und die Frau, deren Name nicht mehr nur einen Gegensatz zum Männlichen bedeuten wird, sondern etwas für sich, etwas, wobei man an keine Ergänzung und Grenze denkt, nur an Leben und Dasein, –: der weibliche Mensch.

Dieser Fortschritt wird das Liebe-Erleben, das jetzt voll Irrung ist (sehr gegen den Willen der überholten Männer zunächst), verwandeln, von Grund aus verändern, zu einer Beziehung umbilden, die von Mensch zu Mensch gemeint ist, nicht mehr von Mann zu Weib. Und diese menschlichere Liebe (die unendlich rücksichtsvoll und leise, und gut und klar in Binden und Lösen sich vollziehen wird) wird jener ähneln, die wir ringend und mühsam vorbereiten, der Liebe, die darin besteht, daß zwei Einsamkeiten einander schützen, grenzen und grüßen.»[38]

Es gibt Situationen, die uns den Eindruck vermitteln, Frauen würden noch eher dazu neigen das Männliche zu imitieren, als das Leben um sie herum auf ihre ganz persönliche Weise zu gestalten. Viele Frauen gelangten in Führungspositionen, die traditionsgemäß von Männern besetzt waren; für sie galten natürlich dieselben Bedingungen. Rollen und Machtpositionen, die sogar Männer schon als einschränkend empfanden, wurden von Frauen übernommen. Seitdem haben die streß-bedingten Krankheiten unter Frauen zugenommen. Außerdem werden immer mehr Frauen in Bereichen aktiv, die Abhärtung und Stärkung ihrer physischen Leiber erfordern (wie z. B. Bergbau, Wehrdienst, Leistungssport). Natürlich muß die Wahl der Beschäftigung oder Freizeitaktivität als individuelle Frage verstanden und respektiert werden. Andere Hinweise deuten jedoch darauf hin, daß Frauen zu der besonderen Aufgabe erwachen, die sie jetzt in der Welt übernehmen können. Langsam entdecken sie ihre eigenen tieferen Werte und finden den Mut, ihr Leben und Handeln darauf aufzubauen.

Wenn notwendig, finden sie die Stärke, sich traditionellen Handlungsweisen zu widersetzen und nach neuen Wegen der Zusammenarbeit zu suchen. Sie möchten zum Weltgeschehen etwas beitragen, und zwar nicht als Männer, sondern als Frauen; ihr Vertrauen in sich und in ihre eigenen Erfahrungen wachsen. Viele Frauen entscheiden sich heute sogar dafür, alleine zu bleiben, weil sie erkennen, daß sie heute in der Welt eine besondere Aufgabe haben. Sie wissen, daß es den Frauen nicht mehr ausreicht, sich ihren persönlichen Beziehungen, ihrer Familie und kleinen sozialen Kreisen um sich herum zu widmen. Jetzt spüren sie die Verantwortung, ihre Werte und Fähigkeiten in ein größeres Umfeld hinauszutragen. Vielleicht haben unverheiratete Frauen die besondere Aufgabe und Verantwortung, das Weibliche in größere Arbeits- und Daseinsbereiche hineinfließen zu lassen, denn sie haben mehr Energie frei als ihre Schwestern, die sich um Familie und Kinder kümmern müssen.

Unsere Suche nach Ganzheit

Natürlich sind es nicht nur die Frauen, die nach neuen Wegen der Zusammenarbeit, einem neuen Sinn und neuen Lebenswerten suchen. Frauen mögen eine besondere Verantwortung für die Erneuerung des Weiblichen in unserem Leben haben, als Hebammen für das lebendige und ausgewogene Bewußtsein, das geboren werden will. Sie müssen seine Entstehung vorbereiten und das Bild seiner zukünftigen Entfaltung in sich tragen. Aber letztlich müssen Frauen und Männer zusammen arbeiten, um neue Wärme und Ganzheit in das Leben zu bringen und ein lebendiges Bild des Menschen zu schaffen. Gemeinsam sollte der seelische Bereich entdeckt werden, in dem wir alle eine Ganzheit finden können.

«Denn die Seele ist männlich und weiblich zugleich. Sie trägt in sich diese beiden Naturen. Ihr männliches Element ist dem verwandt, was man *Willen* nennt, ihr weibliches dem, was als *Vorstellung* bezeichnet wird... So kommt es denn, daß die zweigeschlechtliche, männlich-weibliche Seele in einem eingeschlechtlichen männlichen oder weiblichen Leib wohnt... im Innern schließt sich bei beiden die seelische Einseitigkeit zu einer harmonischen Ganzheit zusammen. Im Innern verschmelzen Geist und Seele zu einer Einheit. Auf die männliche Seele im Weibe wirkt der Geist weiblich und macht sie so männlich-weiblich; auf die weibliche Seele im Manne wirkt der Geist männlich und bildet sie so gleichfalls männlich-weiblich. Die Zweigeschlechtlichkeit des Menschen hat sich aus der Außenwelt, wo sie in der vorlemurischen Zeit vorhanden war, in das Innere des Menschen zurückgezogen.

Man sieht, das höhere Innere des Menschen hat nichts zu tun mit Mann und Weib.»[39]

In unserem seelischen Bereich ist also bereits eine Ganzheit angelegt, deren Entfaltung jedoch von unserer inneren Arbeit abhängig ist. Wir müssen einen neuen Weg finden, um das Weibliche und das Männliche zusammenzuführen und die Kräfte in uns zu entdecken, mit denen wir eine Einheit bilden können.

Diese Suche ist das tiefere Anliegen der Frauenbewegung in unserem Jahrhundert.

Zunächst forderten die Frauen das Recht für alle Menschen, nicht nach gesellschaftlichen Vorschriften handeln zu müssen, sondern selbst auf der Grundlage ihrer eigenen Fähigkeiten, entscheiden zu können, was sie tun möchten. So wurde die Frauenbewegung zu einem starken Impuls für die Selbstverwirklichung und Freiheit von Männern und Frauen und die Anerkennung eines individuellen Geistigen in jedem Menschen. Zwar zeigte die Frauenbewegung unterschiedliche Gesichter, und ihr wirkliches Anliegen blieb teilweise verborgen, doch ringt sie um ein neues Menschenbild, in dem die Innerlichkeit des Seelischen und die Unabhängigkeit des Geistes sich zu einer Ganzheit zusammenschließen.

Die Befreiung der Frau ist sicherlich noch nicht verwirklicht worden, aber viele Einschränkungen und Barrieren sind bereits entfernt worden. Frauen stehen viele Wege offen, persönliche Erfüllung und eine Stimme in der Welt zu finden. Ermutigt durch eine bessere Ausbildung, erweiterte Arbeitsmöglichkeiten und eine allgemeine Bewußtseinsstärkung durch die Frauenbewegung, haben Frauen zunehmend ihren Individualitätssinn entwickelt. Sie haben gelernt, ihre eher männlichen Seiten, ihren Intellekt und ihren Willen, anzuerkennen und auszudrücken; sie sind wie die Männer leistungsfähig geworden, sie können andere Menschen ernähren, Vorgänge kontrollieren, führen, in und mit der materiellen Welt arbeiten und ihre kreative Energie in der Welt und zu Hause verwirklichen. Frauen sind heute in vielfältigen Bereichen und Berufen tätig, und Mutterschaft wurde zu einer Frage der Wahl und des Bewußtseins. Wir übernehmen nicht mehr automatisch die Rolle der Mutter, Ehe- oder Karrierefrau. Noch immer können wir helfende Aufgaben ergreifen, unserer Tradition entsprechend. Eine Frau kann Hebamme, Sozialarbeiterin, Lehrerin oder Mutter werden, doch gleichzeitig besteht die Möglichkeit, als Pilotin, Klempnerin oder Politikerin tätig zu sein. Wie bereits erwähnt, müssen wir uns natürlich fragen, ob es sich um wirkliche Freiheiten handelt, wenn Frauen Teile von sich selbst verleugnen müssen oder zu Sklaven ihres Strebens nach materiellem Erfolg werden. Gelingt es uns jedoch, uns selbst und unsere wahre innere Bestimmung zu finden, können wir unsere Menschlichkeit in jedem von uns erwählten Bereich ausdrücken und weiterentwickeln.

Auch für Männer gab es in den letzten zwanzig Jahren Veränderungen, die aus der neu erwachenden Frauenbewegung entstanden. Als die Frauen begannen, die Rollen, die ihnen von der Gesellschaft zugeschrieben wurden, in Frage zu stellen, erhielten auch die Männer die Möglichkeit, sich von ihrer Rolle als in der Welt erfolgreiche Brotverdiener zu befreien. Sie begannen, Abstand zu nehmen und ihre Werte in Frage zu stellen. Viele Männer suchten nach einer sinnvolleren Arbeit und einem Lebensstil, der ihnen ermöglichte, mehr von ihrem inneren Vorstellungsleben auszudrücken. Ein Mann fand dafür folgende Worte: «Ich möchte keinen Herzinfarkt bekommen, bloß weil ich nicht aus vollem Herzen gelebt habe.» Immer mehr Männer zeigten den Willen, ihr ich-bezogenes Streben nach Ruhm und äußerem Erfolg aufzugeben, um mehr Zeit für ihre Frauen und Kinder zu haben. Seitdem Männer tatsächlich mehr Zeit zu Hause verbringen und sich nicht nur um materiellen Wohlstand und Disziplin in der Familie kümmern, sondern auch mit ihren Kindern spielen und für sie sorgen, löst sich der Mythos, Männer könnten nicht hegen und pflegen, langsam auf. Wir bemerken, daß auch Männer gute Elternteile sein können, daß auch sie in der Lage sind, Liebe, Nähe und Zärtlichkeit zu geben. Um dies zu verwirklichen, verändern viele Männer heute schon vollständig ihre Berufe. Vor einigen Jahren erschien in *The Guardian* ein Interview mit einem Rechtsanwalt der seine Arbeit aufgab und mit seiner Familie in ein kleines Anwesen auf dem Lande zog. Der Artikel begann folgendermaßen: «Michael Tracy erfüllte sich den Traum vieler arbeitender Engländer, als er aus seiner geschäftigen Anwaltspraxis in Worksop floh, um in Donegal, Irland, den Boden zu bestellen... Finanziell konnte er es sich nicht leisten, seine Praxis zu verlassen, aber geistig konnte er sich nicht erlauben zu bleiben. ‹Ich floh vor einer schrecklichen Lebensweise. Manchmal arbeitete ich von vier Uhr morgens bis acht Uhr abends, um Geld zu verdienen, das wir nicht brauchten. Am Wochenende gab es mehr als sechzig Anrufe. Die Kinder sah ich nie... Das Problem bestand darin, daß nicht ich die Arbeit meisterte, sondern sie mich. Sie meisterte mich und übernahm mein ganzes Leben.›»[40]

In ihrem Buch *The second stage* interviewt Betty Friedan viele Männer mit ähnlichen Gefühlen und Problemen. Sie drücken ihren Unwillen darüber aus, nur für Geld, für ihre Arbeit oder ihre Firma zu leben; sie möchten für sich leben, für ein kreatives Familienleben. Und doch fühlen sie sich wegen dieser Wünsche unsicher und verletzlich, je mehr die traditionellen Werte und Erwartungen um sie herum zusammenbrechen. Der folgende Auszug aus einem Interview, verdeutlicht diesen Gedanken:

«Ein diplomierter Betriebswirt aus Chicago lehnt das ständige Reisen und die 60–80 Stundenwoche, die von ihm erwartet wird ab... ‹Ich soll Sonntagnacht von zu Hause fortgehen und Freitag wiederkommen. Meine Frau und ich werden Fremde. Außerdem möchte ich eine Familie haben. Es gibt andere Dinge, die im Leben wichtig sind, nicht nur der Aufstieg in der Firma. Aber wie soll ich sagen, daß ich nicht so viel reisen will, wenn die anderen dazu bereit sind? Sie kommen vorwärts und ich nicht. Wie kann ich für mich selbst leben und nicht nur für die Firma?›»[41]

Auch die wachsende Arbeitslosigkeit hat zu den Fragen beigetragen, die sich Männer heute zu ihrer «Existenz als Mann» stellen. Sie waren nicht nur gezwungen, Arbeit neu zu definieren, sondern ein neues, von ihrer Arbeit unabhängiges, Selbstverständnis zu entwickeln. Nun begannen sie Wert und Sinn der äußeren Anerkennung, des sozialen Status und des materiellen Wohlstandes in Frage zu stellen, denn diese Äußerlichkeiten können von einem Tag auf den anderen wegfallen. Ein Artikel von Tom Crabtree, mit dem Titel «Ein Hoch den Männern von morgen», befaßt sich mit den Herausforderungen und Möglichkeiten, die Arbeitslosigkeit für Männer bedeuten kann, weil sie eine Chance bekommen ihre weiblicheren Seiten zu entwickeln. Der Artikel beginnt mit den folgenden Worten: «In den kommenden Jahren werden Männer nach dem beurteilt, was sie sind, nicht danach, was sie tun. Und sie werden die unterschiedlichsten Fähigkeiten haben müssen, um zurechtzukommen. Kommt Jungs, fangt an zu leben.»

In diesem Artikel beschreibt Crabtree, wie sich aus Schmerz, Elend und Verzweiflung der Arbeitslosigkeit ein neuer Mann erhebt, der auf den Macho, den männliche Schneid, das Ideal des Perfekten und Unabhängigen verzichtet und lernt, für andere zu sorgen und zu teilen, seine Gefühle auszudrücken und auf andere zuzugehen. Er wird erfahren, daß Arbeit nicht nur ein Mittel zum Geldverdienen ist, sondern eine Aufgabe, die wir mit Kraft und Lebensfreude übernehmen und die Beziehungen, Liebe, Freundschaften und Familie miteinbezieht. Crabtree schreibt:

«Was du tust, ist nicht das, was du bist. Du bist dein verborgenes ‹Ich›, das sich in deinen Beziehungen zu anderen Menschen zeigt und in dem Mut, den du angesichts wirklicher Schmerzen und Enttäuschungen aufbringst. In Anbetracht dessen, daß der Macho-Mann im Zeitalter der Elektronik keine Rolle mehr spielt und wir Sensibilität und Intelligenz (statt Muskeln) brauchen, um die nächsten zwanzig Jahre zu überstehen, folgen jetzt einige Tips für Männer. Sie sollen ihnen helfen, die Zukunft zu meistern.»[42]

Crabtree empfiehlt den Männern, nicht alle Kraft in die Arbeit zu stecken, zuhören statt sprechen zu lernen, offener und empfindsamer zu sein und ihre Abhängigkeit von anderen anzuerkennen. Sie sollten Interesse an Lebensfragen, Kunst und anderen Menschen entwickeln. Dieser Artikel weist auf einen Prozeß hin, indem viele Männer – alleine, mit anderen Männern, in Männergruppen oder zusammen mit Frauen – stehen, den Prozeß der Erkenntnis und Entwicklung der weiblichen Seiten in sich selbst.

Nach dem Zusammenbruch unserer alten Rollen und festgelegten Meinungen dazu, versuchen wir jetzt in uns etwas zu entwickeln, das wir zunächst den anderen überlassen haben. So erweitern wir das Spektrum unserer Erfahrungen. Frau *und* Mann können Imaginatives und Willenhaftes, die weiblichen und männlichen Seiten in sich kräftigen. Innerlich sind wir mobiler geworden und lernen, Rollen zu wechseln, aus geistiger Einsicht, ohne uns gegenseitig auf diese Rollen festzulegen.

Auf diese Weise wurden neue Beziehungsformen möglich, die nicht auf Abhängigkeiten basieren, sondern den Weg zu innerer Erweiterung und Ganzheit öffnen. Die Unabhängigkeit von alten Rollen bildet die Grundlage für wirkliche Beziehungen zwischen zwei Individualitäten. Wenn wir uns dahin entwickeln, eine Einheit in uns selber zu bilden, wird selbstlose Liebe und ein freies Geben von «Ich» zu «Ich» möglich. Wir ahnen, wie wir den anderen tragen können, ohne ihn zu erdrücken oder einzuschränken. Wir brauchen einander, um uns zu entwickeln. Wir sind schließlich nicht getrennt, sondern leben in dem Anderen. Für einander können wir das Bild eines höheren Selbst tragen, etwas, nachdem wir uns alle sehnen. Unser Streben nach individueller Ausgeglichenheit hängt also damit zusammen wie wir Beziehungen zu pflegen lernen. Liebe ist die höchste Einheit, auf die wir heute hinarbeiten, mit der Freiheit und dem Bewußtsein, das wir durch unsere Trennung gefunden haben.

Natürlich ist das nicht so einfach, wie es klingt. Die Medien – Filme, Werbung usw. – überschütten uns noch immer mit Klischees von Männern und Frauen. Intelligente Frauen sind geschlechtslos, Geschäftsfrauen hart und kalt, Hausfrauen sprachunfähig. Männer mit Schürzen, die Küchen putzen, sind schwach und albern, aber hinterm Steuer sind sie mächtig. Eine Freundin von mir, die vor einigen Jahren in Kalifornien heiratete, bekam zusammen mit ihrer Heiratsurkunde ein Geschenk, bestehend aus einer Flasche Geschirrspülmittel, einem Paket Waschpulver, einem Päckchen Tampons und einen Roman *Wilde Leidenschaft.* Ihr Kommentar dazu lautete: «Ich denke, die Firma, die das verteilt, hat eine ziemlich beschränkte Vorstellung von dem, was eine Braut tut.»

Das Hauptproblem besteht jedoch darin, daß wir selbst uns oft innerlich nicht so klar sind, wie wir wirklich denken. Wir kämpfen in unseren Beziehungen, ohne die Sicherheit und Gewißheit, die uns die alten Rollen gaben. Die traditionellen Erwartungen sind tief verwurzelt und verschwinden nicht einfach, wenn sie uns bewußter werden. Sie kommen zum Vorschein, wenn wir sie am wenigsten erwarten. In jeder dauerhaften Beziehung müssen wir ihnen entgegentreten und an ihnen arbeiten. Ein Mann, zum Beispiel, kann sich bedroht fühlen durch die Entwicklung einer Frau, besonders, wenn sie seine Frau ist, aber auch durch eine Kollegin oder Freundin. Er kann sich fürchten, weil sie in seine Arbeitssphäre tritt. Arbeitet sie besser als er? Bekommt sie mehr Anerkennung und Beifall? Er ist beunruhigt, wenn sie sich weiter qualifiziert, als er oder mehr und bessere Prüfungen abgelegt hat. Gleichzeitig kann sich eine Frau behaglich fühlen, wenn ihr Partner in ihrem traditionellen Arbeitsbereich, zu Hause und mit den Kindern, die Verantwortung übernimmt. Einerseits wünscht sie es, andererseits fühlt sie sich unwohl, wenn sich herausstellt, daß er diese Arbeit gut bewältigen kann. Jedesmal, wenn meine jüngste Tochter krank wurde, und mein Mann und ich beide Unterricht geben mußten, diskutierten wir darüber, wer an diesem Tag zu Hause bleiben sollte. Meine Tochter sagte meist: «Hoffentlich ist es Vati, weil er mit mir spielt.» Wenn ich das hörte, fühlte ich mich immer unzulänglich, als ob mein Mann eine bessere Mutter sei als ich. Ich habe vielleicht gewünscht, zu gehen und meine Klasse zu unterrichten, aber ich wollte ebensosehr, daß meine Tochter mich brauchte. Natürlich fühlen sich beide, Frauen und Männer, schuldig, wenn sie nicht die Rolle erfüllen, die von ihnen erwartet wird, sogar wenn sie bewußt etwas anderes gewählt haben. Der äußere Druck sich anzupassen, ist enorm und wirkt mit dem versteckten Druck in uns zusammen.

Wenn wir unterschiedliche Seiten von uns entwickeln, müssen wir uns neue Fähigkeiten aneignen. Egal, ob es darum geht, einen Reifen zu wechseln, einen Kuchen zu backen, einen neuen Stecker anzubringen oder die Windel eines Babys zu wechseln. Diese äußerlichen Fähigkeiten helfen uns, unsere inneren Erfahrungen zu erweitern und geben uns Vertrauen in die verschiedenen Lebensbereiche. Wie ist unsere Haltung gegenüber den Anstrengungen der anderen? Spotten und lachen wir darüber? Oder können wir lernen, einander zu helfen und dann zurückzutreten und sie in ihrer Weise handeln lassen, ohne daß sie sich albern oder lächerlich vorkommen müssen und so, daß wir wirklich zusammen ein gemeinsames Leben aufbauen können. Ich war beeindruckt von Betty Friedans Kapitel über Frauen in West Point in ihrem Buch *The second Stage*. Die Frauen wurden von Männern lächerlich gemacht und ausgelacht, weil sie nicht dieselben körperlichen Übungen wie die Männer schaffen konnten. Und doch mißlang es auch vielen Männern, den physischen Anforderungen im Detail zu entsprechen. Außerdem hatten diese Anforderungen wenig mit dem zu tun, was wirklich einen guten Offizier ausmacht. In ihrer eigenen Art und Weise konnten Frauen das Training gut meistern; ihre Führungsqualitäten wurden sogar höher bewertet, besonders die Fähigkeit mit den Menschen, die sie führen sollten, umzugehen und sie zu motivieren.

Das größte Hindernis auf dem Weg zu einem wahren inneren und äußeren Gleichgewicht und der Freiheit und Beweglichkeit in unseren Rollen, liegt vielleicht noch immer in der Unterbewertung des Weiblichen und der eher weiblichen Rolle, andere zu umsorgen und menschliche Beziehungen zu pflegen. Wir denken noch immer, daß wirkliche Arbeit bedeutet, Geld zu verdienen, Besitz anzuhäufen und äußere Anerkennung zu gewinnen. Alles was wir sehen, messen und besitzen können, die physischen Produkte des Intellekts und des Willens, überschätzen wir. Heute gibt es Anzeichen dafür, daß sich Männer aus Machtpositionen zurückziehen und vom rücksichtslosen Wettstreit, einer Welt des Konkurrenzkampfes, der Manipulationen und Hierarchien in kreative, soziale Aufgabenbereiche streben.

Aber als Männer zurücktraten und Frauen sich vorwagten, verloren sie die Zeit, für sich und andere zu sorgen. Anzeichen von Müdigkeit, stress-bedingten Krankheiten und Reizbarkeit erscheinen bei diesen Frauen, die ihren Weg in eine männlichbeherrschte Welt erkämpfen mußten. Ein Rollentausch, bei dem die Rollen von Frauen, bzw. Männern übernommen werden, die als einschränkend empfunden werden, wiederholt nur das alte Wertesystem ohne einen Wandel im Bewußtsein oder Verständnis zu bewirken und ist deshalb natürlich noch kein Schritt nach vorne. Ohne Zweifel, hinter der Rollenproblematik verbirgt sich die tiefgreifende Notwendigkeit, eine neue Einsicht in das menschliche Leben zu gewinnen und für Kinder und Erwachsene eine Erziehung für das Leben zu erschaffen. So könnte ein neues Verständnis der menschlichen Entwicklung, der Bedeutung von Beziehungen und vom Mutter- und Vatersein angeregt werden und uns ermutigen, eine neue Familienkultur zu gestalten.

Wenn wir beginnen, Werte wie Wettbewerb, Effektivität, Produktion und Menge durch Aufmerksamkeit für die Zusammenarbeit, die Beziehungen, den Prozeß und die Qualität zu ersetzen, wenn wir unsere sozialen Beziehungen ebenso schätzen wie unser wirtschaftliches und politisches Leben, und wenn wir begreifen, daß der kleine Kreis der Familie wie ein Herz ist, für unsere weitere Umwelt bis zum gesamten Kosmos, dann können wir richtige und verantwortungsbewußte Entscheidungen darüber fällen, wie wir unser Leben gestalten wollen. Wir können individuelle Lebenswege finden und gemeinsam nach Selbstentwicklung und Liebe streben, indem wir die männlichen und weiblichen Fähigkeiten schätzen und zusammenführen, um die Einheit der menschlichen Erfahrung auszudrücken.

Diese Ausgewogenheit und Freiheit kann nicht in den äußeren Umständen gefunden werden, weder in unseren physischen Leibern, noch in den Rollen, in die wir schlüpfen. Wir finden uns als Mann oder Frau in einer bestimmten Familie und einer bestimmten Nation mit einer besonderen Erbfolge. Mit diesem Material müssen wir arbeiten, doch bei dieser Arbeit können wir uns davon mehr und mehr befreien. Unser «Ich», unsere Individualität, die sich über Zeiten hinweg, einmal als Mann und wieder als Frau inkarniert, kann uns von diesen äußeren Umständen, Definitionen und Einschränkungen unabhängig machen und unsere weiblichen und männlichen Wesenszüge lenken, leiten und schließlich veredeln. So können wir mit einer dritten Kraft, der Ich-Kraft in uns, bewußt auf eine innere Einheit hinzuarbeiten. Wir sind in der Lage, uns über unser Geschlecht erheben zu können, um unsere ganze Menschlichkeit auszudrücken, indem wir uns auf die Wesenszüge berufen, die wir im Moment brauchen, um schöpferisch in unserem Tun zu sein. In einem besonders kritischen Zustand können wir uns auf diese harmonisierende Kraft verlassen, wenn wir Wärme in eine Situation hereintragen wollen oder wenn wir von unseren Gefühlen überschwemmt werden und zurücktreten möchten, um objektiver die Lage anzuschauen.

Noch wichtiger als die Gestaltung unseres Lebens oder die Ausübung einer augenblicklichen Rolle ist die Fähigkeit, beweglich zu bleiben, eine Rolle zu übernehmen, ohne uns darin festzulegen, das zu sehen, was im Moment notwendig ist, und alles, was wir tun, mit einem Bewußtsein unserer Freiheit und Liebe zu durchziehen. Denn unsere Tätigkeiten sind keine Einschränkungen sondern Erweiterungen. In jeder Aufgabe oder Lebenssituation können wir eine Möglichkeit für Wachstum und Kreativität sehen, die eine Begegnung und ein Fließen unserer männlichen und weiblichen Züge erfordert. Wir müssen offen und unterscheidungsfähig sein, warm und klar, beweglich und fest. Pflegen und Führen müssen wir, umsorgen und uns selbst entwickeln. Ein Fließen ist notwendig zwischen unserem Intellekt und unserer Phantasie, unseren praktischen Fähigkeiten und unserer Intuition. Träumer sollten wir sein, aber unsere Füße auf dem Boden behalten, uns zwischen Ordnung und Chaos, Form und Spontaneität bewegen. Wir müssen Wege finden, aktiv für andere zu sorgen, bewußt mit dem Rhythmus zu arbeiten, Kopf und Herz,

Leib und Seele, Geist und Materie zu vereinen. Wissen müssen wir, wann und wie wir sprechen oder zuhören, handeln oder warten sollten. Es ist vorgebracht worden, daß wir nicht nur für die Empfängnis (die Konzeption), sondern auch für Pläne (Konzepte) einen 28-Tage-Zyklus haben, d. h. alle Menschen haben einen Rhythmus von 14 passiven, aufnehmenden Tagen und 14 produktiven und kreativen Tagen. Wenn das so wäre, so spiegelte es die Verbindung zwischen Geschlecht und Denken, den Empfang eines Kindes und den eines Gedankens, wider. Mit dem Bestreben, das Weibliche und Männliche in uns zur Harmonie zu führen, werden wir innerlich fruchtbar; wir erkennen uns selbst und empfangen ein höheres menschliches Ich. Mit unserem Streben nach innerer Ausgewogenheit legen wir den Grundstein für die zukünftige Ausgewogenheit der gesamten Menschheit.

Die Konzeption des Lebens

Viele Fragen und Probleme, die uns im Leben begegnen, fordern uns auf, unsere weiblichen Wesenszüge neu zu beleben, die Einsicht unseres Herzens wachzurufen und ein lebendiges Verständnis anzustreben, das unsere Imagination von der Erde und den Menschen erneuert. Das zunehmende Eingreifen in den Bereich der Empfängnis, im Zuge der technischen und medizinischen Entwicklung, ist eine Ebene, auf der diese Einsichten offensichtlich notwendig sind. An dieser Stelle werden wir direkt mit den Fragen konfrontiert: Was für ein Lebensverständnis haben wir? Wie werden Kinder von uns empfangen? Welche Auffassung haben wir vom Empfängnisvorgang selbst?

Diese Entwicklungen müssen wir betrachten und verstehen, ohne die Menschen moralisch zu verurteilen, die in ihrem Wunsch nach einem Kind ihre einzige Hoffnung in künstlicher Befruchtung sehen. Sicher ist es noch zu früh, um die physischen, seelischen oder geistigen Konsequenzen dieser Entwicklung zu beurteilen. Auf jeden Fall wäre es naiv zu glauben, daß die Entwicklung aufgehalten wird, oder daß die Menschheit nicht in der Lage wäre, sie zu ertragen. Das Problem wird bleiben und uns stellt sich die Frage, wie wir damit umgehen können.

Als ich aufwuchs, schien Huxleys «Schöne neue Welt» mit den Reagenzglas-Babies weit entfernt, eine phantastische Geschichte, die niemals Wirklichkeit werden könnte. Ich glaubte an die Prophezeiung des Biologen James Watson, daß «die Hölle los sein würde», wenn wir auf diesem Gebiet mit Versuchen beginnen würden. Als jedoch vor sechs Jahren das erste Reagenzglas-Baby geboren wurde, nahm die Welt es gelassen hin. Dieser neue «Erfolg» der modernen Medizin wurde mit Enthusiasmus begrüßt. Hinterfragt wurde nicht viel. Seitdem spricht man von einem «wachsenden Geschäft». Hunderte von Babies wurden inzwischen auf diese Weise geboren. Das technische Sachverständnis hat zugenommen. Aber auch die Besorgnis um die moralische Tragweite dieser Entwicklung wächst. Die Menschen fühlen, daß Wissenschaft und Technik der Moral davonlaufen. Sie fragen sich, ob es nicht eines Tages Supermärkte mit Embryos geben wird. Etiketten auf den Verpackungen informieren dann über das Geschlecht und über psychische Merkmale – garantiert keine Erbschäden.

Heute stellen wir uns viele Fragen, wie: Wann beginnt Leben? Können wir damit experimentieren und willkürlich darüber verfügen? Welche Fehler sind erlaubt? Können wir kommerzielle Ersatzmütter, Frauen, die für andere Frauen Kinder austragen und gebären, zulassen? Als Reaktion auf diese und andere Fragen, haben sich Gruppen gebildet, um Richtlinien und Kontrollmöglichkeiten für diese neuen Empfängnismethoden und die damit verbundene Forschung zu entwickeln. Grundsätzlich wurde das Ja-Wort ebenso für die Forschung gegeben, die für die technische Entwicklung der invitro-Befruchtung notwendig ist, wie für die Methode selbst. Das Einfrieren und Lagern von Eizellen, Spermien und Embryos, das Experimentieren mit Embryos, die zwischen 14 und 17 Tagen alt sind, das Verpflanzen von gespendeten Embryos in andere Frauen, all das wurde erlaubt. Nur kommerzielle Ersatzmutterschaft wurde verboten. Die Rechtslage dieser Geburts- und Forschungsmethoden ist noch nicht geklärt. Befürworter und Gegner der Experimente mit Embryos bekämpfen sich gegenseitig, um ihren jeweiligen Standpunkt zu legalisieren. Positiv daran ist jedoch, daß durch diese Auseinandersetzung vielen Menschen das Grundproblem überhaupt erst bewußt wird und daß sie beginnen, Fragen zu stellen.

Bei der Betrachtung dieser Entwicklung müssen wir etwas bedenken: sie basiert auf der Lüge, diese Technik sei zum Wohle unfruchtbarer Mütter entstanden. In den Fünfziger-Jahren waren Experimente mit Eizellen, die in Reagenzgläsern befruchtet wurden, keine Seltenheit. Sie dienten jedoch nicht der Erforschung der Empfängnis, sondern der Empfängnisverhütung.

Dr. Thomas Weihs schrieb über dieses Thema:

«Zu Beginn der 60er Jahre wurden Einpflanzungen von in vitro befruchteten Zellen, häufig ohne deren Wissen, bei Frauen vorgenommen, bei denen ein gynäkologischer Eingriff stattfinden sollte. Der letztliche «Erfolg» ist das Ergebnis von einer, ethisch gesehen, problematischen Forschung.»[43]

Weihs weist außerdem darauf hin, daß es andere Methoden gegen Unfruchtbarkeit gibt, die erfolgreicher sind, als in vitro-Befruchtung. Wahrscheinlich liegt die besondere Attraktivität dieser Methode eher in ihrem sensationellen Charakter, als in der Offenbarung der Kenntnisse und Genialität unserer modernen Medizin.

Je mehr sich diese Methode verbreitete, umso deutlicher wurde das Leid der beteiligten Frauen. Viele Beziehungen litten darunter. Die Kosten stiegen ins Unermeßliche, denn die Frauen mußten immer wieder zurück in die Klinik. Sie schwankten zwischen Hoffnung und Verzweiflung und erlebten eine Enttäuschung nach der anderen. Während einige Frauen überhaupt kein Kind empfangen konnten, waren bei anderen viele Versuche notwendig, bis es gelang. Anscheinend sind für die Entwicklung dieser Technik die menschlichen Folgen und Leiden zweitrangig gegenüber dem medizinischen Fortschritt.

Wenn es auch schwierig ist, sollten wir uns doch fragen, ob die Unfähigkeit, ein Kind zu empfangen, immer physische Ursachen hat. Ich weiß, wie sehr Frauen und Männer leiden, die keine Kinder bekommen können und meine nicht, daß wir ihnen nicht helfen sollten. Aber besteht die Lösung darin, den Prozeß der Empfängnis noch stärker zu materialisieren, oder sollten wir nicht nach anderen Gründen für die Unfruchtbarkeit suchen, die teilweise mit der Zunahme von Geschlechtskrankheiten, Abtreibungen und der Pille zusammenhängen? Sollten wir nicht versuchen, uns tiefgreifendere Fragen zu stellen und uns mit dem Gedanken vertraut zu machen, daß alles, was uns geschieht, eine Bedeutung hat und Teil unseres fortschreitenden Werdens ist? Vielleicht hat die Unfähigkeit, Kinder zu bekommen, eine Bedeutung für die Entwicklung eines Menschen und für seine Lebensaufgabe. Zwischen unseren schöpferischen Kräften und unserer Fortpflanzungsfähigkeit besteht ein Zusammenhang. Unsere kreativen, pflegenden, mütterlichen Wesenszüge werden heute an vielen Stellen gebraucht. Ist es denn für eine Frau nicht möglich, sich zu fragen, ob es für sie andere Aufgaben gibt, als Kinder zu bekommen? Müssen wir unser Leben immer manipulieren und kontrollieren oder können wir für die Situationen die uns begegnen, Verständnis entwickeln und einen Sinn darin sehen?

Auf welchem Menschenbild und welchem Verständnis der Empfängnis basiert diese Methode der künstlichen Befruchtung? Ist Empfängnis nur ein physisches, technisches Ereignis oder ein geistiger, schöpferischer Akt? Produzieren wir Babies oder schaffen wir Raum für die Inkarnation eines menschlichen Wesens? Wenn wir mehr sind, als nur physische, materielle Körper, ist es denn gleichgültig, ob unser erstes Zuhause auf der Erde ein Reagenzglas oder die warme Atmosphäre des mütterlichen Leibes ist?

Die Phase der Embryonalentwicklung, in die eingegriffen wird, ist minimal im Vergleich zur Gesamtentwicklung: es sind die ersten Tage der ersten Phase. Steiner hat darauf hingewiesen, daß in dem Augenblick der Befruchtung, in dem biologisch gesehen, die männliche und weibliche Zelle aufeinandertreffen, ein «Zellensterben», ein momentaner Zusammenbruch der Ordnung, stattfindet. Darin liegt die Begegnung von Geist und Materie. Der Geist-Keim, die archetypische menschliche Form, das Bild Gottes, nach dem wir geschaffen wurden, vereinigt sich mit dem befruchteten Ei. Danach, in dieser frühen Phase, entwickelt sich der Embryo noch nicht, sondern wartet ab, während sein Zuhause und seine Umwelt geschaffen werden. Aber wenn der Gedanke stimmt, den Karl König in seinen Vorträgen zur Embryologie und Weltentwicklung darstellt, daß nämlich die Mutter die geistigen Mächte auf der Erde repräsentiert, und daß ihr Zyklus die kosmische Evolution wiederspiegelt, was bedeutet es dann für ein Kind, das sich inkarnieren möchte, von der Mutter und dieser Wiederholung des kosmischen Entwicklung getrennt zu sein, wenn auch nur für ein paar Tage? Außerdem weist Steiner darauf hin, daß sich die menschliche Individualität nicht vor dem 16. oder 18. Tag nach der Empfängnis mit den Hüllen des Embryos verbindet. Zu diesem Zeitpunkt nimmt der Embryo menschliche Gestalt an, die ersten Anzeichen des Kopfes und der Wirbelsäule werden sichtbar. Interessanterweise legen die meisten Richtlinien der Embryonalforschung diesen Punkt als Grenzwert fest, von dem an Experimente mit Embryos nicht mehr erlaubt werden sollten. Vielleicht haben wir eine unbewußte Ahnung und Achtung vor dem großen geistigen Drama, das sich in diesem Augenblick vollzieht.

Was bedeutet diese Entwicklung für unsere Zeit? Experimentieren wir mit göttlichen Schöpfungsprozessen verständnislos und trüben Herzens? Wie können wir auf diese Entwicklung antworten? Schon Photos und Filme über die Embryonalentwicklung, eine Art Nebenprodukt dieser Forschung, haben in den Menschen ein Gefühl von Ehrfurcht und Erstaunen über dieses Geheimnis der menschlichen Entwicklung geweckt. Sie bekamen einen Sinn für die geistige Dimension der Empfängnis und des Wachstums eines menschlichen Wesens. Vielleicht kann uns diese Entwicklung zu folgenden Fragen anregen: Was ist ein Mensch? Was bedeutet Empfängnis? Welchen Sinn hat es, ein Kind zu haben oder eine Beziehung einzugehen? Vielleicht soll uns die Entwicklung des Embryos ermuntern, nach einer Lebensauffassung zu suchen, die das Geistige enthält und uns die Fähigkeit zu erarbeiten, in diesem Bereich hineinzulauschen. Wir könnten lernen, über die Schwelle zum Ungeborenen hinüberzulauschen, zu dem hin, das in uns, durch uns und in anderen geboren werden möchte. Durch die Entwicklung eines inneren Verständnisses, das schöpferisch in unsere Beziehungen zu anderen hineinwirkt und unser Leben künstlerisch und sinnvoll werden läßt, können wir Wege finden, der technischen Manipulation des Lebens, mit der wir heute konfrontiert sind, besser zu begegnen und ausgleichend zu wirken. Durch innere Arbeit können wir ein wahres Verständnis des Lebens erreichen und in das Leben hineintragen.

Das größte Problem in diesem Zusammenhang (der Manipulation von Empfängnis und Geburt) ist die Frage der Abtreibung. Diese bewegende Frage fordert uns auf, über den Ursprung des Lebens, den Tod und das Wesen des Menschen nachzudenken. Die enge Beziehung zur manipulierten Empfängnis wird durch die Tatsache unterstrichen, daß durch legale Abtreibungen verdientes Geld benutzt wurde, die Forschung im Bereich der Retorten-Babies zu unterstützen. Genau wie die Frage nach der in vitro-Befruchtung ist auch diese Frage nicht einfach zu beantworten. Sicher geht es hier nicht um ein konventionelles «Richtig» oder «Falsch». Aber weder diese Feststellung noch das mit der Abtreibung verbundene Leid darf uns daran hindern, ein Verständnis für das zu entwickeln, was dabei geschieht. Nur wenn wir ehrlich und frei, voller Mitgefühl für die menschliche Situation und Einsicht in die geistige Dimension schauen, können wir Verantwortung für unser Tun übernehmen.

Wichtig ist, daß Frauen das Recht gewonnen haben, selber zu entscheiden, ob sie eine Abtreibung wollen oder nicht. Im Kampf um dieses Recht wurde Abtreibung zu einer politischen Frage. Gegensätzliche Gruppen entstanden, Gruppen «für die Abtreibung» und «für das Leben». Aber wer ist schon bedingungslos für die Abtreibung und was bedeutet «für das Leben» (pro-life), wenn Abtreibungsgegner in den Vereinigten Staaten («pro lifers») Abtreibungskliniken in die Luft sprengen? Diese Polarisierung und der politische Kampf verwischen nur die wirkliche Frage, denn Abtreibung ist natürlich im wesentlichen eine individuelle, moralische Frage. Indem wir daraus eine Rechtsfrage machen, nehmen wir den Frauen die Verantwortung, die bei ihnen liegt, und übergeben sie an Gesetzesschreiber. So sind wir versucht, eher aus einer abstrakten Vorstellung heraus, als aus wirklichem Verständnis oder Intuition zu handeln. Diese Frage betrifft

Männer natürlich ebenso, ja die gesamte Menschheit teilt die Verantwortung für die Abtreibung.

Sexualität hängt mit dem Sündenfall, mit dem gesamten Karma der Erde und der Menschen als physische, geschlechtliche Wesen zusammen. In diesem Bereich sind wir am verletztlichsten. In der biblischen Geschichte von der Ehebrecherin, war niemand so frei von Schuld, daß er die Frau steinigen mochte. Auch Christus verdammte sie nicht, sondern schrieb stattdessen ihre Tat in die Erde. Sie war Teil des Erdenschicksals. Irrtümer in Fragen der Sexualität erleben wir alle. Die heutige Situation ist sicher das Resultat unserer Einstellung zu Sexualität, Fortpflanzung, Kindern, Beziehungen, Leben und Tod, und des Lebensverständnisses, das sich in unseren täglichen Gedanken und Taten äußert. Am Ende jedoch ist die Abtreibung oft eine sehr einsame Entscheidung für die Frauen. Oft werden sie von Ärzten, Beratern, ihren Familien oder Vätern unter Druck gesetzt, auch wenn ihr Herz sie aufruft, ihr Kind zu behalten. Tausende von Frauen haben mit dieser Frage gerungen und wir tragen die Verantwortung, in unserem Handeln zu erwachen.

Was bedeutet es, die Beziehung, die durch die Empfängnis eines neuen Lebens aufgebaut werden soll, einfach abzuschneiden? Das Bewußtsein darüber, daß Beziehungen nach dem Tode weitergehen, nimmt zu. Immer mehr Frauen spüren die Anwesenheit des Ungeborenen, das Wesen des Kindes, das zu ihnen auf die Erde kommen möchte. Vielleicht müssen wir lernen, diesen Bereich der Ungeborenen besser zu erkennen und wahrzunehmen.

Für viele Frauen, die eine Last von Sorgen und Schuld wegen einer Abtreibung in sich tragen, kann es eine Hilfe sein, sich vorzustellen, daß eine äußere Beendigung einer Beziehung diese nicht wirklich abbricht und daß sie über die Zeit hinweg ihre Form und Verwandlung finden wird. Das Problem der Abtreibung spitzte sich für mich zu, als ich vor vielen Jahren den Brief einer Frau an eine überregionale Zeitung las. Sie hatte drei Kinder und stellte fest, daß sie wieder schwanger war, weil ihre Spirale versagt hatte. Sie glaubte wirklich, die Welt sei überbevölkert und sie selbst habe bereits genug Kinder. Eine Abtreibung hielt sie für die moralisch richtige Entscheidung und wurde darin auch von ihren Freunden unterstützt. Nachher konnte niemand ihr Leid, ihre Sorgen und ihr Verlustgefühl begreifen. In ihrem Brief schrieb sie, daß sie glaubte, jede Frau hätte das Recht zu wählen, aber daß unsere freie Wahl schrecklicher sei, als wir es wahrhaben wollten. Sie fragte, wo der humanistisch denkende Mensch unserer Zeit zu finden sei, der uns moralisch helfen könnte. Als ihr klar geworden war, daß sie aus einer abstrakten Vorstellung heraus gehandelt hatte, statt auf die Stimme ihres Herzens zu hören, stellte sie im Nachhinein fest, es sei besser dem Herzen zu folgen, als dem Verstand.

Unsere Herzensempfindung führt uns durch die vielen Fragen nach einem neuen, erfüllteren Leben in dieser Zeit. In den zum Teil schweren Entscheidungen, die wir treffen müssen, liegt der Keim zu neuen, wirklich menschlichen Taten. Doch auch in den kleineren und weniger dramatischen Augenblicken unseres Lebens erhalten wir viele Möglichkeiten, zu einer Mitte in uns selbst zu erwachen, aus der heraus wahres menschliches Verständnis und Liebe fließen können, um eine neue Wärme und Ganzheit in unser Leben zu bringen.

Des Lebens Runde

Das Leben eines jeden Individuums von der Zeugung bis zum Alter bewegt sich zu einer Ganzheit hin.

Unser Leben beginnt im androgynen Runden der Gebärmutter, einem Zustand der unbewußten Einheit, ähnlich dem mythologischen Zustand der Ganzheit des menschlichen Anfangs, dem großen kosmischen Ei, in dem alle Gegensätze enthalten und vereint sind, dem flüssigen Zustand der ursprünglichen Androgynie, in dem das Weibliche und das Männliche noch nicht getrennt sind. Die Entwicklung des Embryos wiederholt die ursprüngliche Entstehung der Menschheit und wir alle tragen diese Erinnerung tief in uns. Im Augenblick der Zeugung vereinigt sich der geistige Keim, der weder männlich noch weiblich ist, sondern beides, mit dem physischen Keim. Am Beginn unseres individuellen menschlichen Lebens, steht die ursprüngliche, menschliche Form, der himmlische und androgyne Adam. Durch die geschlechtliche Ausdifferenzierung wird dann die Entwicklung der individuellen Freiheit und Liebe veranlagt. Es kommt im Leben auf den Versuch an, die Einheit und das Gleichgewicht der geschlechtlichen Polarität auf jeder Stufe neu gestalten zu wollen. Wie dies geschehen kann, geht Betty Staley in ihrem Kapitel nach.

Im Alter erhalten Frauen und Männer schließlich wie von selbst die Chance, sich der Ganzheit bewußt zu nähern und sich dem Geistigen wieder zu öffnen. Wir können unsere Geschlechtlichkeit überhöhen, unsere weiblichen und männlichen Seiten integrieren und zu unserer ursprünglichen androgynen Natur zurückfinden. Wenn wir in unserem Leben nach Ausgewogenheit gestrebt haben, wird diese jetzt Wirklichkeit. Nehmen wir unseren physischen Abbau hin, haben wir die Chance, eine neue Lebensquelle in uns zu entdecken. Eine Zeit beginnt, in der wir uns nach innen richten können, um uns selbst zu finden und wieder nach außen in die Welt. Es wird zu einer Zeit der Aufnahme und der in die Tiefe gehende Verarbeitung, der Liebe und der Weisheit. Innen und Außen, Weibliches und Männliches werden eins.

Unsere Lebensentwicklung entspricht einem Kreis. Des Lebens Runde ist geschlossen. In unserem Ende finden wir unseren Anfang. Der Ur-Großvater meiner Tochter taufte sie kurz vor seinem Tode, er war 90 Jahre alt und sie 9 Monate. Er sagte zu ihr: «Du und ich, wir sind ungefähr gleich alt.» Die ganz Alten und die ganz Jungen treffen sich in ihrer Offenheit gegenüber dem Kosmos und ihrer Einheit mit dem Geistigen. Sie sind beide im Runden; im Kreise unseres Daseins treffen sich Geburt und Tod. Als Embryo und Kleinkind sind wird androgyn. Wir verlassen diese Einheit im Laufe unserer Lebensentwicklung, aber im Alter kehren wir zu ihr zurück, zu einer Einheit, in der wir uns der verschiedenen Seiten unserer selbst bewußt geworden sind, statt sie unbewußt in uns zu tragen. «So überwölbt das Große Runde... das Leben des Menschen, ihn umfassend am Beginn in der Kindheitsfrühe und ihn in veränderter Gestalt wieder aufnehmend am Ende.»[44]

Als Menschheit sind wir noch nicht so weit entwickelt. Wir haben uns von der Androgynie und dem Matriarchat, indem das Bewußtsein noch mit dem Geistigen vereint war, hin zur Differenzierung und Entfaltung des männlichen Prinzips bewegt. Die Evolution des Bewußtseins brauchte diese Differenzierung. Für die Entwicklung unseres Denkens und unserer Freiheit war die Geschlechtertrennung notwendig. Durch das Wachsen des Männlichen und die Unterdrückung des Weiblichen wurden wir aus dem frühen Traumbewußtsein in die Welt der Tatsachen geführt. Aber wir haben in der Geschichte und in unserer Gesellschaft einen Zeitpunkt erreicht, an dem Ausgewogenheit gefunden werden muß, die Ausgewogenheit, die möglich ist, wenn eine Frau oder ein Mann in der richtigen Weise alt sind. Die Bibel bietet uns ein Bild von diesem Ziel. Es führt vom Paradies, der Ganzheit und Androgynie, über die Vertreibung schließlich ins himmliche Jerusalem, das ein Bild für die Ganzheit des Lebens ist, für die mit Bewußtsein wiedergewonnene Vollkommenheit. Diese himmliche Stadt wird im Bild der Braut gesehen, das ewig Weibliche, die Sophia und ihre allumfassende göttliche Weisheit. «Und ich sah die heilige Stadt, das neue Jerusalem, von Gott aus dem Himmel herabfahren, bereitet wie eine geschmückte Braut ihrem Mann.»[45]

Das Weibliche ist innig mit dem Zustand der Einheit verbunden, der Wiedervereinigung der Gegensätze, nach der wir streben. Es ermöglicht die Wiederentdeckung der Ganzheit und die vollständige Erfahrung unserer Menschlichkeit.

Jetzt haben wir angefangen mit dem Lebensbaum zu spielen. Die Macht über Leben und Tod liegt in unseren Händen. Wenn wir nach der Unsterblichkeit verlangen und versuchen, wie Götter zu werden, sind wir in der Gefahr das Leben zu vernichten und uns selbst und unsere Evolutionsmöglichkeiten zu zerstören. Um ein Unglück zu vermeiden, müssen wir uns um eine bewußte Ausgewogenheit in uns und in der Gesellschaft bemühen, denn nur wenn wir die aufgeklärte Einheit des Neuen Jerusalem erreicht haben, können wir wirklich Zugang zum Baum des Lebens finden.

Das himmlische Jerusalem ist «nach einem Menschen, das heißt nach dem Engel» gebaut. Es ist eine menschliche Stadt, eine Stadt der Phantasie, wie der innere Raum, den wir für uns und unser Leben schaffen müssen. Wir müssen für unser wahres geistiges Leben empfänglich werden, die Braut sein, die für ihren Bräutigam geschmückt ist. Dann können wir die Einheit und Ausgewogenheit erreichen nach der wir uns sehnen. Wir werden innerlich fruchtbar und offen gegenüber dem, was uns aus dem Kosmos begegnet. Für dieses Ideal können wir in uns, in anderen und in der Welt tätig sein, ein Ideal, das die Erneuerung des Weiblichen in unserem Leben erfordert.

«Das weibliche Prinzip der Welt
rufe ich an
in der äußersten Not
in die ich gekommen bin.»[45]

Literaturangaben und Anmerkungen

1. Paul Matthews, To the Lady, in: *The Fabulous Names of Things*, Emerson College, Forest Row, Sussex, G.-B., (An eine Lady, dt. von Katja Lentz und Jean-Claude Lin).
2. William Blake, *Jerusalem*, 4. Kap., zitiert nach Kaethe Wolf-Gumpold, *William Blake. Versuch einer Einführung in sein Leben und Werk*, Stuttgart: Verlag Freies Geistesleben 1964, S. 153.
3. Das Friedenslager der Frauen in Greenham Common begann im September 1981. Aus Wales liefen vierzig Frauen und Kinder über hundert Meilen zum Stützpunkt der RAF (Royal Air Force = Königliche Luftwaffe)/USAF in Greenham Common bei Newsberry in Berkshire, England, um gegen die dort vorgesehene Stationierung von Cruise Missiles zu protestieren. Ursprünglich wollten sie ein Gespräch mit den Verantwortlichen führen. Als ihnen dies verweigert wurde, beschlossen sie zu bleiben. Mit friedlichen Mitteln versuchten sie, die Stationierung der Raketen zu verhindern. Dieses erste Friedenslager in England diente nicht nur anderen Lagern in Großbritannien, sondern der ganzen wachsenden Friedensbewegung der 80er Jahre als Vorbild. Jetzt, sechs Jahre später, sind die Frauen noch immer da, obwohl Anzahl und Gruppenzusammensetzung variieren. Frauen jeden Alters mit sehr unterschiedlichen Lebenserfahrungen haben dort gelebt. Zu den großen jährlichen Friedensdemonstrationen im Dezember wächst ihre Anzahl auf über 30000. Sie hatten viele Besucher, planten Feste, Blockaden, Besetzungen, Demonstrationen. Sie leben in ständiger Bedrohung, denn viele von ihnen wurden festgenommen oder verhaftet. Aber sie sind noch immer dort!

4 Rudolf Steiner, *Die Suche nach der neuen Isis, der göttlichen So-*

phia, vier Vorträge gehalten in Basel am 23. Dez. 1920 und in Dornach vom 24. bis 26. Dez. 1920, Dornach: Rudolf Steiner Verlag ³1980, Sonderdruck aus *Die Brücke zwischen der Weltgeistigkeit und dem Physischen des Menschen,* (Gesamtausgabe Bibliographie-Nr. 202 = GA 202), Dornach: Rudolf Steiner Verlag ²1980.
5. Marie Louise von Franz, *The Problem of the Feminine in Fairy Tales,* New York: The Analytical Psychology Club, Spring Publications 1972.
6. Robert Duncan, *Roots and Branches,* «Apprehisions», New York: Charles Scribners and Sons 1964, S. 30.
7. Emil Bock, *Das Evangelium: Betrachtungen zum Neuen Testament,* Stuttgart: Urachhaus 1984, S. 616.
8. Rudolf Steiner, *Wie erlangt man Erkenntnisse der höheren Welten?* (GA 10) Dornach: Rudolf Steiner Verlag ²⁰1961, S. 51.
9. Rudolf Steiner, *Aus der Akasha-Forschung. Das Fünfte Evangelium,* achtzehn Vorträge, gehalten 1913 und 1914 in verschiedenen Städten (GA 148) Dornach: Rudolf Steiner Verlag ³1980.
10. Rudolf Steiner, *Ägyptische Mythen und Mysterien.* Ein Zyklus von zwölf Vorträgen gehalten in Leipzig vom 2. bis 14. Sept. 1908 (GA 106), Dornach: Rudolf Steiner Verlag ⁴1978, Vortrag vom 11. 9. 1908, S. 110/111.
11. Jean-Paul Sartre, *Der Ekel,* Reinbek: Rowohlt 1949.
12. *Evangelium nach Thomas,* Koptischer Text, herausgegeben und übersetzt von A. Guillaumont, H.-Ch. Puech, G. Quispel u. a., Leiden: E. J. Brill 1959.
13. Rudolf Steiner, «Die Mysterienstätten Hyberniens», Vortrag vom 7. 12. 1923 in: *Mysteriengestaltungen,* vierzehn Vorträge gehalten in Dornach vom 23. Nov. bis 23. Dez. 1923 (GA 232), Dornach: Rudolf Steiner Verlag ³1974.
14. Ebda. S. 104.
15. Ebda. S. 109.
16. Ebda. S. 106.
17. Ebda. S. 110.

18. Rudolf Steiner, *Mysteriengestaltungen*, Vortrag vom 8. 12. 1923, S. 114ff.
19. Rudolf Steiner, *Das Johannes-Evangelium im Verhältnis zu den drei anderen Evangelien*. Ein Zyklus von vierzehn Vorträgen gehalten in Kassel vom 24. Juni bis 7. Juli 1909 (GA 112), Dornach: Rudolf Steiner Verlag ^{6}1984, Vortrag vom 4. Juli, S. 209.
20. Karl König, *Embryologie und Weltenstehung*. Sechs Vorträge, gehalten anläßlich zweier Wochenendseminare (15. / 16. Okt. 1965 und 12. / 13. März 1966), Schaffhausen: Novalis Verlag 1986, S. 21 / 22.
21. Corinne Hunt, *Males and Females*, Harmondsworth: Penguin Education 1973, S. 83.
22. Karl König, *Embryologie und Weltenstehung*, S. 22
23. M. J. Sherfey, *The Nature and Evolution of Female Sexuality*, New York: Vintage Books 1973, S. 45 / 46.
24. Rudolf Steiner, *Das Markus-Evangelium*. Ein Zyklus von zehn Vorträgen gehalten in Basel vom 15. bis 24. Sept. 1912 (GA 139), Dornach: Rudolf Steiner Verlag ^{6}1985, Vortrag vom 24. 9. 1912, S. 198.
25. Rudolf Steiner, *Die Offenbarungen des Karma*. Ein Zyklus von elf Vorträgen, gehalten in Hamburg vom 16. bis 28. Mai 1910 (GA 120). Dornach: Rudolf Steiner Verlag ^{7}1975, Vortrag vom 26. 5. 1910, S. 179.
26. Ebda.
27. Rudolf Steiner, *Der Christus-Impuls und die Entwicklung des Ich-Bewußtseins*. Sieben Vorträge, gehalten in Berlin vom 25. Okt. 1909 bis 8. Mai 1910 (GA 116), Dornach: Rudolf Steiner Verlag ^{4}1982, Vortrag vom 9. 3. 1910, S. 110 / 111.
28. Bernard Lievegoed, *Lebenskrisen – Lebenschancen. Die Entwicklung des Menschen zwischen Kindheit und Alter* (aus dem Holländischen: *De levensloop van de mens*), München / Kösel 1979, S. 97.
29. Rudolf Steiner, *Die Theosophie des Rosenkreuzers*, Vierzehn Vorträge, gehalten in München vom 22. Mai bis 6. Juni 1907

(GA 99), Dornach: Rudolf Steiner Verlag [6]1979, Vortrag vom 25. 5. 1907, S. 27.

30. Ebda.
31. Rudolf Steiner, «Mann und Weib im Lichte der Geisteswissenschaft», Vortrag vom 18. 3. 1908 in: *Die Erkenntnis der Seele und des Geistes,* Fünfzehn öffentliche Vorträge gehalten zwischen dem 10. Okt. 1907 und dem 14. Mai 1908 in Berlin und München (GA 56). Dornach: Rudolf Steiner Verlag [2]1985. S. 91 / 92 / 95.
32. Vielleicht sind die, bei Frauen häufigen, Eigenschaften der Hingabe und des inneren Mutes durch ihren männlichen Ätherleib zu erklären. Steiner führt aus: «Wenn also der Mann durch seine äußerliche Körperlichkeit beispielsweise zum Krieger wird, indem diese äußere Tapferkeit gebunden ist an die äußere Organisation seines Körpers, so hat die Frau die innere Tapferkeit, die Fähigkeit der Aufopferung, der Hingabe. Der Mann geht, wenn er sich zum Schaffen erhebt, in dem auf, was draußen ist. Die Frau wirkt in hingebungsvoller Passivität in die Welt.» (Ebda. S. 94).
33. Rudlolf Steiner, *Die Theosophie des Rosenkreuzers,* Vortrag vom 29. 5. 1907, S. 58 / 59.
34. Rudolf Steiner, *Die Offenbarungen des Karma*, S. 178 / 181.
35. Robert Bly, «What Men really Want», in: *New Age*, Mai 1982, S. 30 / 51.
36. Liz Forgan, Guardian Women Interview «The Chains of Liberation», *The Guardian* London, 25. Mai 1978.
37. Betty Friedan, *The Second Stage,* London: Michael Joseph 1982, S. 26f.
38. Rainer Maria Rilke, *Briefe an einen jungen Dichter,* Leipzig Insel Bücherei 406, o. J. (um 1930), S. 40–42.
39. Rudolf Steiner, *Aus der Akasha-Chronik* (GA 11) Dornach: Rudolf Steiner Verlag [6]1986, S. 75 / 78.
40. *The Guardian*, (die Ausgabe konnte nicht mehr ermittelt werden).

41. Betty Friedan, *The second Stage*, S. 43
42. Tom Crabtree, «Cheers to the Men of tomorrow...», (Ort und Zeit der Veröffentlichung konnten nicht mehr ermittelt werden).
43. Thomas Weihs, «Test Tube Babies», in: *The Anthroposophical Review* Bd. 2, Nr. 1, S. 22
44. Eric Neumann, *Ursprünge des Bewußtseins*, Zürich: Rascher Verlag 1949, S. 51
45. *Die Apokalypse des Johannes*, Kapitel 21, Vers 2
46. William Carlos Williams, «For Eleanor and Bill Monahan», in: *Pictures from Brueghel and other poems*, London: Mac Gibbon & Kee 1963, S. 86.

Über die Autoren

Signe Schaefer leitet den einjährigen Orientierungskurs am Waldorf Institute in Spring Valley, New York. Sie ist verheiratet und hat zwei Kinder. Sie ist Gründungsmitglied von *Ariadne*, einer Gruppe von Frauen, die sich den Bezügen der Antroposophie zur Frauenbewegung widmet. Signe Schaefer ist Mitautorin des Buches *Familienleben*.

Betty Staley hat zwanzig Jahre an der Sacramento Waldorf School unterrichtet und lehrt am neuen Rudolf Steiner College für Lehrerausbildung. Sie hat drei Kinder und ist Verfasserin des Kinderbuches *Ow and the Crystal Clear*.

Margli Matthews unterrichtet am Emerson College in Forest Row, Sussex. Sie ist verheiratet und hat zwei Töchter. Wie Signe Schaefer ist sie Gründungsmitglied von *Ariadne* und Mitautorin des Buches *Familienleben*.

Alle drei Autorinnen sind insbesondere auf dem Gebiet der biographischen Forschung und Hilfestellung in der Erwachsenenbildung tätig.

Frauen – ihr Leben, ihre Arbeit

Kathleen Ferrier

Das Wunder einer Stimme
Von Winifried Ferrier, mit Beiträgen von John Barbirolli, Benjamin Britten, Roy Henderson, Gerald Moore und Bruno Walter. Nachwort von Jürgen Schriefer.
256 Seiten mit 20 Fotos, gebunden.

Margarita Woloschin

Leben und Werk
Mit Beiträgen von Rosemarie Wermbter, Ruth Moering und Dorothea Rapp.
179 Seiten mit 24 farbigen und 20 schwarz-weißen Abbildungen, gebunden.

Die grüne Schlange

Lebenserinnerungen von Margarita Woloschin
6. Auflage, 382 Seiten mit 16 Abbildungen, Leinen.

Nora Ruthenberg

Gestalten aus innerem Schauen
Von Manfred Krüger
149 Seiten mit 25 farbigen und 23 schwarz-weißen Abbildungen

Karo Bergmann

Leben und Werk
Einführender Text von Dorothea Rapp, autobiographische Beiträge von Karo Bergmann.
165 Seiten mit 32 farbigen und 26 schwarz-weißen Abbildungen.

Grundlagen der Biographik

Vom Lebenslauf des Menschen

12 Vorträge von Rudolf Steiner, ausgewählt und herausgegeben von Erhard Fucke. (Rudolf Steiner Thementaschenbücher Band 4).
2. Auflage, 256 Seiten, kartoniert.

Aus dem Inhalt: Askese und Krankheit / Der menschliche Charakter / Der Lebenslauf des Menschen vom geisteswissenschaftlichen Standpunkt / Das individuelle und das allgemeine Lebensalter der Menschheit / Das Verhältnis der Menschen verschiedener Lebensalter / Die Lebensalter als Auffassungsorgane.

Der Mensch an der Schwelle

Biographische Krisen und Entwicklungsmöglichkeiten
Von Bernard Lievegoed, aus dem Holländischen von Frank Berger.
2. Auflage, 240 Seiten, kartoniert.

Aus dem Inhalt: Der Weg ins Innere – Der Weg ins Äußere / Tagmensch und Nachtmensch / Der zweite Mensch in uns / Der Doppelgänger / Planetenprozesse im Kosmos und im Menschen / Die Therapie seelischer Entwicklungsstörungen.

Die Entwicklung der Seele im Lebenslauf

Stufen, Störungen und Erkrankungen des Seelenlebens.
Von Rudolf Treichler
2. Auflage, 318 Seiten, Leinen

Aus dem Inhalt: Grundlegendes / Entwicklungsstufen des Seelenlebens / Entwicklungsstörungen / Neurose und Psychose als Entwicklungsgeschehen / Psychiatrische Krankheitsbilder im Lebenslauf / Künstlerische Therapie / Seelische Entwicklung und geistige Schulung.